André-Paul Emmenecker
Serge Rafal

Coaching mode d'emploi

Pour mieux atteindre vos objectifs

• MARABOUT •

Sommaire

Introduction

Se lancer dans une activité indépendante, faire du sport, préparer une compétition, un entretien, une audition, changer d'orientation professionnelle, fonder une famille, se débarrasser d'une habitude gênante… Les raisons sont actuellement nombreuses de faire appel à quelqu'un qui soit capable de vous aider à réaliser vos rêves ou vos ambitions…

Que vous ayez en tête un objectif, un projet, une envie profonde ou une simple aspiration…, vous pouvez faire appel au coaching pour réaliser plus aisément et avec de meilleures chances de succès ce dont vous rêvez…

Le coaching, qui avait initialement pour seuls objectifs la réussite sportive ou professionnelle, a acquis une ambition et une maturité plus grandes en choisissant aujourd'hui d'accompagner les personnes dans la réalisation de projets qui leur tiennent à cœur, le dépassement de difficultés et/ou de piratages émotionnels, le changement de certains comportements indésirables…

Ce **« coaching individualisé »**, de plus en plus recherché, s'assimile beaucoup plus à une relation de proximité privilégiée qu'à une prise en charge psychothérapique.

Chacun peut, bien entendu, trouver auprès d'amis, de relations, de proches, de son médecin… une écoute bienveillante, mais la méconnaissance chez ces interlocuteurs de bonne volonté de certaines règles pourtant fort simples, ou leur implication trop marquée, leur ôtent la neutralité nécessaire à un indispensable travail d'optimisation ou de changement véritable.

Ces tentatives pourtant fort louables s'avèrent le plus souvent vaines, car elles omettent de décortiquer totalement la difficulté ou la problématique et proposent ou plaquent généralement une solution toute faite du type : « Moi à ta place, je ferais comme ça. » Or, l'obstacle principal réside précisément dans le fait que le conseilleur n'est pas « à votre place », ne possède pas la même forme de pensée, les mêmes stratégies, les mêmes comportements…

◗ Coacher ne consiste pas du tout à suggérer à l'autre de faire ci ou ça, mais l'aide au contraire à trouver, en lui, la solution la plus adaptée à sa personnalité. Elle est d'ailleurs souvent sous son nez et parfois fort simple…

LES TROIS ATTITUDES POUR PROGRESSER…

Vous devez, à chaque étape importante de votre vie, vous comporter comme un chef d'entreprise ou de projet : d'abord prendre conscience de la situation, ensuite adopter un état d'esprit différent, enfin vous doter d'outils opérationnels. Voyons rapidement ces trois étapes que nous détaillerons bien entendu tout au long de l'ouvrage.

1. Vous appréciez mal la situation vécue, vous ne connaissez pas bien vos manques et vos lacunes. Grâce au coaching, vous prenez progressivement conscience du danger qui vous guette. Vous identifiez vos zones de vulnérabilité pour les travailler.

2. Vous prenez la mesure exacte de votre situation et décidez d'acquérir les éléments pour vous en rendre maître et vous orienter activement et différemment. Le coaching élève progressivement votre niveau de conscience.

3. Vous intégrez les principes simples de la gestion raisonnée de la situation et sollicitez les outils de changement et de développement que propose le coaching.

LES TROIS APPORTS DE L'OUVRAGE

Ce travail s'adresse à tous ceux qui utilisent le coaching de façon ponctuelle, souhaitent enrichir leur pratique, augmenter leurs compétences, doper leur potentiel, améliorer ou repenser certains aspects de leur vie… Il offre à cet effet plusieurs entrées:

Des repères

Ce livre est concret; il vous explique les raisons de solliciter un coach personnel, quelles indications justifient une telle demande, de quelle façon se déroule l'accompagnement et les résultats que vous pouvez en attendre…

Des orientations

Le coaching individualisé, en vous rendant plus opérationnel, plus performant, plus sûr dans vos décisions, plus respectueux de vous-même et des autres, installe un point de vue nouveau sur votre mode de vie. En vous transformant, l'accompagnement change vos relations avec les autres, qui en retour modifient la vision qu'ils ont de vous. En changeant, vous aidez vos proches à vivre les transformations de façon sereine… et à désirer le changement pour eux.

Des clés

Les chapitres successifs contiennent une information pratique:

- Le lecteur « interrogatif » trouvera des réponses aux questions « Pourquoi? »: « Pourquoi tant de résistances à changer? », « Pourquoi les bonnes résolutions ne tiennent-elles pas forcément? », « Pourquoi faut-il tant ciseler l'objectif? », « Pourquoi tout part-il du fin fond de soi? » Etc.
- Le lecteur « gourmand » trouvera une mine d'outils simples en réponse aux questions « Comment? »: « Comment faire pour imiter les sportifs? », « Comment se sortir d'une situation gênante? », « Comment être sûr de persévérer? », « Comment avoir confiance en soi? » Etc.
- Le lecteur « généreux » trouvera matière, au fil des chapitres, à se constituer une « boîte à outils » qu'il pourra appliquer à ses proches ou dans son cercle d'amis. Une combinaison bien dosée d'écoute et de questionnement (selon les directives indiquées dans les chapitres correspondants) peut déjà engendrer des prises de conscience remarquables!

Clés, repères et orientations obéissent à une logique commune: une personne ne peut être accompagnée ou aidée que si elle en a exprimé la demande expresse, et dans la seule mesure où elle prend conscience qu'elle est à la fois au moins partiellement responsable de ce qui lui arrive et l'acteur de son propre changement.

UNE OUVERTURE SUR VOS TROIS DIMENSIONS PERSONNELLES MAJEURES…

Le coaching individualisé fonde son efficacité sur trois affirmations:

- **Vous avez en vous tout ce qu'il faut pour réussir.** Chaque personne possède en elle toutes les ressources nécessaires aux changements requis ou utiles à la réalisation de ses projets.
- **Changer dans la vie, c'est d'abord changer au plus profond de vous-même.** Toute personne peut réaliser un changement, même majeur, de ses comportements, à condition de l'expérimenter au plan de ses

émotions et ses ressentis, afin qu'elle l'inscrive et le programme dans ses mémoires cellulaires.

- **Avoir l'objectif en tête vous confère force, motivation et certitude.** Toute personne qui sait précisément ce qu'elle veut installe *ipso facto* en elle une stratégie neuronale de réussite qui lui donne le potentiel de trouver ce qu'elle cherche, obtenir ce qu'elle demande et atteindre ce qu'elle vise.

◗ Ces trois postulats renvoient aux trois registres de fonctionnement de votre personnalité.

Imaginez que vous soyez convié à revisiter le grenier de votre maison parentale. Au milieu d'un joyeux bric-à-brac, vous découvrez la photo de votre classe de maternelle... Plein d'images, plus récréatives les unes que les autres, se rappellent à vous; c'est à ce moment-là, petit enfant, que vous avez appris à lire, réfléchir, réagir... Voilà que vous exhumez le vieux cadre d'un vélo... Avec lui arrivent vos folles équipées dans la campagne environnante; vous vous rappelez comment vous avez appris à maîtriser l'équilibre, la mécanique, à prendre des risques, user avec intelligence de votre force physique... Et vos découvertes continuent...

Votre esprit est comme ce grenier: rempli d'étonnantes ressources dont vous ne soupçonnez même plus la présence, tellement votre conscience quotidienne vous en a éloigné. Il n'est évidemment pas question d'aller explorer votre existence à rebours... La vivre au présent, l'envisager au futur suffisent... Mais imaginez un court instant que ces milliers d'aptitudes, de qualités, de savoirs et de savoir-faire accumulés, qui sommeillent dans vos souvenirs, puissent s'intriquer, se répondre, s'entraider, et construire de nouvelles combinaisons efficaces pour vous rendre encore meilleur, plus performant, plus créatif...

◗ Le coaching agit alors pour transformer vos expériences et vos apprentissages emmagasinés en moteurs de changement. Il ouvre votre esprit et élève votre point de vue sur les choses...

Imaginez les cadeaux qui vous feraient le plus plaisir aujourd'hui... Et ceux qui vous ravissaient quand vous étiez plus jeune ou plus petit... Quelles sensations s'éveillent en vous? De l'énergie? De l'enthousiasme? Quels autres sentiments authentiques? Vous voilà en prise directe avec vos émotions, qui vous renseignent sur la (non-)satisfaction de vos besoins. Les émotions intensifient, avivent et exaltent vos expériences. Elles sont l'indicateur permanent de votre bien-être et de ses variations. Leur intensité vous annonce que vous êtes plus ou moins bien aligné avec vos objectifs de vie et vos valeurs.

Votre esprit aussi s'alimente aux objectifs stimulants qu'il se donne d'atteindre. Évidemment, il ne suffit pas d'avoir un objectif en tête pour que les choses se fassent. Il faut avoir le courage d'avancer. Étymologiquement, « courage » dérive du latin *cor*, le cœur. Avoir du courage, c'est avoir du cœur au ventre. C'est en ce sens que vous pouvez dire que le cœur est votre « muscle du risque ». Chaque fois que vous le bichonnez, que vous vous engagez, vos émotions vous récompensent, au bout du chemin. Chaque fois que vous le délaissez, vos émotions de la même façon vous sanctionnent, en fin de compte.

◗ Le coaching individualisé est là pour vous demander d'aligner chacun de vos challenges et de vos objectifs, dans la bonne direction de vie, pour vous connecter à

vos valeurs essentielles, vous aider à vous (é)mouvoir. Il ouvre votre cœur sur ce qui vous enthousiasme, vous mobilise « dans vos tripes »...

Imaginez un aimant... C'est un ustensile qui attire le fer... Mais il y a bien d'autres objets et choses qui attirent... Telle star qui attire les fans... Tel coup de revers au tennis que vous maîtrisez mal et qui attire votre adversaire au point de vous forcer à vous en servir, jusqu'à craquer... Telle antiquité mal évaluée qui attire les acheteurs à l'affût d'une bonne affaire... Tel joli coin de villégiature qui attire les promoteurs immobiliers... Tel grand cru qui attire l'amateur de vin...
Votre esprit est comme cet aimant: sans cesse attiré par des façons de satisfaire au mieux vos besoins et vos désirs..., il attire à vous des opportunités mais aussi des dangers, qu'il s'empresse d'ailleurs de repousser. Il vous pilote en permanence, pour « obtenir ceci » ou pour « éviter cela ». En quête incessante de confort, de quiétude, de reconnaissance, de pouvoir..., il se heurte aux quêtes similaires des autres et se trouve obligé d'arbitrer, au mieux de vos intérêts. Tant que ces arbitrages maintiennent un certain *statu quo* général, tout va bien dans le meilleur des mondes... Mais qu'advienne le coup dur, la tuile, la rupture des habitudes, la remise en cause des choses établies, et voilà cette capacité d'arbitrage en eaux calmes mise à mal... Tenir le gouvernail dans la tempête relève alors d'un art nouveau, celui de conserver le cap...

◗ Le coaching individualisé vous aide à créer un environnement stimulant, quelles que soient les tendances qui le transforment. Il vous aide à créer les expériences et à disposer les événements de manière à ce qu'ils participent à votre mieux-être, à vos performances et à votre réussite. Il ouvre vos mains vers ce qui va de l'avant, qui vous attire et que vous attirez...

Cet ouvrage a la triple vocation d'engager votre réflexion sur ce qui élève, susciter votre intérêt sur ce qui enthousiasme, stimuler vos aspirations sur ce qui va de l'avant. Bref, il souhaite vous ouvrir toutes grandes les portes de l'épanouissement et de la réussite.

UN OUVRAGE EN TROIS PARTIES...

Nous vous proposons un parcours qui vous fait visiter trois domaines:
- Le premier expose en quoi le coaching individualisé rend aujourd'hui accessible à tout un chacun une aide de grande qualité. Les deux chapitres qui le composent vous fournissent les raisons de vous tourner résolument vers cette forme d'accompagnement très spécifique.
- Le deuxième présente les techniques du coaching individualisé telles qu'elles se pratiquent concrètement au cours de l'accompagnement. Les cinq chapitres qui le composent vous donnent les clés de l'efficacité de ce type de démarche.
- Le troisième explore les ressources majeures que le coaching individualisé veille généralement à installer en chacun de vous, parce qu'elles sont indispensables à l'action couronnée de succès. Les quatre chapitres qui le composent fondent le socle de votre capacité à générer, accompagner et maîtriser le changement, le vôtre comme celui des autres.

Vous pouvez parcourir ces onze étapes à votre guise, en respectant de préférence la logique propre à chacune des trois parties majeures énoncées ci-dessus.

Mode d'emploi

UNE LECTURE POSSIBLE EN TROIS TEMPS…

Vous pouvez avoir accès à la logique développée dans chaque chapitre en prenant connaissance, à son début, des grandes lignes qui définissent sa progression, en pratiquant ensuite un survol de l'ensemble souvent utile, avant d'entrer dans une lecture approfondie.

Vous pouvez également prendre connaissance des explications détaillées du chapitre en alternant, dans chacun de ses développements, une lecture des concepts et leur illustration sous forme d'extraits de séances de coaching personnalisé (ou parfois de séminaires).Vous découvrirez à cette occasion comment le coach rend sa pratique le plus opérationnelle possible.

Vous avez enfin la possibilité, dans la dernière partie de chaque chapitre (« Autocoaching » et « Coachez les autres »), d'appliquer, à l'aide de modes opératoires précis, certaines démarches, protocoles ou techniques à vous-même ou aux autres (famille, amis, proches, relations…).

Ne partez pas à l'abordage sans être sûr de ce que vous faites : mieux vaut être guidé pour faire ses premiers pas de coach ou de caoché.

UN RÉSULTAT D'UNE PUISSANCE ÉGALE À VOTRE INVESTISSEMENT…

Ce livre, tout en utilisant un vocabulaire simple, n'est pas tout à fait un ouvrage de vulgarisation. Il vous informe du potentiel exceptionnel disponible en vous et de ce que vous pouvez en faire pour mieux atteindre vos objectifs. Mais il ne se résume pas à de l'information stricte. Il se propose de vous (in)former à une discipline nouvelle, qui obéit à des règles précises pour son application performante.

Si vous décidez de pratiquer certains exercices, gardez-en toujours une trace (un cahier vous sera certainement nécessaire), qu'il s'agisse de vos propres découvertes ou réflexions, ou des notes que vous aurez prises, sous le sceau évidemment de la confidentialité et de la confiance qui vous lie à d'autres, à l'occasion des « travaux » menés avec eux.

Le coaching n'est pas une simple discussion de salon mais une technique d'entretien très puissante et performante. Bien appliqué, il assure toute protection. Mais il peut, surtout si le protocole n'est pas totalement respecté, plonger votre interlocuteur dans des difficultés mentales ou physiques qui justifient alors d'aller consulter un coach compétent ou un homme de l'art. Faites attention à certains outils, surtout si vous êtes un bricoleur du dimanche!

Bonnes découvertes et grande réussite.

Partie I

Les deux fondements de l'accompagnement de qualité

LES GARANTIES DE VOTRE EXCELLENCE

■ Chapitre 1

LA SPÉCIFICITÉ DU COACHING

Une invitation au mieux-être

■ Chapitre 2

LA NOBLESSE DU COACHING

Le don de la relation

La philosophie du coaching s'inscrit dans la culture ambiante actuelle qui met en avant l'image de soi, la performance et la reconnaissance sociale, tout en privilégiant également l'équilibre interne et l'accès à un mieux-être confirmé.

Le coaching est un puissant outil de changement, aujourd'hui disponible pour toute personne qui cherche à s'améliorer de façon ponctuelle ou régulière.

Issu de la modélisation des entraîneurs sportifs anglo-saxons, il se propage depuis une petite dizaine d'années dans le monde de l'entreprise.

Lorsqu'il s'applique à vous, individuellement, il devient encore plus spécifique, car il s'adapte, sur mesure, à vos situations de vie si diverses, en même temps qu'il vous donne l'assurance de respecter intégralement vos aspirations et vos valeurs.

Spécificité et noblesse sont les garants de la qualité de cette forme d'accompagnement individualisé et personnalisé.

Chapitre 1

LA SPÉCIFICITÉ DU COACHING

Une invitation au mieux-être

« Donner, recevoir, partager: ces vertus fondamentales du sportif sont de toutes les modes, de toutes les époques. Elles sont le sport. »
(Aimé Jacquet, entraîneur de l'équipe de France, championne du monde de football en 1998)

LES GRANDES LIGNES DU CHAPITRE

■ QU'EST-CE QUE LE COACHING?
De la définition…
À la réalité…
Aux frontières avec d'autres formes d'accompagnement…

■ QUELLES INDICATIONS POUR LE COACHING?
La philosophie du coaching: le changement… de soi
La pratique du coaching: ouverte à tous les domaines… et à tous

■ LA RELATION ENTRE COACH ET COACHÉ: L'ENJEU COMMUN
Le coach, expert, professionnel et éthique…
Le coaché, responsable de sa vie et prêt au changement…
Le coaching en action, une démarche cadrée… et souple

■ AUTOCOACHING: IDENTIFIEZ VOS BESOINS DE COACHING

■ COACHER LES AUTRES: IDENTIFIER LES BESOINS DE COACHING DANS VOTRE ENTOURAGE

Coaching? Vous avez dit coaching? Notre premier réflexe, quand un mot nouveau nous surprend, c'est d'aller vérifier dans le dictionnaire ce qu'il signifie... Et là, ô surprise, à moins que nous ne soyons équipés de l'édition la plus récente, nous lisons: coach – 1869 – de l'anglais *diligence* – automobile fermée à deux portes et quatre glaces, dont les places avant se rabattent pour accéder aux places arrière.

Si nous poursuivons nos recherches, plusieurs autres voies d'exploration s'offrent à nous: d'abord la piste hongroise, qui trouve dans le mot *kocs* l'évocation d'une voiture transportant des voyageurs... Ensuite la piste tchèque *kotchi*, relayée par la piste germanique *Kutsche* qui s'ouvre enfin sur la piste française *coche*. Ces quatre versions privilégient toujours un type de voiture de transport de personnes, tirée la plupart du temps par des chevaux, adroitement guidés par le « cocher ». Nous voilà arrivés au bout de notre filiation, puisque nous sommes revenus au *coach* britannique du début, aboutissant naturel de ce moyen de locomotion ancestral, bardé dorénavant des techniques de la révolution industrielle.

Une nouvelle piste apparaît dès lors... Ce mot « coach » a traversé l'Atlantique. Bien des mots ont ainsi accompagné les immigrants vers les terres américaines. Mais quand un mot s'américanise, il s'enrichit de concepts nouveaux qui tous se rangent sous sa bannière. Du coup, le mot devient polysémique, en véhiculant plusieurs sens et valeurs. Aux États-Unis, le mot « coche/coach » a d'abord perpétué ses racines européennes en abandonnant l'objet (la voiture), mais en en gardant la fonction et l'utilité: amener les voyageurs qui le désirent d'un point de départ vers une destination donnée; il s'est ensuite enrichi de toutes les pratiques de passage d'un état à un autre, plus désirable et favorable, où le coach est tout à la fois un répétiteur, un moniteur, un entraîneur, pour enfin s'étoffer de toutes les activités consistant à préparer, motiver, entraîner, stimuler...

Et ce mot « coaching » nous revient ainsi d'outre-Atlantique, après y avoir fait sa mue[1], et doté à présent d'un nouveau bagage. C'est ainsi qu'il couvre aujourd'hui de multiples pratiques d'accompagnement.

QU'EST-CE QUE LE COACHING ?

Son apparition officielle a lieu dans le milieu sportif, il y a une vingtaine d'années, avec le livre *Vaincre l'ennemi intérieur* de Timothy Gallwey. Il s'installe en France dans les années 90, explose véritablement avec la coupe du monde de football de 1998. Le symbole du coach est bien entendu Aimé Jacquet, l'entraîneur de l'équipe championne du monde.

> ***« Attention Robert! »***
>
> Dans le reportage de Stéphane Meunier pour la télévision (Canal+), « Les Bleus dans les yeux », les conférences d'Aimé Jacquet à ses joueurs, et son célèbre *« Il faut muscler ton jeu Robert... »* à l'adresse de Robert Pires, ont beaucoup fait pour la notoriété du coach et du coaching.

[1] Un autre mot a suivi le même parcours de prêté pour un rendu : il s'agit de « management ». L'ancien français « ménager une propriété » signifiait gérer et administrer un bien. Aux États-Unis, ce mot s'est enrichi des concepts de direction, d'organisation, de motivation. Le concept de « management » nous est revenu, chargé de tous ces sens mélangés, ce qui explique son utilisation généralisée en entreprise comme dans la vie quotidienne : management politique, artistique...

Après avoir fait une entrée remarquée dans d'autres sports: le tennis (Noah, Forget), le rugby (Laporte)... et surtout après avoir largement investi le monde de l'entreprise, le coaching a rapidement intéressé toutes les professions qui comportent une relation d'accompagnement et tous ceux qui:
- veulent mener un projet à son terme;
- aspirent à mieux vivre, mais n'ont pas l'envie ou ne ressentent pas le besoin d'un travail de thérapie ou de développement personnel;
- souhaitent supprimer une gêne ou un handicap.

▶ Le coaching a indiscutablement fait ses preuves dans la dynamisation des groupes et l'optimisation des équipes; il entre à présent de plus en plus couramment dans le domaine des performances et des comportements individuels.

Quelle définition pour le coaching?

Pour revenir à la langue française, plus précise et analytique, le terme le plus approprié pour traduire le concept de coaching serait vraisemblablement « accompagnement ». Mais ce mot embrasse d'innombrables domaines (des sportifs... aux mourants). Il est donc, lui aussi, un mot-valise (où chacun met ce qu'il veut). « Coach » figure à présent dans *Le Petit Larousse* avec pour définition: « personne qui entraîne une équipe ou un sportif de haut niveau ». Les termes « coach » et « coaching » sont passés dans le vocabulaire grand public.

▶ Nous proposons donc de conserver l'appellation « coaching » dans la suite de cet ouvrage. Nous parlerons également de « coach » et de « coaché », que nous utiliserons dans les extraits de séances sous leurs formes abrégées de « Co » et « Coé ».

La réalité du coaching

De l'analyse comparée des très nombreuses définitions disponibles, nous pouvons retenir les caractéristiques suivantes, qui entraînent un large consensus parmi les professionnels de ce métier.

▶ Le coaching consiste en l'accompagnement sur mesure d'une personne dans une démarche de changement, à un moment clé de sa vie, à partir des besoins qu'elle exprime, jusqu'à l'atteinte complète de ses objectifs précis. Le coaching l'amène durablement à plus de performance et de succès, d'autonomie et de réalisation de soi, grâce au développement concomitant de son potentiel et de son savoir-faire.

Cette définition couvre les grandes catégories de questions qu'elle se pose généralement:
- **Quoi?** Accompagnement sur mesure.
- **Qui?** Elle (ou accessoirement son équipe) par le coach (évidemment).
- **Quand?** À un moment clé de sa vie.
- **D'où?** Des besoins qu'elle exprime.
- **Pour quoi?** Jusqu'à l'atteinte complète d'objectifs précis.
- **Comment?** Dans une démarche de changement, impliquant le développement de son potentiel et de son savoir-faire.
- **Pourquoi?** Pour l'amener durablement vers plus de performance, de succès, d'autonomie et de réalisation de soi.

Extraits de séances de coaching:

À la question « Quelle serait votre définition du coaching? » (question posée à l'issue d'une démarche complète d'accompagnement), nous trouvons, parmi les réponses:

Carlos: « Un chemin bien balisé, un programme bien cadré, où je me suis senti étonnamment libre de penser, de ressentir et d'agir. »

Brigitte: « Une façon de changer en moi pour mieux changer ma vie. »

Bernard : « Une entente humaine qui m'a libéré, m'a motivé, m'a élevé. »
Souad : « Je verrais bien un TGV qui m'assure d'arriver à bon port, quoi qu'il arrive. »
Colette : « Toujours penser "Comment ?... Comment faire ? Comment obtenir ?... Comment !" »
Maryvonne : « Être "au top" aux moments cruciaux de ma vie. »
Commentaires : *chacune de ces définitions apporte un éclairage spécifique sur le coaching : centré sur les résultats (Souad, Maryvonne), privilégiant la personne et son intégrité (Carlos, Bernard), visant une transformation intérieure (Brigitte, Bernard, Colette), mobilisant des procédures bien cadrées (Carlos, Brigitte, Colette), s'appuyant sur une relation privilégiée « coach-coaché » (Bernard)...*

Quelles frontières avec d'autres formes d'accompagnement ?

Selon cette acception, le coaching se démarque passablement d'autres formes d'accompagnement comme le conseil, la formation, le tutorat, le parrainage... où le guidage et l'intervention d'une compétence ou d'une expertise extérieure impriment à la relation un contrôle manifestement orienté.

Le coaching, en tant que forme nouvelle et spécifique d'accompagnement, pose aussi très vite la question de la frontière thérapeutique entre coaching, thérapie et développement personnel.

- En schématisant à l'extrême, nous pourrions dire que la **thérapie** s'adresse préférentiellement aux problèmes d'identité, est plus préoccupée du passé, propose un travail sur soi surtout pour comprendre ses propres comportements et éventuellement en changer.
- Le **développement personnel** est plutôt axé sur le présent (ici et maintenant) et le futur, cherche les moyens immédiats pour sortir des blocages, fixe des objectifs précis.
- Le **coaching**, quant à lui, centré sur la personne, emprunte à la fois au développement personnel et à la thérapie ; il vise en effet l'amélioration immédiate des performances et la réalisation d'objectifs concrets, suggère et/ou accepte les changements de comportements, par une intervention non directive.

Les frontières entre ces trois méthodes constituent un sujet brûlant et continu de discussions entre spécialistes de l'accompagnement et/ou de la relation d'aide. Lorsque nous travaillons en séminaire, avec des groupes de participants qui se forment au coaching, nous constatons régulièrement qu'il n'y a pas de « petit » problème car le moindre exemple, pourtant annoncé ou choisi comme non impliquant, peut en fait très vite amener le coaché à parler de sa famille, son enfance, ses parents, ses échecs, ses réussites, ses petites contrariétés ou grosses difficultés, sa personnalité, ses croyances, ses modes de fonctionnement... et ainsi ouvrir, sans qu'on l'ait voulu au départ, de vieilles blessures identitaires.

▸ À partir du moment où nous travaillons sur le mental, nous courons en permanence le risque de basculer dans du « découvrant » (travail analytique) très personnel ou intime, que nous devons être capables de gérer, notamment en étant bien formé et en orientant sans tarder le coaché vers le spécialiste *ad hoc*, si besoin.

> **Qui se ressemble...**
> *« Je viens vous voir parce que je souffre de mégalomanie. » – « Vous tombez bien, je suis le meilleur psychiatre du monde. »*

La liste est longue, fastidieuse et variée des méthodes corporelles, spirituelles, médicales, mentales… susceptibles d'injecter de la confiance, et/ou de réduire ou faire disparaître les tensions. Leur grand nombre et leur succès prouvent d'ailleurs que la démarche est loin d'être univoque et que chacun est à même de trouver son chemin, charge à nous de l'y aider ou d'y contribuer.

Citons, entre autres : analyse et thérapie, développement personnel (PNL…), approches comportementales, corporelles (massages, relaxation), psychocorporelles (yoga), méditation pour certains…

Les Anglo-Saxons parlent volontiers de méthodes de « *self-care* », terme évocateur qui pourrait se traduire par « prendre soin de soi ».

QUELLES INDICATIONS POUR LE COACHING ?

Si, pour la SFCoach (Société française de coaching), « le coaching est l'accompagnement d'une personne à partir de ses besoins professionnels, pour le développement de son potentiel et son savoir-faire », cette pratique a, pour nous, nous l'avons déjà précisé plus haut, une vocation beaucoup plus large. Le coaching est certes une forme d'accompagnement (au sens de partenaire) et de mobilisation de la personne, mais dont la vocation est vouée à des contextes d'accomplissement (professionnel, personnel, relationnel…) très divers.

La philosophie du coaching : le changement… de soi

Les principes du coaching sont évidents et frappés du bon sens : ils concernent avant tout le type de relation et de communication (une façon d'être avec les gens) que le coach et le coaché vont utiliser. Le coaching n'est donc pas un simple outil mais une méthode créative qui sollicite des changements personnels, interpelle les comportements, invite chacun à revisiter sa vision (la célèbre carte) du monde[1].

Le coaching permet de repérer votre fonctionnement au quotidien (professionnel, personnel…), surtout si des phénomènes parasites répétitifs viennent le perturber. Il fait prendre conscience des blocages relationnels (évitement du contact), précise les limites physiologiques, émotionnelles, intellectuelles. Il consiste surtout à questionner précisément, de façon à ce que le coaché s'interroge et reconsidère son point de vue sur lui, les autres et sa propre situation. Le coaching amène le coaché à débusquer ou clarifier un problème, s'interroger sur ses valeurs, réfléchir aux obstacles qui peuvent ou vont se poser à lui, rechercher ses propres solutions totalement personnelles, lui fait prendre conscience de ses freins pour les lever et l'aide à dégager des ressources jusque-là inexploitées. En ce sens, il améliore les performances et l'efficacité et devient un **coaching d'objectif**. Il facilite également l'intégration du savoir et de l'apprentissage. Il favorise le développement de la vie professionnelle… dans le respect de la vie personnelle.

Le coaching rend le coaché responsable de sa vie et s'assure qu'il met tout en œuvre pour réussir, ceci uniquement à partir de ses propres ressources. Le coaching aide l'autre à « aller là où il veut aller » ou lui permet simplement de vivre bien ou mieux. Il lui permet de s'interroger sur ce qu'il est et ce qu'il fait, sa mission (« *sens of life* » des Anglo-

[1] On appelle « carte du monde » les représentations qu'une personne se fait de la réalité qui l'environne. Notre vision du monde se limite à nos propres filtres de perception. La carte du monde est un modèle simplificateur de la réalité, comme l'est le menu au restaurant, il ne se mange pas.

Saxons), proposant ainsi une connaissance de soi quasi philosophique.
Le coaching s'appuie sur l'affirmation de la personne, son « développement » psychique, son épanouissement, la confiance en soi, la motivation, l'adaptation créative et fluide aux changements de l'environnement... Il renforce l'autonomie, la créativité, l'estime de soi, la responsabilisation... Il est performant là où les ordres, les contraintes, les menaces, les différents moyens de persuasion ont, eux, une efficacité très limitée.

Le coaching se fonde plutôt sur un contrat de type « changer soi-même » que « vouloir changer les autres »; il présuppose que vous ayez en vous toutes les ressources pour réussir... ou tout saboter.

> *« Je vous aime », dit-il. « Et bien courage mon garçon », répondit-elle.*
> (Dialogue extrait de *L'heureux stratagème*, Marivaux, auteur français)

Extraits d'une séance de coaching:
Alicia, 40 ans, mariée, sans enfant, professeur des écoles.
« Je viens vous consulter mais je pense déjà bien savoir ce que nous allons faire ensemble... Vous allez me poser des questions, et je vais vous parler de moi, de mes problèmes... C'est ça, non?... Vous allez surtout m'écouter, je suppose, et ensuite me donner quelques bons conseils... C'est ce que j'arrive à très bien faire moi-même... Avec les enfants surtout... Vous savez, on fait énormément de bien aux bambins en les écoutant! Et puis, j'aide beaucoup d'amies qui sont des écorchées vives... La vie n'est pas drôle... Il suffit de leur prêter une oreille attentive pour qu'elles aillent mieux. »
Commentaires: ***Alicia a le sentiment de faire du coaching au quotidien, comme Monsieur Jourdain s'exerçait à la prose sans le savoir. La discussion, l'écoute attentive ou les conseils, s'ils affichent certainement une valeur d'apaisement, ne suffisent généralement pas à sortir d'un problème ou à atteindre un nouvel objectif.***

> **Écouter et entendre**
> *« Prêter l'oreille ne veut pas dire écouter, car l'ouïe est un sens, alors que l'écoute est un art. »*

Le coaching est, nous l'avons vu, l'outil qui permet de porter le potentiel de l'autre et ses performances à leur maximum, voire parfois au-delà. Chacun croit savoir faire du coaching en écoutant un ami, mais la trop grande complaisance envers l'intéressé aboutit régulièrement à le conforter dans des idées fausses, sans lui permettre de décortiquer et/ou de modifier sa relation aux autres.
Le coaching englobe des aspects conceptuels et pratiques, et dispose d'outils spécifiques. Il prend en compte les ressources de chacun, accompagne le coaché dans la réalisation de ses objectifs, le respect de ses propres valeurs, en fonction de son environnement propre: le coaché est en effet rarement au clair avec ses compétences, ses potentialités ou ses handicaps.

Parler ou écouter n'est certainement pas plus coacher que souffler n'est jouer... Le coaching, tel que nous l'entendons, est une démarche qui nécessite, pour être très performante, un long apprentissage et qui ne s'improvise absolument pas. Pour autant, il vous est tout à fait possible de vous initier à certaines des techniques utilisées en coaching. Vous pourrez les appliquer à vous-même, en autocoaching, et même en faire profiter votre famille ou votre cercle d'amis ou de relations proches, le mieux étant tout de même de faire vos premiers pas accompagné d'un professionnel.

La pratique du coaching: ouverte à tous les domaines et à tous

Le coaching étend progressivement sa présence... Toujours ancré dans le monde du sport et de plus en plus actif dans la vie des entreprises, il touche à présent notre vie personnelle, au quotidien, aussi bien sur les plans opérationnels et stratégiques que relationnels et comportementaux.

• Le domaine sportif

Dans le sport, le modèle à étudier est le champion. Or sa vie est faite de hauts et de bas, de victoires et de défaites. Il est particulièrement intéressant de jouer sur: son aptitude à prendre ses distances face à l'échec (découragement) mais également la réussite (euphorie), sa capacité à concentrer totalement ses efforts et ses ressources au service du résultat, sa facilité à lâcher prise par rapport à l'enjeu de la compétition.
Le coaching aide ainsi l'athlète à faire confiance à son corps, calmer son esprit, s'abstenir de se juger, éviter la peur de perdre (ou de gagner d'ailleurs) ou d'être jugé, optimiser son mental, se sentir plus fort, stimuler l'envie de vaincre, avoir la puissance de ses ambitions... mais aussi limiter les facteurs négatifs (surtout diminuer ou faire cesser le dialogue intérieur, la « petite voix »).

Le sport est le domaine privilégié du coaching, avec des règles précises, une énergie considérable à fournir, et surtout un résultat tangible avec une sanction immédiate.

> *« Il faut rêver grand pour réaliser de grandes choses. »*
> (Tony Parker, capitaine de l'équipe de France, champion des États-Unis de basket en 2003 avec l'équipe des Spurs de San Antonio)

• Le domaine professionnel

Quand les grands patrons et cadres supérieurs font appel au coaching pour mieux jouer au golf, faire de la voile et réussir au tennis, il est naturel que cette pratique d'accompagnement se généralise ensuite à leur sphère de collaborateurs, ce qui s'est du reste produit. Le coaching fait à présent partie de la panoplie d'interventions des directions de ressources humaines, attentives à une saine gestion des compétences, des motivations et des évolutions de carrières.
Il se décline de plusieurs manières qui, pour l'essentiel, se résument en deux orientations: le coaching des salariés par les managers et les cadres (on parle d'accompagnement personnalisé en situation de travail), et le coaching des équipes et des entreprises elles-mêmes (on parle alors de « *team-building* »).
Le concept de « manager-coach » ou de « manager-entraîneur » désigne ces dirigeants qui entraînent leurs équipes vers le succès et sont attentifs au développement personnel de chacun. Récemment, le coaching s'est imposé dans les programmes sociaux de réduction du personnel, préparation au départ de l'entreprise (à la suite d'un licenciement ou d'une mise à la retraite) ou soutien dans le cadre d'une réorientation professionnelle.

• Le domaine personnel

C'est dans ce registre que le coaching peut développer toutes ses applications et prendre son appellation particulière de **« coaching de soi »** ou **« coaching individualisé »**. Un concept: « thérapie du bien portant » et une expression: « Pas besoin d'aller mal pour aller mieux! » rendent cette pratique de plus en plus populaire auprès du grand public, d'autant qu'elle bénéficie de l'aura du milieu sportif.

Extrait de séance de coaching:
David, 55 ans, marié, agent de maîtrise en bâtiment.
« Je suis à la veille de prendre une décision importante... J'ai appris que je suis atteint d'une maladie grave, et cela m'a fait réenvisager la façon dont je vais organiser ma vie... Je refuse de considérer que tout est fini... Je veux me battre, car j'ai encore énormément de projets dans la tête... Je viens vous consulter pour négocier cet important changement dans ma vie, de la meilleure manière possible... Je vais certainement devoir me faire opérer, puis subir une "chimio", mais tout cela ne doit pas me faire perdre de vue qu'il y a un "après"... C'est de cela aussi que je me préoccupe... pour moi, et aussi et surtout pour ma femme! »
Commentaires: *David prend position face au pronostic de santé et à ce qu'il implique... Il fait preuve d'une évidente détermination dont il a conscience qu'elle va devoir être encouragée et entretenue. C'est un cas typique où le coaching individuel peut parfaitement accompagner et côtoyer la démarche médicale indispensable dans laquelle il s'apprête à s'engager.*

Le coaching individuel aide à franchir avec aisance les caps difficiles et les moments clés de la vie: orientation scolaire ou d'études, prise d'indépendance, accident, choix professionnel, incident de santé, divorce, perte d'emploi, retraite...
La croyance populaire ou les idées reçues affirment encore trop souvent qu'il serait nécessaire de vivre un mal-être important pour recourir à un coach. Or, en réalité, la majorité des personnes qui aujourd'hui sollicitent un accompagnement sont des êtres « normaux », simplement en recherche d'une vie mieux négociée, attentifs à des performances plus facilement acquises, ou encore soucieux d'un développement personnel et professionnel équilibré. Peut-être finalement sont-ils simplement conscients de la nécessité de s'adapter en permanence et avec souplesse aux changements en cours.
Dans cet ordre d'idées, on peut noter que les demandes d'accompagnement font état, la plupart du temps, d'une échéance importante, pour laquelle il faut mettre toutes les chances de son côté, d'un projet en gestation qui piétine ou alors qui mobilise progressivement l'attention, ou d'une situation mal vécue au présent et qui devient petit à petit insupportable.

Les indications du coaching individualisé sont très diverses, et concernent tous les volets majeurs de votre existence. Vous pouvez en effet solliciter un **accompagnement sur mesure** dans différents cas et pour des raisons fort variées:

- *Sur un plan personnel:* améliorer votre communication et votre relationnel, fixer et gérer vos objectifs, apprendre à mieux contrôler stress, anxiété, trac, travailler sur vos ressources (confiance, estime, affirmation de soi), augmenter votre créativité, clarifier une situation ou un problème, aider à résoudre vos conflits intérieurs, vous débarrasser d'un comportement limitant, canaliser vos pensées négatives...

- *Sur le plan du couple ou de la famille:* améliorer la communication et les relations entre époux, venir à bout de rancœurs, de jalousies et de secrets de famille laissés en friche, dépasser les rigidités relationnelles entre parents et enfants, négocier avec souplesse les tournants délicats de la vie, les situations de crise (départ du/de la conjoint(e) ou compagne(gnon), ou des enfants, successions, partages...), reconstruire un équilibre dans le cadre de familles recomposées...

- *Sur le plan professionnel:* dégager une orientation professionnelle stimulante et attractive, acquérir des compétences nouvelles, développer des talents laissés en jachère, trouver rapidement un travail ou un métier, à la suite de licenciement ou de réduction d'effectifs, équilibrer vie privée/vie professionnelle, retrouver le sens et le goût de l'action, gérer les stress puissants, issus de conditions de performances toujours plus exigeantes, surmonter les brimades vécues au quotidien sur le lieu de travail (harcèlement), régler les problèmes d'agressivité au travail (vis-à-vis des hiérarchies, des collègues et/ou des collaborateurs), se soustraire et mieux vivre les dépendances au travail si elles atteignent un seuil critique (*burn-out*)...

- *Sur le plan des relations sociales:* comprendre et approfondir les changements et les évolutions des mœurs et des valeurs, surmonter les difficultés à se trouver à l'aise en société, maîtriser les occasions de vous exprimer devant un groupe, savoir construire ou enrichir le réseau relationnel...

- *Sur le plan des relations à l'environnement:* mieux vivre les conditions de voisinage délicates, oppressantes, dangereuses, surmonter les peurs et les anxiétés face aux contextes et aux actes de violence et d'incivilité, tenir et garder votre place face aux injustices, aux déséquilibres et aux impasses de toutes sortes...

Le coaching s'adresse donc à toute personne désireuse d'un changement dans sa vie personnelle, familiale, professionnelle, sociale... et qui souhaite aborder une situation nouvelle, être plus performante, améliorer ses relations avec elle-même et les autres.

Les indications principales du coaching

- Fixer et mieux gérer ses objectifs.
- Travailler sur la confiance, l'estime, l'affirmation de soi.
- Augmenter sa créativité.
- Améliorer sa communication et son relationnel.
- Augmenter l'attention, la concentration, la motivation.
- Apprendre à mieux gérer ou contrôler stress, anxiété, trac.
- Clarifier une situation ou un problème.
- Aider à résoudre ses conflits intérieurs.
- Se débarrasser d'un comportement limitant.
- Canaliser ses pensées négatives.

...

Le coaching s'adresse tour à tour ou tout à la fois au corps, au mental ou au comportement.

En ce sens nous pouvons dire que le coaching aide à optimiser la gestion:

- De l'information: améliore les capacités d'attention, de concentration, d'anticipation, d'apprentissage, de créativité...
- Des émotions: améliore le contrôle du stress, facilite la récupération nerveuse et physique, favorise la maîtrise de l'émotivité...
- Des relations: améliore la communication, optimise le leadership, développe l'affirmation de soi...
- De l'énergie: contrôle l'activité mentale, renforce la motivation, stimule l'ambition, favorise la gestion des objectifs...
- De l'image de soi: gère les pensées positives, stimule les croyances positives, contrôle les pensées négatives...

LA RELATION ENTRE COACH ET COACHÉ : L'ENJEU COMMUN

Pour être efficace, la rencontre entre coach et coaché doit répondre à trois conditions[1] qui renvoient à :

- **La qualité de la relation**. Le coach doit trouver et maintenir avec son coaché une bonne distance, ni trop connivente, ni trop détachée. À ce prix, le coaché se sent écouté, compris et respecté.
- **La précision de l'objectif de l'accompagnement**. Le coach doit identifier clairement les raisons exactes qui motivent la demande d'accompagnement du coaché.
- **La définition des rôles respectifs**. Coach et coaché décident ensemble du contrat qui les réunit, de leurs droits et devoirs respectifs. Le coach, de surcroît, a la responsabilité de fixer le cadre exact de l'accompagnement et la démarche de son intervention.

◗ Pour toutes ces raisons, coach et coaché doivent s'engager pleinement l'un vis-à-vis de l'autre.

Le coach, expert, professionnel et éthique

Le coach professionnel fait preuve d'écoute, de disponibilité, de savoir-faire, de compétence, d'une attitude encourageante… mais également d'une méthodologie précise. Il n'est pas là pour donner des conseils ou apporter une solution toute faite : il doit aider le coaché à développer ses propres ressources, imaginer ses pistes personnelles, gagner en souplesse dans ses comportements.

Les compétences du bon coach sont donc de plusieurs ordres : une connaissance du milieu d'intervention sans la nécessité d'être véritablement un expert[2], un bon contact, des notions de psychologie et/ou de développement personnel, une parfaite connaissance de ses forces, de ses limites, voire de ses blocages.

Il travaille sur l'écart entre le problème présent, mis en lumière et parfaitement délimité, et l'objectif visé, suffisamment attractif et réaliste pour mobiliser la motivation.

◗ Nul ne peut s'improviser coach même si cette méthode peut sembler facile lorsque l'on assiste ou participe à une séance ; elle nécessite des protocoles d'intervention souples mais bien définis, et l'accès à un large sceptre de compétences. Celles-ci sont généralement d'ordre technique (connaissances, savoir-faire et tours de main pratiques), conceptuel (capacité à l'abstraction, au questionnement, à l'approche méthodologique…) et relationnel (écoute, communication, mise en relation et en réseau…).

Le coach inscrit son exercice dans le cadre d'une éthique et d'une déontologie qui respecte les droits du coaché et honore la personne humaine : il s'astreint au secret professionnel le plus strict sur tout le contenu de la démarche engagée ; il se comporte loyalement et s'interdit tout abus d'influence à votre égard ; il vous laisse l'entière responsabilité de vos décisions et actions, et notamment celle de vouloir mettre fin à la démarche entreprise ; il choisit en conscience les orientations qu'il donne à son accompagnement. Souvent un tel

[1] Les trois dimensions d'un accompagnement efficace sont l'affinité (relation), la finalité (objectif) et le cadre de l'accompagnement (processus).

[2] John Whitmore explique dans son livre *Le guide du coaching* que de bons professeurs de ski font régulièrement de très bons coachs pour le tennis car ils ne s'enferment pas dans la technique : ils concentrent au contraire toute leur attention sur la stratégie mentale du coaché et ses capacités à libérer tout son potentiel pour atteindre la performance optimale.

engagement du coach s'opère par adhésion à des groupements professionnels[1].

Enfin, le coach est en charge d'établir un **cadre** personnel lui permettant de produire des résultats satisfaisants dans l'exercice de son activité. Il adopte, à ce titre, quatre postures fondamentales : **protection, puissance, permission** et **plaisir**.

Il s'impose en effet de veiller en permanence à :

- se protéger en s'engageant dans un contrat de coaching à sa mesure (c'est la raison d'être de sa propre supervision[2], sinon comment pourrait-il soutenir autrui sans être lui-même soutenu ?) ;
- s'interroger sur sa capacité à bien vous guider et avoir l'humilité de vous orienter vers une personne plus apte, si la nécessité s'en fait sentir ;
- se donner une permission mesurée à la stricte mesure de l'accord que vous lui donnez, prévenant ainsi tout excès de zèle à vouloir vous emmener là où vous ne souhaitez pas aller ;
- recueillir du plaisir et de l'enrichissement de votre interaction et de votre démarche commune : c'est son vrai bénéfice personnel, qui transcende le revenu procuré par son exercice.

◗ L'éthique sert à établir des balises morales que le coach s'engage à respecter dans l'exercice de son activité. Souvent, cet engagement moral prend la forme d'une déclaration déontologique écrite. Grâce à un accord minimal sur les droits et devoirs de chaque partie prenante, la relation gagne en sécurité et en sérénité.

Le coaché, responsable de sa vie et prêt au changement

En général, les personnes en demande d'aide ou d'accompagnement estiment que la source de leurs problèmes réside dans leur environnement, chez les autres, à l'extérieur. Elles font donc appel au coaching en le considérant comme une solution, elle aussi, extérieure. L'accompagnement qu'elles sollicitent devient une simple béquille dont elles attendent le soutien, la force, le substitut aux manques et aux lacunes qu'elles ont identifiés. Elles confondent alors coaching et conseil. En fait, peu de gens ont conscience du fait que ce qu'ils vivent relève de leur propre responsabilité, de leur histoire personnelle, leurs choix et leurs réactions aux événements de la vie.

Extrait de séance de coaching :

Bertrand, 32 ans, marié.

Coé : « Je viens vous voir parce que j'ai un problème de couple... Moi, je vais bien... mais mon épouse est d'une jalousie incroyable... Je lui ai demandé de venir vous voir, mais elle ne veut pas. Alors je viens voir ce que vous pourriez faire pour moi pour que j'arrive à la convaincre d'arrêter de me surveiller et de contrôler tout le temps... Je trouve cela particulièrement déplacé et en plus, je ne me sens pas libre, dans tout ce que j'ai envie d'entreprendre... »

Co : « Vous trouvez déplacé de vous sentir contrôlé tout le temps... »

Coé : « Oui, je passe pour quoi aux yeux de mes amis, et surtout de mes collaborateurs ? Je ne suis plus un toutou qu'on tient en laisse... »

[1] Société Française de Coaching (SFCoach) ou Fédération Internationale de Coaching (ICF) par exemple.

[2] Le coach veille à instaurer un échange de pratiques avec d'autres professionnels, et sollicite souvent lui-même un coaching pour les situations où son savoir-faire rencontre certaines limites. Cette démarche de supervision est votre garantie de voir des cas spécifiques et délicats recevoir, en toutes circonstances, les réponses adaptées.

Co : « Vous pensez passer pour un toutou qu'on tient en laisse ? »
Coé : « Oui, c'est vraiment l'image que je donne… »
Co : « Et, par ailleurs, vous ne vous sentez pas libre, dans tout ce que vous avez envie d'entreprendre ? »
Coé : « Oui, là encore, j'ai l'impression d'être fliqué ; c'est comme si j'étais redevenu un gamin ! »
Commentaires: *Bertrand considère que son problème tient aux comportements jaloux de sa femme. Il fait appel au coaching pour trouver des moyens de faire changer son épouse. Or, le coaching ne peut agir que sur ses propres comportements à lui. Et à condition de surcroît qu'il veuille accepter de se sentir responsable, pour partie, du différend et/ou conflit avec son épouse. Le coach le guide vers cette prise de conscience déterminante pour la suite fructueuse de la relation, comme l'indique la fin de l'échange.*

Il vous revient de faire appel au coaching, de votre propre chef[1], et à la seule condition d'accepter un retour probable et sans complaisance sur votre propre image, avec la volonté de comprendre la situation, résoudre votre problème, dépasser vos freins, développer votre potentiel, acquérir de nouvelles ressources et passer à l'acte de façon opérationnelle.

Vous devez donc accepter qu'un changement plus ou moins important s'opère en vous, afin que vos projets avancent et que vos problèmes se résolvent. Or, vous redoutez souvent le prix à payer pour que ces transformations s'opèrent. Changer, c'est forcément abandonner des repères, des données stables, des habitudes établies, qui vous ont installé dans un certain confort, même si ces rigidités vous annoncent déjà combien elles vous piègent dans un monde en perpétuelle transformation.

▶ Le coaching est en fait ouvert à toute personne qui admet que le changement est utile, voire incontournable, et qui conçoit qu'il vaut mieux qu'elle en devienne l'acteur plutôt que la victime. Le changement accompagné – car il doit l'être – permet à la personne de se mobiliser autour d'une nouvelle dynamique, de nouveaux moyens et de nouvelles missions.

Le coaching en action, une démarche cadrée et souple

Compte tenu de la multiplicité des problèmes ou des projets dont le coaching peut se saisir, il doit disposer d'un large éventail de moyens pour proposer une prestation « sur mesure ».

Un panel de techniques opérationnelles…

Nous savons que le coaching est issu des pratiques en usage dans le domaine sportif. Fondamentalement, le coach amène le sportif vers son niveau d'excellence propre, en agissant sur deux plans, plus un troisième. Les deux premiers concernent uniquement le sportif : d'une part son potentiel (partie immergée de l'iceberg –

[1] Il y a encore quelques années, la décision de demander du coaching venait généralement d'un tiers ou d'une entreprise pour un meilleur fonctionnement de la personne ou des équipes… Mais l'initiative vient de plus en plus de la personne elle-même qui souhaite résoudre un problème social, personnel, familial…, faire aboutir un projet, se débarrasser d'un comportement gênant récurrent… mais sait ou se rend compte que certains côtés de sa personnalité ou ses comportements la freinent ou l'en empêchent. Aux interventions effectuées à la demande de l'entreprise commence à se substituer un coaching individualisé sollicité par tous ceux qui veulent progresser sans recourir au travail de thérapie. Le coaching a, en peu d'années, démontré toute sa valeur et sa pertinence dans cette alternative, pour des indications bien choisies.

structure profonde) et, d'autre part, ses capacités à agir (partie émergée de l'iceberg – structure de surface). Le troisième concerne la relation entre le coach et le sportif, à savoir le cadre et les conditions de leur travail interactif.

Ce modèle d'intervention a été transféré, pour l'essentiel, à toutes les formes de coaching aujourd'hui en usage. De ce fait, les techniques mises en œuvre garantissent le bon déroulement de la démarche de coaching et mobilisent à la fois la conscience profonde du coaché (disposition au changement) et son savoir-faire (capacité à être opérationnel).

Il n'est pas dans notre objectif de proposer un inventaire exhaustif des techniques mises en œuvre, mais plutôt d'évoquer les principes qui guident les coachs dans leurs interventions. Notons de surcroît qu'une telle liste d'outils n'a aucune utilité en soi, puisque **chaque séquence de coaching répond à une dynamique propre, centrée sur les besoins et les objectifs du coaché.** Elle n'est donc jamais réductible à un protocole figé: le choix des techniques appropriées dépend en permanence de l'interaction coach-coaché et de l'avancement vers l'objectif commun.

Pour garantir la bonne tenue de la démarche, de nombreuses techniques sont disponibles pour le coach. Il n'y a pas de style, de méthode à privilégier.

L'important est d'user d'outils permettant:

- de garder le contrôle du cadre. En cela, le coach propose et le coaché dispose (protection-permission... dans le respect des principes éthiques et déontologiques);
- d'adapter sa communication au fur et à mesure et en fonction des réactions observées. Le coach doit être concentré sur son interlocuteur et avoir une conscience affûtée de ce qui se passe en lui (empathie, synchronisation, calibration[1], dissociation[2], techniques d'approfondissement de la précision du langage, de repérage du langage paraverbal, etc.);
- de respecter le coaché et tenir compte de sa vision des choses, de sa réalité. Le coach reste attentif aux objectifs à atteindre en prenant soin de maintenir l'équilibre du contexte dans lequel s'opère le changement (techniques de questionnement, recadrage[3], écoute codée[4], positions haute et basse[5], métaphores[6], visualisation, techniques de résolution de problème, définition d'objectif, gestion du stress, amélioration de performance, protocoles et stratégies de décision, etc.).

[1] Voir le chapitre « La noblesse du coaching » page 29.

[2] La dissociation consiste à prendre du recul par rapport à une situation vécue. Souvent, cette posture est utile pour s'extraire d'émotions difficiles à gérer ou pour disposer d'un point de vue extérieur sur un problème.

[3] Le recadrage est une technique qui est très active dans le processus du changement. C'est considérer une situation ou un problème sous un point de vue différent de celui adopté initialement. Si vous avez été capable d'adopter un point de vue à un moment donné, vous êtes également capable d'en prendre un autre, qui peut apporter un sens nouveau à votre représentation de la réalité vécue.

[4] Voir le chapitre « Comprendre le problème » page 58.

[5] Dans une relation, la position haute est celle de celui qui maintient l'interaction, la contrôle et lui confère un contenu. La position basse, en revanche, est celle qui s'adapte, se conforme et s'ajuste aux comportements de l'autre.

[6] La métaphore est une histoire, un conte, une fable, un dessin qui établit une relation entre la situation actuelle et les ressources inconscientes de la personne.

Une séance type…

Une séance de coaching se déroule, en général, selon trois temps forts et occupe une à deux heures de temps. Une heure est la durée de base, pratiquée dans 60 % des cas ; mais des séances d'une heure et demie (25 %) et même de deux heures (15 %) sont également pratiquées en fonction des disponibilités et des objectifs de chacun.

Premier temps : l'accueil et la mise en route de la rencontre

L'accueil est une étape cruciale. Ce temps marque le passage de la « vraie vie » vers le contexte privilégié du cabinet du coach[1]. Le coaché est déjà porteur, dans ces premiers instants, d'informations majeures sur son état d'esprit du moment, en rapport avec la situation qu'il vit et peut-être aussi avec la séance qui se profile. En étape liminaire, le coach s'assure d'abord que le coaché n'est pas parasité par une difficulté de temps présent, qui pourrait accaparer son attention et sa disponibilité pour la séance proprement dite. Avant de continuer, il utilise une technique spécifique pour lever ces barrières et permettre une entrée en séance confortable. Ensuite, il fait le point sur la séance précédente, et sur ce qui s'est passé depuis. Si des tâches ont été programmées, il en vérifie la réalisation, les gains ou les difficultés rencontrées, et tire avec le coaché les enseignements utiles. Enfin, il pose le cadre de la séance présente, et les modalités de son déroulement.

Deuxième temps : la séance de coaching proprement dite

Le coaché présente sa demande à sa manière et dans la forme choisie par lui. Le coach recueille les informations utiles au développement du processus de coaching : exploration de la situation présente, diagnostic, définition de l'objectif, mise en place des ressources et des moyens pour procéder aux changements nécessaires au succès de la démarche. Le coaché ensuite crée les liens entre ce qui vient de se vivre dans le contexte protégé de la séance et les réalités du monde extérieur qu'il s'apprête à retrouver.

Troisième temps : conclusion et prise de congé

C'est le temps d'évaluer l'étape qui vient de se terminer et de la repositionner dans le chemin déjà parcouru. Les commentaires que peut faire le coaché à ce moment-là sont de nature à indiquer le degré de confiance ou de doute avec lequel il retourne à la « vraie vie ». Souvent, si un doute s'exprime, le coach utilise des techniques appropriées pour le lever et permettre au coaché d'en tirer le meilleur parti.

Une intervention à durée déterminée…

Quelle que soit sa nature, les professionnels reconnaissent qu'une démarche de coaching doit être clairement définie dans ses modalités temporelles. On évite ainsi que le coaching sans fin programmée ne devienne une sorte de béquille que le coaché mobilise à sa guise, au gré des situations et des contextes.

Quant à la durée de toute la démarche, elle dépend largement de l'objet général à traiter. Un coaching « de résolution », pour venir à bout d'une difficulté passagère, ou même un coaching « d'objectif » ou « de performance », pour s'affirmer dans une

[1] Certains coachs se déplacent pour aller rencontrer le coaché dans son cadre de vie personnelle ou professionnelle. Il convient de veiller, dans ces cas précis, à ce que la séance soit protégée de toute intervention ou intrusion extérieure.

ambition, ne requièrent pas la même durée qu'un coaching dit « d'orientation » ou « d'adaptation », pour piloter une évolution à moyen terme, ou encore qu'un coaching « de développement » destiné à redonner un sens à sa vie.

En fonction de la périodicité des rencontres prévues, la durée globale d'une intervention peut varier de 3 à 6 ou 8 mois, pour un nombre 6 à 10 rencontres programmées. Généralement, au-delà de 10 séances, le cycle entrepris doit être évalué dans son ensemble et l'objectif redéfini.

La périodicité des rencontres est hebdomadaire, bimensuelle ou mensuelle : tout dépend là encore de la nature des situations à résoudre ou des projets à accomplir. Souvent, les rencontres sont plus fréquentes en début de cycle (toutes les semaines ou quinze jours) et s'espacent lorsque le processus a pris son régime de croisière (tous les mois ou deux mois).

CONCLUSION

L'accompagnement ne relève plus aujourd'hui du luxe. Il s'installe comme une nécessité.

Mobilité, adaptabilité, souplesse sont les maîtres mots d'un contexte professionnel et social caractérisé par des changements profonds et permanents. Parents, couples et familles entières doivent se mobiliser autour de projets nouveaux, faire face à des stress réguliers, des remises en cause de plus en plus fréquentes, voire des pertes de repères parfois douloureuses. Viennent s'ajouter à ces bouleversements de l'existence ceux de la vie professionnelle, tout entière vouée à l'efficacité et au rendement.

Dans ce contexte, vous pouvez ressentir la nécessité d'un lieu « neutre » pour évoquer, en toute confidentialité et protection, vos difficultés ou vos espoirs, pour visualiser et formaliser vos modes de fonctionnement devenus inadéquats ou limitants, porter un regard nouveau sur vos actions et votre raison d'être et de vivre.

AUTOCOACHING : IDENTIFIEZ VOS BESOINS DE COACHING...

Exercice 1 : Je m'interroge...

Il peut être intéressant que vous passiez un moment avec vous-même, au calme, et que vous notiez par écrit, peut-être dans un cahier prévu à cet effet, les réponses que vous suggèrent les questions ci-dessous:

- Quelle est l'importance de mon travail pour moi? Qu'ai-je besoin d'apprendre? Quels sont mes talents et mes motivations profondes exploitées? Ou non?
- Qu'est-ce qui compte vraiment pour moi? Qu'est-ce que je souhaite léguer comme héritage moral? Comment puis-je mesurer ma réussite?
- Comment sont mes relations avec les autres? De quelle manière est-ce que je veux que les autres m'abordent? Quelles sont les personnes auxquelles j'accorde le plus d'importance?
- Est-ce que je m'autorise à jouer et à être créatif? Quels sont les domaines où je m'amuse?
- Suis-je attentif aux autres? Comment est-ce que j'exprime mon respect de la vie? Est-ce que je m'accorde du temps pour apprécier la vie?
- Est-ce que j'exprime de la compassion ou de la générosité envers les autres? Quelles causes suis-je prêt à défendre? Est-ce que je fais mon possible pour répondre aux besoins et aux attentes des autres?

Certaines réponses ou pistes de réflexion vous permettront peut-être d'identifier vos propres besoins de coaching.

Exercice 2: J'interroge mon entourage…

Vous avez certainement remarqué que certains thèmes de votre pratique d'auto-coaching ci-dessus concernent vos relations avec l'entourage personnel et/ou professionnel. Allez vers les personnes les plus importantes pour vous et posez-leur les questions ci-dessous:

- Qu'est-ce que vous attendez de moi dans la vie?
- Que pensez-vous de ma manière de communiquer avec vous?
- Est-ce que vous me trouvez amusant? Qu'avez-vous à dire sur mon caractère?
- Comment appréciez-vous l'intérêt que je vous porte? En quantité? En qualité?
- Que pensez-vous de ma disponibilité et de ma générosité?
- Avez-vous le sentiment que je suis attentif à vos besoins?

Vous pouvez comparer les réponses obtenues avec vos propres réflexions. Ce travail peut vous demander un certain temps… Il vous sera utile lorsque vous aborderez vos ressources d'estime, d'affirmation et de confiance en soi.

COACHER LES AUTRES: IDENTIFIER LES BESOINS DE COACHING DANS VOTRE ENTOURAGE

Exercice 1: Les personnes les plus importantes de ma vie…

Repérez, dans votre entourage familial et/ou professionnel, votre cercle de proches et d'amis, vos sphères de loisirs ou d'activités extra-professionnelles, les personnes qui, à des titres divers, ont de l'importance pour vous… Faites-en la liste.

Cet exercice a une vertu majeure: vous interroger sur l'intérêt que vous portez aux personnes que vous avez choisies. Au nom de quelles valeurs (amour, fidélité, respect…) et de quels critères (finance, utilité, efficacité, ouverture, position sociale ou hiérarchique, dépendance, nécessité, urgence) les avez-vous retenues?

Exercice 2: Quels sont leurs besoins?

Vous allez utiliser la grille de diagnostic proposée ci-dessous pour mettre en évidence les besoins de vos interlocuteurs. La personne a-t-elle besoin d'améliorer :

- ses capacités d'attention, de concentration ou d'apprentissage (par exemple pour les enfants scolarisés ou pour les adultes en reconversion…)?
- ses capacités d'anticipation et de créativité (par exemple pour les jeunes en recherche de voies d'avenir, les personnes dans leurs activités de loisirs…)?
- la gestion de ses émotions et son émotivité, son stress, sa récupération nerveuse et physique…?
- sa communication, son leadership, son affirmation, sa capacité d'influence, de conviction, d'argumentation, d'élocution…?
- sa capacité à se mobiliser, se stimuler, se fixer des objectifs et les atteindre, renforcer sa motivation…?
- sa capacité à contrôler ses pensées parasites ou négatives, à adopter des croyances positives, à limiter l'influence des croyances limitantes…?

Il est certain que cette vision des besoins des autres pourra enrichir votre propre conscience des besoins qui justifient l'appel au coaching. Retenez que les besoins doivent être contextualisés (c'est-à-dire correspondre à des situations, événements et contextes précis) et correspondre à des moments clés de la vie (projets, orientations, remises en cause, etc.).

Chapitre 2

LA NOBLESSE DU COACHING

Le don de la relation

« Qui se connaît connaît aussi les autres ; car chaque homme porte la forme entière de l'humaine condition. »
(Michel Eyquem de Montaigne, *Essais*)

LES GRANDES LIGNES DU CHAPITRE

■ LE COACHING, UN ACCÈS À LA MATURITÉ
Exister par soi… la cohérence
Créer ensemble… la coopération

■ LE COACHING, UN ESPACE D'AUTHENTICITÉ
Inspirer et donner confiance… le respect
Écouter et comprendre… l'empathie

■ AUTOCOACHING : RESSENTEZ LA COHÉRENCE DES NIVEAUX LOGIQUES D'EXPÉRIENCE

■ COACHER LES AUTRES : SE SYNCHRONISER POUR SE SENTIR PLUS PROCHE

Pourquoi parler de noblesse? Parce que le coaching bien compris et correctement exercé capitalise, dans sa pratique, un ensemble extraordinaire de compétences, d'attitudes et de postures qui lui confèrent une situation de choix en même temps qu'une place à part dans l'éventail des relations d'aide et d'accompagnement.

Dans son acception la plus générale, le coaching permet à une personne de trouver son niveau optimal de performance, au summum de ses capacités du moment. Lorsque vous venez consulter un coach pour être au top le jour « J », vous souhaitez résoudre une attente précise, circonstanciée, pour un temps donné et limité. L'intervention se doit d'être ciblée. Pourtant, on constate régulièrement que le travail réalisé a des retombées plus larges que prévu. En ce sens, le coaching laisse des traces; il revient donc au coach d'être particulièrement attentif aux effets de ses interventions. Il ne peut se contenter d'être opportuniste ou d'agir à courte vue: il lui faut une vision empreinte d'humanisme. Comme ces interventions sont limitées en nombre, chaque séance de coaching se doit d'être le modèle réduit opérationnel de cette philosophie mise en application.

Ainsi se trouvent concentrées et exprimées avec toute l'intensité requise, à chaque rencontre, deux dimensions majeures de ce type d'accompagnement spécifique: le travail sur votre maturité et l'attention portée à l'authenticité de la relation.

LE COACHING, UN CHEMIN VERS LA MATURITÉ

Quand vous faites appel à un coach, c'est la plupart du temps à titre personnel, autrement dit « en interne », pour faire aboutir un projet, atteindre un objectif, résoudre un problème. En ce sens, le coaching vous donne accès à **plus de certitude interne**. Mais vous devez immédiatement reconnaître que la majorité des besoins que vous voulez satisfaire ou des talents que vous souhaitez exprimer dépendent de vos relations « avec l'extérieur »: vivre, aimer, apprendre, partager exigent une interaction généralisée avec les autres et votre environnement. En ce sens, le coaching donne accès à **plus d'ouverture et de partage**.

Le processus du coaching opère deux transformations essentielles:
- il s'attache à ancrer verticalement la démarche du coaché, pour donner à ses choix, ses décisions et ses actes une assise solide;
- il consiste à étendre horizontalement le champ relationnel du coaché, pour créer une synergie[1] forte dans ses communications et interactions.

Exister par soi: l'autonomie et la cohérence

Depuis votre enfance, vous aspirez à croître, devenir adulte, acquérir de la maturité. Celle-ci résulte d'un équilibre subtil entre réflexion, échange et décision. Pour qu'elle s'exprime pleinement dans le respect des autres, elle gagne à planter ses racines dans le terreau de votre autonomie.

[1] La synergie est souvent appelée « effet 1 + 1 = 3 ». Elle met l'accent sur le fait que l'effort conjugué de deux personnes permet souvent d'obtenir un résultat supérieur à la somme de ce que les deux personnes auraient dû fournir chacune de leur côté, sans coopération.

1. L'autonomie

Elle consiste à faire preuve de caractère et de consistance pour résister aux influences et aux pressions de la vie, qui ont tendance à vous faire dévier de vos principes.

Extraits d'une séance de coaching:

Victor, 43 ans, père de famille nombreuse (4 enfants), profession libérale.

« Du point de vue de ma santé, je brûle la chandelle par les deux bouts... En ce qui concerne la nourriture, je mange de tout, un peu, mais mal, et j'avale des compléments vitaminiques pour compenser le tout et essayer de tenir le coup. Sur le plan affectif, je suis marié, mais je n'ai jamais investi vraiment le temps, l'attention et la tendresse nécessaires pour cimenter notre relation... J'ai quelques aventures éclairs, qui me laissent un arrière-goût d'inachevé et de gâchis... Quant aux enfants, ai-je vraiment consacré le temps nécessaire à leur éducation, leur écoute, leur mutation en adultes, tout simplement ? Je lis énormément, j'apprends beaucoup, mais de façon facile, trop superficielle... Ce qui m'intéresse, ce sont les trucs, les ficelles, les tours de main rapides et efficaces... Je n'ai jamais eu, ou pris le temps d'approfondir les démarches pour en capter les fondements et les principes... Pour ce qui concerne ma contribution à la vie sociale, je m'en tire souvent avec des chèques... la ligue contre le cancer, le téléthon, le calendrier de la Poste... Je ne connais pas bien mes voisins de quartier, mais eux non plus ne cherchent pas à me rencontrer... Je n'en peux plus ! Je viens faire le point ! »

Commentaires: *Victor exprime avec ses mots comment, à partir de comportements peut-être légitimes à ses yeux, mais qui manquent de cohérence, il a progressivement perdu de vue son projet de vie. Le coaching ne peut dans ce cas se contenter de cautériser quelques plaies. Il va permettre à Victor de mieux cerner ce qu'il veut faire, mais surtout QUI il veut être.*

Le coaching réhabilite votre capacité d'agir par vous-même. Ce faisant, au lieu de vous laisser dicter vos besoins et votre comportement par l'extérieur, il vous incite à être « déterminé de l'intérieur ». Grâce à cette forme d'autonomie, vous pouvez prendre le risque de vous affirmer tel que vous êtes : avec votre expérience singulière, vos comportements spécifiques, vos émotions et vos ressentis particuliers, vos capacités propres. Vous obéissez à votre propre volonté plutôt que de vous plier aux intentions des autres.

L'autonomie ainsi vécue est une vraie liberté intérieure.

2. La cohérence interne

Elle se rapporte à l'ensemble des règles, références et principes que vous utilisez pour vous sentir en sécurité. Ce sentiment de certitude définit les limites du périmètre à l'intérieur duquel vous avez prévu de vous réaliser.

Extraits d'une séance de coaching:

Sarah, 69 ans, veuve, grand-mère, retraitée active.

« Je suis passée, vu mon âge, par de nombreuses épreuves. Ma famille a été déportée et personne n'est revenu. J'ai été confiée à des religieuses, j'ai vécu cachée dans leur couvent pendant quatre années. C'est à ce moment que je me rappelle avoir constaté que ma vie, bien que courte, était déjà passée par plusieurs étapes, dont aucune ne ressemblait à une autre. Je me suis faite à l'idée qu'il était bon que je considère la vie comme un éternel renouvellement. Cela m'a beaucoup aidée à vivre les multiples changements ultérieurs. Quelques années plus tard, quand il a fallu que je commence à gagner ma vie, j'ai décidé de faire le point tous les cinq ans, pour savoir ce que je voulais vraiment faire... Je retournais en retraite personnelle dans mon

couvent... C'est ainsi que j'ai exercé au moins une quinzaine de professions... Les unes plus intéressantes que les autres... Pour cela, je me suis mise en apprentissage permanent... Il y a six ans, j'ai passé deux années à l'université... On m'appelait "Mamy Plus", car je vois toujours les choses en positif... C'est certainement ce qui m'a permis de traverser la vie... Je sais utiliser Internet, heureusement... même s'il me faut chausser des lunettes! Je dis en permanence qu'il n'y a, aujourd'hui, plus aucun endroit ni moment de la vie où les choses sont définitivement acquises... Mes deux grands enfants m'ont fait de beaux petits-enfants, à qui j'espère servir d'exemple! J'aimerais pouvoir les "coacher", comme vous dites, à mon tour... Alors, je viens apprendre... »

***Commentaires:** à la différence du cas précédent, Sarah illustre parfaitement le fait que le coaching peut accueillir des gens qui vont bien, ont réussi leur vie et qui, pour cette raison précisément, veulent donner à leur existence une dimension et un sens nouveaux. Il suffira ici au coach de donner une impulsion appropriée pour permettre à Sarah de façonner sa mission à l'échelon le plus élevé de sa hiérarchie de valeurs.*

Vous pouvez faire un pas de plus dans votre compréhension grâce à un schéma de fonctionnement de l'être humain, qui explique comment vous installez votre cohérence interne. Il s'agit d'une hiérarchie des niveaux d'expérimentation de votre vie[1]; elle comporte généralement sept niveaux:

- **La mission de vie:** au nom de quoi j'existe, ce que je veux faire de ma vie en relation avec d'autres personnes ou groupes, auxquels je me sens connecté...
- **L'identité:** ce que je suis, le rôle que je joue, la personnalité que j'exprime, la conscience que j'ai de moi-même, en tant que maître et responsable de mes actes.
- **Les valeurs et croyances**[2]**:** ce qui cadre ma vie, les convictions, principes et règles auxquels j'adhère, mes prémisses, ce que je juge essentiel dans la vie, qui est fondamental pour moi, et aussi ce que je crois, pense et considère comme important, sur moi-même, les autres, la vie et le monde en général...
- **Les attitudes et stratégies:** ce qui fonde mon efficacité, ma pertinence et mon adaptation dans la vie. Ce sont des dispositions mentales et des mécanismes qui me déterminent face aux choses et aux autres.
- **Les capacités:** ce que je sais, ce que je peux, mes savoir-faire, mes aptitudes, mes compétences...
- **Les comportements:** ce que je fais, ce que je réalise, associé à mes sensations, mes émotions, mes ressentis internes.
- **L'environnement:** ce que j'expérimente concrètement, ma vision du contexte dans lequel se déroule ma vie.

▶ Votre manière de vivre chacun des échelons de cette hiérarchie a une influence déterminante sur votre vie et votre moral! Elle conditionne également la façon dont vous entrez en relation avec les autres, la

[1] Cette hiérarchie se réfère aux travaux de nombreux chercheurs, mathématiciens et philosophes qui se sont intéressés aux niveaux d'abstraction auxquels on pouvait se placer pour comprendre une situation ou pour résoudre un problème. G. Bateson et R. Dilts ont mis au point la forme opérationnelle de cette démarche sous l'appellation « niveaux logiques de la pensée ».

[2] La croyance est une certitude de l'esprit, ne reposant pas forcément sur une construction logique bien structurée. Elle est souvent le fruit d'une pensée communément admise ou trouve sa source dans l'expression d'un désir. Voir le chapitre : « Activer les ressources » page 92.

performance de vos actions, la réussite plus ou moins aboutie de vos projets. C'est dire combien vous devez être attentif à un alignement de haut en bas des éléments de cette échelle.

Comment ça marche ?

Vous devez retenir que chaque niveau hiérarchique gouverne et pilote les niveaux situés au-dessous. *A contrario*, chaque niveau est déterminé par les options prises aux niveaux supérieurs.

Par exemple, vous agissez sur l'environnement au moyen de vos comportements, lesquels sont dirigés par vos capacités, qui constituent l'ensemble de votre savoir-faire. Vos capacités sont guidées par vos stratégies mentales. Ces stratégies sont pilotées par vos valeurs et vos croyances. Vos valeurs, quant à elles, sont organisées par votre identité, qui s'alimente à son tour du contenu de votre mission de vie.

Revenons au témoignage de Sarah :

Nous avons à présent les moyens de mieux décoder certains éléments de sa cohérence interne :

Sa mission de vie : servir d'exemple à ses petits-enfants.

Son identité : Mamy Plus.

Ses valeurs et croyances : il est bon de considérer la vie comme un éternel renouvellement, penser positif est ce qui lui a permis de traverser la vie, même s'il lui faut chausser des lunettes, il n'y a aujourd'hui plus aucun endroit ni moment de la vie où les choses sont définitivement acquises…

Ses attitudes et stratégies : faire le point tous les cinq ans, mise en apprentissage permanent, voir toujours les choses en positif…

Ses capacités : savoir utiliser Internet, pouvoir « coacher » les autres…

Ses comportements : exercice d'une quinzaine de professions, étudier, venir et apprendre…

Son environnement : au couvent ; à l'université, parmi ses enfants et petits-enfants…

Commentaires : ***sans avoir un accès total aux détails de la vie de Sarah, nous avons ici l'image d'une personne sensiblement équilibrée, profondément ancrée dans des données stables et solides, « alignée de haut en bas », ouverte au monde et au changement, optimiste et dynamique.***

Il se peut que cette idée de cohérence interne vous soit quelque peu étrangère, alors qu'elle vous est pourtant totalement accessible, à condition que vous y soyez attentif. Vos émotions, vos sensations (plaisir, désagrément, ennui…) vous renseignent en permanence sur la manière dont vos besoins sont satisfaits ou non. Grâce à ce baromètre intégré, vous pouvez vous mettre à l'écoute de ce qui est important et vous préoccupe : il est le garant d'une vie pleine et épanouie.

Certaines personnes ne s'écoutent pas suffisamment ; elles ne savent donc pas forcément s'il est bon de changer, à quel moment, avec qui et comment… La seule raison que vous ayez de changer de façon durable vient du fond de vous-même. Sinon, vous restez superficiel : vous prenez de bonnes résolutions que vous ne tenez jamais, comme envisager de consacrer plus de temps à votre famille, vous remettre à une activité sportive, arrêter de fumer, faire un régime…

Rien de tout cela, et encore moins les « bons conseils » des autres, n'ont de sens pour vous si l'envie ne prend pas naissance au plus profond de vous.

S'accorder ainsi la première place, et rester fidèle à soi, est aussi la garantie de n'être jamais la proie d'un beau parleur : vous restez le seul à pouvoir exprimer ce qui essentiel, important et bon pour vous.

Créer ensemble : la coopération

Si nous savons rester humbles, force est de reconnaître que personne ne dispose de tous les talents ni de toutes les ressources nécessaires à l'accomplissement de ses objectifs. La plupart de nos actions impliquent nécessairement une interaction avec d'autres pour tendre vers cette réussite.

1. Échanger

La plupart du temps, vous vous contentez d'utiliser vos facultés à communiquer avec les autres (conjoint, enfants, collègues, amis...), échanger de l'information (voisins, administrations...), motiver ou encourager, aider, ou solliciter de la reconnaissance (mérite, félicitations, augmentations de salaire...)... Ces transactions qui fondent l'échange gagnent à être particulièrement soignées, sinon elles risquent de dégénérer en conflits ou, à tout le moins, de subir quelques dysfonctionnements.

Extraits d'une séance de coaching :

Anne-Sophie, 28 ans, célibataire, contrôleur de gestion en agence comptable.

« J'entretiens une relation avec un homme marié... Il ne prend aucune initiative dans notre petite parcelle de vie ensemble... C'est toujours moi qui le sollicite... Lui, fait son possible pour être avec moi, tant bien que mal. J'aimerais qu'il prenne sa part de décision à nos miettes de bonheur... Je pense qu'il devrait le comprendre, depuis le temps... Il suffit que je demande de l'aide pour qu'il accoure quasi immédiatement... Mais quand tout va bien, il peut se passer des jours et parfois des semaines sans réaction sensible de sa part. Je me demande en vérité s'il désire vraiment refaire sa vie avec moi, comme il me le laisse entendre de temps en temps, quand j'aborde ce sujet... Ce n'est pas explicite, mais je crois deviner cela... Quoi qu'il en soit, je veux voir clair en moi... prendre les choses en mains pour décider, au moins de mon côté, ce que je veux faire de cette relation... »

Commentaires : *Anne-Sophie nous explique à sa manière comment des transactions mal conduites avec cet homme créent sa confusion et entretiennent son inconfort : déséquilibre dans la prise d'initiative, non-dit et lectures de pensées dans les échanges, manipulation et jeux de pouvoir pour provoquer l'action... Le coaching va lui permettre de démêler l'écheveau de toutes ces relations mal négociées ou laissées en friche : entre elle et lui bien sûr, mais surtout avec elle-même.*

Le conflit, de par sa nature, n'a aucun caractère dramatique. Il n'est que l'expression d'un désordre ou d'un blocage qui attend une solution. Vous savez bien que les rapports entre individus restent rarement définitivement harmonieux. Ils sont au contraire voués au changement. Toute la question réside dans le fait de savoir si l'énergie que vous consacrez à la résolution d'un conflit ne sert pas un camp pour combattre l'autre : nous pouvons presque parler de lutte, où chantage, intimidation et coup de poker font partie des tactiques qui permettent à l'un d'avoir gain de cause sur l'autre. Ce sont donc des jeux de pouvoir ou d'influence à enjeu fermé : ce que l'un gagne, l'autre le perd.

Le coaching se détourne du piège de l'enjeu fermé, pour installer un enjeu ouvert. Au lieu de parler de conflit, il parle de crise. Le terme « conflit » focalise l'attention sur les parties qui s'opposent et fige les énergies. Aborder la situation en terme de crise les libère au contraire : elles se coalisent même pour transcender le problème.

▸ Au lieu de crispation sur les positions présentes, le coaching propose une « sortie par le haut » et une mobilisation pour créer en commun des positions nouvelles.

2. Coopérer

Quelle différence pouvez-vous percevoir entre « faire le point entre mari et femme » et « œuvrer pour améliorer la relation de couple »? Comment distinguer l'écart entre ces deux expressions : « éduquer les enfants » et « contribuer à leur maturité »? Ou encore, quelle distinction faites-vous entre « gérer les membres de l'équipe » et « négocier la coopération du groupe »?

Qu'il s'agisse du couple, des enfants, des collègues et de bien d'autres relations encore, il y a deux façons d'aborder les difficultés, quand elles pointent leur nez: soit vous partez de l'idée qu'il vous revient de tout faire, de votre côté, pour atteindre l'objectif, et vous attendez de l'autre qu'il fasse de même, soit vous reconnaissez qu'il faut être deux ou plusieurs pour s'employer en commun à atteindre l'objectif, peut-être l'actuel, peut-être un autre…

Dans le couple, « faire le point » présuppose déjà qu'il y a des difficultés à résoudre et qu'une forme ou une autre d'affrontement se profile à l'horizon… « Améliorer la relation de couple » met l'accent sur l'objectif commun, au cas où il serait peut-être perdu de vue… et donne alors une autre dynamique au nécessaire dialogue qui doit suivre… « Éduquer les enfants » suppose une relation cause-effet, les parents ayant la charge principale de pousser les enfants à adopter les modèles corrects… à tout prix. « Contribuer à leur maturité » recentre l'objectif sur ce qui est important, à savoir le résultat final et non les moyens pour l'obtenir… Et peut-être alors vont poindre de nouvelles formes de dialogue et d'interaction « parents-enfants ».

Dans une équipe, « gérer les membres… » installe vraiment un lien de subordination, alors que « négocier la coopération » recentre le débat sur la nécessité d'une action commune et concertée.

◗ Vous dépendez des autres pour réussir votre vie… Cette prise de conscience est parfois douloureuse pour votre ego. Vous êtes donc voué à une inéluctable coopération.

> *« Si tu veux faire quelque chose pour quelqu'un, si tu ne le fais pas avec lui, alors tu le fais contre lui. »*
> (Proverbe berbère)

Extraits d'une séance de coaching:
Héléna, 45 ans, mère de famille, aide maternelle.
« Je consacre ma vie à la relation d'aide. C'est incroyable de rencontrer aujourd'hui autant de misère… Je suis toujours émue de voir une maman perdue devant les pleurs de son enfant… Il suffit que je le prenne dans mes bras deux minutes, que je lui parle, et tout rentre dans l'ordre… J'ai le souvenir de cette femme, presque analphabète, qui écoutait religieusement mes paroles, pour ensuite les répéter à son petit, à sa manière… Elle trouvait cela miraculeux. Quand j'arrive dans un nouveau foyer, je m'emploie déjà à remettre de l'ordre, de la propreté, car cela installe du respect dans la maison… Alors seulement, je peux apporter mon aide, car ils se respectent les uns les autres, et ils me respectent pour ce que j'ai déjà fait… L'ennui, c'est quand vous revenez quelques semaines plus tard et que tout est à refaire, parce que la crasse et le désordre ont repris le dessus… Et on recommence… Que voulez-vous faire d'autre? »
Commentaires: *Héléna déplore sa relation à sens unique où elle fait et donne sans cesse. Le coach va la rendre sensible à l'intérêt qu'elle aurait à impliquer ces femmes dans une action commune, totalement absente pour le moment, de la relation. À continuer ainsi dans le don de soi, la générosité ou la compassion, elle perpétue à son insu le mythe de Sisyphe au XXIe siècle!*

Pour le coaching, la coopération bien comprise entre les personnes est une source inépuisable de solutions nouvelles et créatives.

Exprimé d'une autre manière encore: seul, on cherche à sortir de son problème... À deux ou à plusieurs, on se sent prêt et on s'attache à relever des défis.

Chaque personne se trouve « recyclée » par sa relation à l'autre et vice versa. Les résultats en sont souvent déroutants et étonnants: vous quittez vos positions narcissiques et vous vous découvrez vulnérable. Vous n'êtes plus du tout certain de la manière des autres de se comporter... La vie devient aventureuse... Vous lâchez, tant bien que mal, votre confort... Vous prenez des risques...

◗ Pour avoir le courage d'avancer, il vous revient de chercher et de trouver des solutions, de concert avec les autres. En réfléchissant ensemble, en travaillant en commun, en apportant aux autres et en apprenant à leur contact, tout le monde est gagnant.

Le coaching vous fait prendre conscience de la nature éminemment changeante de votre personnalité, il vous aide à installer plus de changement, à la fois en vous-même et dans votre environnement, en utilisant vos talents spécifiques, en préservant votre intégrité (autonomie) tout en œuvrant avec les autres (coopération).

> *« Chaque fois que je me retrouve est l'occasion de concevoir les grandes choses. »*
> (Bonaparte, futur empereur des Français)

LE COACHING, UN ESPACE D'AUTHENTICITÉ

Vous savez à présent que le changement peut s'opérer en vous si vous êtes bien ancré dans votre maturité et si vous optez pour la coopération.

- **Votre maturité** vous rend capable de tenir parole, dire ce qui doit être dit, partager des informations vitales et vérifiées, prendre les problèmes à bras-le-corps pour les résoudre.
- **La coopération** met l'accent sur la possibilité que vous avez de générer d'innombrables solutions encore insoupçonnées... Dans ce sens, la vie vaut la peine d'être jouée, le changement mérite d'être enclenché, pour précisément vous donner accès à ces nouvelles opportunités démultipliées... Mais pour vivre concrètement le changement, il vous faut à la fois une certitude intérieure et une ouverture à l'action.

◗ Le coaching assure la mutation de ces deux dispositions: il transforme votre certitude intérieure en confiance et votre ouverture en dialogue authentique.

> **Évidence**
> À chaque fois que sa femme parle, il s'endort; elle lui en fait finalement le reproche: *« Crois-tu que je m'endormirais comme cela si je ne te faisais pas totalement confiance? »*

Inspirer et donner confiance: le respect

Notre éducation nous laisse à penser qu'il est facile grâce au langage de transmettre des idées, des faits, des sentiments, des concepts... et tout aussi évident de les recevoir. Nous avons tendance à surestimer l'importance du mot (communication dite « verbale ») alors que nous sommes souvent appréciés ou rejetés par l'aspect non verbal de notre communication, que nous ne savons malheureusement pas toujours observer chez les autres ni chez nous-mêmes.

La relation d'accompagnement nécessite un véritable échange, une empathie qui ne se décrètent pas. Certains sont capables de les mettre en œuvre spontanément et sans efforts, les autres (la majorité) sont obligés de respecter quelques règles bien étudiées par la programmation neurolinguistique (PNL).

Voyons ensemble les principaux éléments capables d'optimiser ou au contraire d'empêcher l'instauration d'un climat de confiance nécessaire à la bonne marche du coaching.

Lorsque vous voulez convaincre quelqu'un:
- ce que vous dites (le fond) intervient pour 7 %,
- la façon dont vous le dites (la forme) pour 38 %,
- votre accompagnement gestuel pour 55 %.

Il s'agit là d'un constat qui incite tout pédagogue à l'humilité, il ne faut pas croire en l'omnipotence des mots.

La confiance ne s'installe vraiment qu'à travers l'action de trois processus conjugués:
- il vous faut faire confiance à l'autre,
- pour que sa confiance vous revienne en retour,
- et que progressivement vous preniez confiance en vous-même...

En ce sens, la confiance agit comme par exemple le respect et l'amour: il faut en donner pour en recevoir et pour en jouir en propre. Vous ne pouvez pas vraiment aimer quelqu'un ou vous sentir aimable si vous ne vous aimez pas vous-même... Vous ne pouvez pas totalement respecter quelqu'un ou devenir un être respectable si vous ne vous respectez pas vous-même.

Le coaching produit ses résultats à la condition qu'un climat de totale confiance soit instauré. Le coach doit donc inspirer confiance à son interlocuteur, lui donner confiance en ses propres aptitudes et ressources. Un bon contact, c'est se mettre dans la peau de l'autre tout en restant soi-même. Un bon entretien, c'est « parler avec l'autre » et pas seulement « parler à l'autre »: c'est d'abord lui prêter de l'attention, s'interroger sur ce qu'il attend (besoins, attentes, craintes, doutes...) avant de trouver les mots, les phrases... Ce n'est pas seulement un échange d'informations mais aussi et surtout une relation émotionnelle à double sens: transmettre et recevoir.

« Il ne s'est pas écoulé une journée, depuis sept ans que je travaille avec lui, que Carlos Rodriguez, mon coach, ne me dise combien il croyait en moi. »
(Justine Hénin, championne belge de tennis, vainqueur de Roland-Garros et de l'US Open en 2003)

1. Inspirer et donner confiance, c'est d'abord commencer par faire preuve de congruence. Cette dernière se définit comme une correspondance étroite entre ce que vous vivez à un moment donné, en toute conscience, et ce que vous exprimez dans votre communication et vos relations avec les autres.

Extraits d'une séance de coaching:
Virginie, 37 ans, mère d'un adolescent de 16 ans.
« Je voudrais trouver un moyen de raisonner mon fils... Il met systématiquement sa chambre en désordre... Pire que cela, c'est une vraie porcherie ! À croire qu'il le fait exprès pour me mettre hors de moi ! Il est complètement irresponsable ! »

Après quelques minutes d'entretien, elle revisite son problème de la manière suivante : « Devant une telle malpropreté, je me sens démunie… Je suis déprimée… Pour moi, le désordre dans sa chambre est à l'image du fouillis dans sa tête… Je ne sais plus quoi faire… »

Commentaires : *Virginie fait preuve de congruence dans sa deuxième version. Elle exprime, au moment où elle parle, ce qu'elle ressent au fond d'elle. Elle est honnête en acceptant ce qui se passe en elle, en reconnaissant son propre malaise et en prenant le risque de l'exprimer tel quel, sans le déguiser en jugement et sans l'attribuer exclusivement à son fils. Dans la première version, elle n'exprime quasiment rien d'elle-même, à part peut-être la colère qui accompagne son propos.*

De son côté, le coach se doit également d'être congruent. L'accord entre son vécu, son ressenti, son langage verbal et paraverbal… lui confère une authenticité qui se vit sans écran dans ses relations avec le coaché.

> *« Quand votre vie n'est pas bien en place, vous ne devez pas vous étonner que votre jeu ne le soit pas non plus sur le terrain. »*
> (Jennifer Capriati, joueuse américaine, ex-numéro un mondial de tennis, vainqueur de Roland-Garros et de l'Open d'Australie)

2. Inspirer et donner confiance, c'est ensuite détecter, reconnaître et accepter les états émotionnels et les représentations mentales qui s'expriment physiquement.

Dans le dialogue qui s'instaure, le coach reçoit comme information digne d'intérêt et porteuse de sens toute manifestation d'ordre physique qui renvoie le plus généralement à des processus internes souvent inconscients chez le coaché.

Extraits d'une séance de coaching :
Meriem, 37 ans, divorcée, mère d'un enfant de 5 ans.
« Je me pose de sérieuses questions… (pommettes qui rougissent), Terry, mon fils, réclame (mouvements de tête vers la gauche et le bas) souvent son père (yeux fixes). Quoi faire (tapotements des doigts de la main droite) ? Je n'ai plus eu de ses nouvelles (yeux fixes)… Et le petit ne comprend pas (tête vers le bas). Que dois-je lui dire (tapotements des doigts de la main droite) ?… Je ne sais pas si je dois lui présenter Patrice (pommettes qui rougissent encore plus)… Comment le recevra-t-il (tête vers le bas) ? »

Commentaires : *Meriem nous donne de nombreux signaux qui manifestent ses états internes et ses représentations. Elle se pose trois types de questions : celles se rapportant à la présentation de son nouveau compagnon à son fils (pommettes qui rougissent), celles concernant les comportements de son fils Terry (tête vers le bas) et celles validant ou non ses propres décisions (tapotements des doigts). L'évocation de son ex-mari provoque par deux fois la fixité de ses yeux. Par la suite, le coach sera encore mieux guidé vers le monde intérieur de Meriem par « un silence », « le regard fixe » ou ces « tapotements ».*

L'attention que porte le coach à vos signaux physiques, encore appelés mouvements idéo-moteurs, témoigne en fait de la confiance qu'il accorde à votre corps et aux changements ou microchangements qui s'y opèrent. Toutes ces manifestations infimes sont autant d'informations que vous lui communiquez et dont il fait l'usage le plus pertinent.

Cette expertise toute particulière s'intitule la **calibration**. Elle n'a aucun caractère prédictif et le coach se garde bien évidemment de tirer des enseignements qui pourraient être sujets à caution.

En revanche, quand il reconnaît chez vous des indicateurs externes déjà préalablement repérés dans vos manifestations physiques antérieures, il peut mieux orienter la suite de son intervention, car ces indices sont pour lui des moyens précieux de vous faire progresser.

3. Inspirer et donner confiance, c'est enfin, pour le coach, inscrire son exercice dans un « cadre » qui respecte vos droits et honore votre personne humaine.
Le coach doit, grâce à ce cadre, créer un terrain d'expression complètement libre et ouvert, propice à l'obtention de résultats satisfaisants dans votre vie personnelle ou professionnelle.

Extraits d'une séance de coaching:
Lisa, 16 ans, lycéenne.
« C'est difficile, finalement, de faire la différence entre le cours au lycée et le cours particulier à la maison... Mon professeur est gêné de me répéter ce que j'ai déjà entendu de sa bouche... Et moi, je ne fais aucun effort en cours pour l'écouter, car je sais que j'aurai une "redif" le soir... C'est pas clair, tout ça! J'ai l'impression que je coûte de l'argent à mes parents, et que lui se remplit les poches sur mon laisser-aller... Rien n'est précisé, tout est à l'avenant... Et mes parents qui s'imaginent que je travaille! »
Commentaires: *nous pouvons constater ici en écoutant Lisa combien elle souffre d'un cadre mal défini. C'est pour cette raison qu'un bon coach doit particulièrement veiller à installer des règles précises qui permettent au coaching de se dérouler dans la transparence.*

Rappelez-vous les 4 P[1]. Ce sont des éléments précieux et essentiels par lesquels le coach vous garantit quatre postures fondamentales: la protection, la puissance, la permission et le plaisir.
- Par la posture de **protection**, le coach vous donne son aval pour vous engager dans la démarche de changement sans que cela vous fasse de mal ou porte préjudice. Il évalue donc en permanence les risques et vous donne les garanties correspondantes pour continuer votre parcours commun. Vous pouvez donc, par exemple, regarder vos problèmes en face, sans danger d'y rester piégé.
- Avec la posture de **puissance**, le coach vous reconnaît la capacité de trouver par vous-même exclusivement les solutions qui mènent à votre objectif. Il respecte donc votre générateur de ressources et de capacités internes.
- La posture de **permission** vous donne l'autorisation de toutes les confidences, toutes les déclarations, même celles qui concerneraient des critiques envers le coach; il le fait bien sûr sous le sceau de la confidentialité, mais surtout sous couvert de compréhension et de bienveillance.
- Par la posture de **plaisir**, le coach évalue en permanence la qualité de vos progrès. Si le plaisir est absent de votre démarche, c'est peut-être le signe que le coaching piétine ou s'englue, ou que tout simplement vous tardez à récolter les fruits de votre travail.

◗ Congruence, certitude, calibration, protection, puissance, permission et plaisir, tels sont les ingrédients qui garantissent une relation de confiance stable. Si le coach privilégie ces attitudes et postures, il est digne de confiance et il génère celle-ci chez son coaché.

[1] Voir le chapitre : « La spécificité du coaching » page 23.

Écouter et comprendre : l'empathie

Le terme « dialogue » signifie étymologiquement « à travers la parole, la raison » (*dia* : à travers, *logos* : parole, raison). Même si de nos jours ce terme caractérise un entretien entre deux personnes, il est important d'assigner à cet échange une valeur de « radiographie du contenu échangé ». Le coaching a besoin, pour produire ses résultats, d'un échange authentique. Il lui revient d'en installer les conditions qui sont au nombre de deux : l'écoute juste et l'empathie.

> **Écouter avant de parler**
> *« Si l'on n'écoute pas, on ne peut pas répondre, on peut juste polémiquer. »*

1. L'écoute juste

Le coach vous considère tel que vous êtes, sans jugement, sans évaluation, au moment où il vous écoute. Il vous laisse vivre vos sentiments, vos sensations, vos émotions, quels qu'ils soient (joie, honte, orgueil, colère, ennui, détachement...). Bref, il vous donne l'occasion d'exprimer votre congruence. Pour la favoriser, il s'assure d'être lui-même, à ce moment-là, parfaitement congruent également.

Extraits d'une séance de coaching :
Violaine, 44 ans, célibataire, agricultrice.
« C'est difficile de parler... Je suis la plupart du temps seule. Alors je me parle à moi-même... J'ai l'impression d'avoir déjà tout dit, tellement de fois ! Alors de vous voir m'écouter, sans avis, sans reproche, sans rien que votre attention... ça m'impressionne... Moi, je me juge en permanence, et je ne sais plus qui croire en moi... Mais je ne suis pas folle ! Vous me permettez de voir clair... »

Commentaires : Violaine fait l'expérience de l'écoute juste, ou autrement dit juste de l'écoute. Le coach remplace l'« autre elle-même » avec laquelle elle se trouve en permanence en dialogue interne (la petite voix), par son absence de jugement (qui ne veut pas dire absence de réaction). Il lui ouvre des horizons d'échange nouveaux.

> Dans *Identification d'une femme*, le film de Michelangelo Antonioni, le héros invité à une soirée par son amie s'adresse à elle, admiratif : *« C'est extraordinaire comme tu es à l'aise avec ces gens ! » – « C'est parce qu'ils sont à l'aise avec moi »*, répond-elle.

L'écoute que vous porte votre coach vous semble d'autant plus juste que, pendant votre échange, il a adopté, de façon consciente ou inconsciente, votre posture physiologique, votre tonalité et votre tempo de voix, et certaines de vos mimiques d'expression. Cette technique dite « du **miroir**[1] » est particulièrement efficace pour vous sentir proche de quelqu'un. Il ne s'agit pas de vous engager dans une imitation ostensible de votre vis-à-vis, mais de vous synchroniser en douceur sur des éléments significatifs de son expression physique (rythme de la respiration, ton de la voix, attitude corporelle, jambes croisées, tête penchée...).

Prenez l'exemple de deux amoureux attablés... Mis à part le fait qu'ils sont bien sûr seuls au monde, ils manifestent de nombreux points de ressemblance dans leurs expressions communes (corps penchés en avant, tonalité douce de la voix, gestes coordonnés, lents et attentionnés, etc.). Ils sont, comme on dit, dans leur bulle.

[1] Encore appelée synchronisation posturale et verbale.

▶ C'est ce que vise l'écoute juste : être, dans toute la mesure du possible, à l'unisson de l'autre. À ce prix, l'échange prend une tournure plus connivente et vous autorise à exprimer, dans toute son ampleur, la gamme des ressentis, des sensations, des émotions que vous vivez. Le coach, dans son écoute juste, est à l'écoute des paroles mais aussi des silences. Il saisit, dans vos opinions et vos expériences, ce qui vous empêche peut-être d'atteindre vos objectifs. Il est à l'affût de vos demandes et vos promesses, pour y déceler des indices d'action. Et il est également en quête des déclarations et des « peut-être » par lesquels vous vous découvrez. À ce degré de finesse, l'écoute juste devient une « écoute de décodage[1] ».

> Parler juste
> *« Le silence est d'or, encore que parler un peu et à propos est souvent très précieux. »*

2. La compréhension empathique

Dans cette qualité relationnelle très particulière, le coach sent exactement les sentiments et significations personnels que vous vivez, et vous communique en retour cette compréhension. Quand le coach se trouve totalement immergé dans votre monde privé, il peut clarifier les significations conscientes et même accéder à celles qui le sont moins.

▶ Il faut s'astreindre à parler moins, regarder, écouter et ressentir plus, et être parfaitement convaincu que l'art de relancer la conversation n'est pas un sport de combat mais un exercice de relation humaine et de tolérance.

> Rappelez-vous le grand Indien qui, pour être dans la norme de l'institution, fait semblant d'être muet dans *Vol au-dessus d'un nid de coucou*, le film de Milos Forman. Il révèle brutalement à Nicholson qu'il parle lorsqu'il se sent en pleine confiance et totale complicité avec lui.

Extraits d'une séance de coaching:
Bert, 29 ans, marié, jardinier-paysagiste.
« La perte de cet espace vert est pour moi un malheur... Quand je parle de malheur, c'est plus profond encore, c'est comme si on m'avait amputé d'un membre... Oui, imaginez-vous bien cette sensation... Elle se situe dans ma gorge. L'amputation serait là ! C'est comme si on m'avait ôté la parole... Je ne peux même plus me mettre en colère et exploser... J'ai une terrible colère froide... »
Commentaires: *Bert, évidemment encouragé par des questions du coach, qui n'ont pas été rapportées ici, fournit un luxe de détails, allant jusqu'à décrire en symptômes physiques son expérience de « perte ». Toute cette floraison de qualificatifs, de métaphores et de localisations physiques permet au coach de « rentrer dans la peau » de Bert, pour comprendre, quasiment dans ses tripes, comment il vit son expérience.*

Un bon contact, c'est un équilibre entre :
- se mettre dans la peau de l'autre, mais en restant soi-même,
- être réceptif à l'autre, tout en gardant une « bonne distance ».

Le coach est attentif à ne pas sombrer dans des formes de compréhension qui ne sont pas appropriées... à savoir l'identification ou la compassion.

[1] Voir le chapitre « Comprendre le problème » – l'écoute de décodage ou codée page 69.

Par l'identification, il se contenterait de se mettre mentalement à votre place. Il resterait en fait coupé de la dimension sensitive et émotionnelle de votre vécu.
Par la compassion, il ajouterait à la compréhension de votre vécu un sentiment personnel d'apitoiement ou de commisération, qui pourrait être préjudiciable à la qualité de la relation.
Lorsque nous sommes empathiques, nous choisissons volontairement de voir, entendre, goûter, ressentir la situation comme l'autre; nous adoptons volontairement son point de vue, incluant les réactions émotives qui s'y rapportent et en font partie. Mais nous restons toujours conscients qu'il s'agit de l'expérience de l'autre (ce qui n'est pas le cas de l'identification), sans être nécessairement touchés et affectés par elle (ce qui se passe avec la compassion).

Nous avons ainsi accès, « de l'intérieur », à l'expérience de l'autre.

CONCLUSION

Le coaching obtient des résultats puissants parce qu'il installe une qualité de relation particulièrement rare, qui combine en permanence confiance et authenticité, agissant en interaction. De la sorte, coach et coaché peuvent se consacrer aux trois choses essentielles qui fondent la rencontre: la personne du coaché, la nature de l'objectif à atteindre, le processus de changement mis en œuvre. Quand le coaching déploie les deux dimensions d'une relation bien équilibrée, il vous fait vivre, en temps réel, un condensé de ce qui devrait gouverner votre vie au quotidien!

Il vous revient d'inscrire quatre recommandations essentielles au fronton de votre conscience: vous écouter et vous respecter en toutes circonstances, aller le plus souvent possible vers les autres pour créer une progression commune, faire preuve de consistance, pour inspirer et susciter la confiance, privilégier une communication authentique, chaque fois qu'il est utile et pertinent de le faire.

AUTOCOACHING: RESSENTEZ LA COHÉRENCE DES NIVEAUX D'EXPÉRIENCE

Imaginez que votre mission de vie consisterait à vous mettre au service d'une cause honorable, qui vous tient particulièrement à cœur. Cela pourrait être « partager le savoir », ou bien « donner l'espoir », ou « dispenser une éducation de valeur », ou une orientation du même type...

- Vous partez donc de votre **mission de vie**, par exemple: « dispenser une éducation de valeur ». Imprégnez-vous de ce que cela pourrait représenter et signifier pour vous d'avoir à cœur de remplir cette mission, vis-à-vis de vos enfants ou de vos proches, par exemple. Soyez attentif à ce que cette évocation induit en vous, en votre for intérieur: attitude, image de soi, sentiments, sensations...
- Toujours en restant relié à ce que vous éprouvez, et qui est certainement exaltant, passez à présent à l'**identité**, au **rôle** que vous assumez pour être fidèle à cette mission. Cette identité est celle d'une personne qui a du succès dans la réalisation de sa mission de vie. Par exemple: « un père ou une mère aimant(e) et responsable ». Ajoutez à votre ressenti déjà présent ce que cela représente et provoque en vous d'endosser cette identité d'un parent honnêtement et authentiquement aimant et responsable. Jouissez à nouveau de l'état stimulant de cette représentation interne.

Rappelons que vous êtes dans une illusion, dans un exercice imaginaire. Pourtant, vous êtes totalement capable de générer en vous, à présent, au moment où vous le faites, des sensations, des émotions et des ressentis physiques comme si vous y étiez... Faites-en l'expérience.

Puis, échelon par échelon, descendez la hiérarchie des niveaux.

- Quelles sont les **valeurs** auxquelles vous êtes attaché pour remplir avec succès ce rôle de parent aimant et responsable? Quelles **règles**? Quels **principes**? Quelles convictions? Quelles croyances?
  S'agirait-il par exemple de valeurs telles que le respect de l'autre, l'élévation de l'autre, de convictions telles que « un enfant peut apprendre à condition qu'on lui donne les moyens de le faire », de croyances telles que « il est important de considérer les enfants comme des adultes en puissance ». Ressentez comme ces choix personnels enrichissent encore votre état interne et physique...
- Quelles sont les **attitudes mentales**, les **stratégies** que vous pensez devoir appliquer dans le prolongement de ces valeurs, croyances et principes, pour que vous soyez certain que votre intervention sera efficace, adaptée et pertinente?
  Pourrait-il s'agir par exemple d'attitudes telles que l'absence de jugement, l'accent mis sur les choses positives plutôt que les erreurs, l'admiration sans réserve, l'amour prodigué de façon inconditionnelle, et d'une stratégie qui consiste à toujours savoir, en toute circonstance, quel objectif on veut vraiment atteindre? Continuez à rester en contact avec vos ressentis...
- Quels sont à présent les **capacités**, les **aptitudes** et le **savoir-faire** particuliers dont vous avez besoin pour jouer encore mieux votre nouveau rôle? Réfléchissez à toutes les **qualités** que vous devez déployer pour être à la hauteur des exigences de ce rôle nouveau.
  Pensez-vous à des capacités telles que savoir écouter, savoir communiquer, à des qualités telles que la patience, la confiance, la clarté, à des techniques pour apprendre aux autres à travailler, expliquer, guider, exercer une autorité bien comprise? Ressentez ce que de telles capacités et aptitudes vous apportent au fond de vous-même...
- Quels **comportements** allez-vous adopter pour exprimer du mieux possible ce rôle qui vous habite à présent totalement? Quelles **actions** particulières? Comment faites-vous exactement? À quel rythme? Sur quoi portez-vous spécialement votre attention pour bien réussir?
  Vous voyez-vous être complice avec un enfant, recevoir ses confidences, négocier avec lui son argent de poche, le remercier de vous avoir aidé, étudier avec lui ses résultats?... Là encore, imprégnez-vous de ce que vous procurent ces réalisations...
- Dans quels **contextes**, dans quels **environnements**, avec qui, en compagnie de qui d'autre encore allez-vous vous trouver? **Où** exactement? **Quand**? De façon ponctuelle? Régulièrement?
  Cela se passerait-il à votre domicile? Sur vos lieux de vacances et de loisirs? En famille? En tête à tête?... Soyez attentif à ce que les lieux et les moments précis de ces interactions ajoutent encore à votre conscience intime de parent aimant et responsable pour vos enfants.

Si vous vous êtes prêté à cet exercice avec application, et que vous l'avez utilisé pour « voyager » vers un objectif qui vous tient à cœur, il vous a permis d'aboutir à deux conclusions majeures:

- Vous avez éprouvé, dans votre corps, les sensations agréables, nous l'espérons, que l'évocation de cette « descente des niveaux d'existence » a pu provoquer. Vous avez expérimenté combien votre corps est capable de réagir à des images qui le stimulent, et combien surtout il est capable de vous fournir de l'information essentielle sur vous-même quand vous agissez en concordance avec votre mission de vie et votre identité. Du coup, vous vous rendez également compte que si vous vivez un mal-être, c'est une indication que vous transmet votre corps que vous n'êtes pas forcément en accord avec vous-même, à ce moment-là !

- Vous avez pris conscience qu'il existe une manière de changer la vie... Il suffit de modifier le contenu de l'un quelconque de ces échelons pour que les autres s'en trouvent modifiés également. Plus haut vous travaillez sur cette hiérarchie, plus importantes seront les transformations en dessous ! Si vous apprenez des choses nouvelles, et si vous enrichissez vos capacités, vos comportements évoluent également et vous vivrez certainement autrement et mieux tous les jours... Si vous changez par contre votre identité, ou vos croyances, vous travaillez à une transformation bien plus majeure de votre existence !

Telle est la découverte que vous venez de faire : le changement est possible, il ne dépend que de vous, qui le décidez de l'intérieur !

COACHER LES AUTRES : SE SYNCHRONISER POUR SE SENTIR PLUS PROCHE

Vous pouvez faire cet exercice avec un de vos enfants, un proche, un collègue.

- Vous allez dans un premier temps reproduire son attitude générale en reprenant sa posture, mais sans le singer. S'il est bras croisés, vous vous mettez bras croisés, s'il a une jambe sur l'autre vous vous installez de la même façon, s'il se tient penché vers vous, vous esquissez cette attitude. La synchronisation est dans un premier temps strictement gestuelle.
- Dans un second temps, vous pouvez également vous synchroniser sur le ton et le rythme de la voix : s'il parle doucement, vous ne criez pas, s'il a un débit lent, vous ne parlez pas trop vite.
- Enfin, vous pouvez ponctuer certains mots qui paraissent plus importants que les autres et sur lesquels il semble appuyer. Vous posez une question en faisant de même.

La **synchronisation** consiste à refléter vers l'autre sa propre image, lui envoyer des signaux qui sont pour lui des signes de reconnaissance : c'est s'harmoniser sur son attitude générale et ses mots, se mettre en phase avec son émotion (sans partir dans celle-ci), pour qu'il puisse imaginer qu'on voit, entend, sent le monde de la même façon que lui.

La synchronisation donne force au message, instaure et facilite un climat de confiance qui donne à l'autre envie d'en dire plus car il se sent alors écouté et reconnu. Elle permet en effet d'établir un contact étroit avec les niveaux conscient et inconscient de l'autre : échanger des paroles ne suffit pas pour établir un bon contact. Écouter un proche déprimé en croisant ses mains derrière la nuque, jambes allongées sur le bureau... le freine probablement dans ses confidences.

La synchronisation n'a pas besoin d'être complète : si votre interlocuteur se gratte le menton, vous pouvez vous gratter le genou ou frotter un pied contre l'autre. S'il tape dans ses mains, vous pouvez tapoter avec un stylo sur le bureau... À l'inverse vous pouvez vous désynchroniser pour montrer votre désaccord ou rompre la relation. S'il a les pieds sur le bureau, il n'est pas question de l'imiter mais c'est une invitation à adopter une attitude décontractée.

Partie II

Les cinq étapes du coaching individualisé

LES ATOUTS DE VOTRE RÉUSSITE

Le coaching individualisé s'affiche comme une démarche complète d'accompagnement, qui vous amène d'un besoin exprimé à un objectif atteint. Entre ces deux points, plusieurs phases en ponctuent l'avancement, répondant chacune à des questions importantes pour la réussite du changement envisagé.

Cet engagement dans le changement est souvent vécu comme une promenade de santé ou un agréable moment. Bien vite pourtant, vous prenez conscience que votre volonté d'évoluer, d'atteindre des buts nouveaux, d'aller mieux, implique forcément la mise en route d'énergies spécifiques, qui modifient le statu quo et brisent le confort présent.

« Un problème bien posé est un problème à moitié résolu », dit l'adage populaire. Bien analyser ce qui justifie l'appel au coaching vous permet de mieux comprendre où vous voulez réellement aller. Il est souvent intéressant de comparer deux états : celui « du problème exposé et du souhait exprimé » au départ, et celui « du problème réel et de l'objectif précis » tels qu'ils apparaissent à l'arrivée. L'écart entre les deux formulations exprime à lui seul toute la richesse de la démarche de coaching.

Une fois l'objectif fixé, il faut bien entendu programmer le passage à l'action. C'est souvent là que l'accompagnement prend une forme nouvelle, consistant à vous doter de la méthodologie opérationnelle pour changer et réussir en temps et en heure.

Nous touchons là aux étapes techniques du coaching.

Chapitre 1

S'ENGAGER DANS LE CHANGEMENT

Passer d'une expérience à une autre

« Que peu de temps suffit pour changer toutes choses. »
(Victor Hugo)
MAIS
« Tous les changements, même les plus souhaités, ont leur mélancolie. »
(Anatole France)

LES GRANDES LIGNES DU CHAPITRE

Changement... Quel changement? La vie est mouvement, évolution. Sur la planète, dans la nature, la météorologie, les espèces du monde vivant, faune et végétaux manifestent de façon visible et tangible, chaque jour, combien les cycles de transformation sont sans cesse en œuvre. Jamais la recherche scientifique et technologique n'a été aussi rapide. L'économie, de façon difficilement prévisible, voit alterner des phases de croissance et d'emploi avec des périodes de stagnation des activités. La vie politique et les relations sociales ne cessent de prendre des formes changeantes. Les sociétés humaines, les institutions, les entreprises, les groupes, les familles... sont par nature des lieux où opèrent et se vivent ces évolutions.

Dans le langage courant, on appelle « changements » ces transformations et ces mutations incessantes du monde qui nous environne, et nos efforts pour nous adapter à ces variations. **Le changement exprime notre faculté d'adaptation.**

Dans le langage du coaching, le changement correspond au chemin qui va d'une situation donnée, souvent problématique, vers une autre situation, plus enviable, comportant des solutions nouvelles. **Le changement exprime, dans ce cas, notre conscience d'une amélioration.**

LE CHANGEMENT, UN MOTEUR A MAÎTRISER

Deux mouvements actifs cohabitent en nous: notre volonté d'aller vers plus de plénitude, grâce à la satisfaction de nos besoins, en accord avec nos valeurs, et la nécessité de participer à la dynamique générale des choses et de la vie. Il s'agit là de deux processus puissants: les résultats du premier sont d'ailleurs, dans une large mesure, conditionnés par ceux du second.

Le changement installé en nous : besoins et buts existentiels...

Nous inscrivons, en permanence, l'accomplissement de notre vie entre deux pôles: reconnaître nos besoins et les satisfaire. Nous devons à Abraham Maslow, traitant des motivations des individus, d'avoir proposé une hiérarchie de nos besoins et de leur satisfaction progressive. Un être humain a des besoins matériels concernant sa survie, son confort, sa sécurité ; il lui faut d'abord pouvoir manger, boire, dormir, uriner, aller à la selle. Il doit se sentir à l'abri, sécurisé, avoir un toit. Il lui faut ensuite appartenir à un groupe, c'est-à-dire échanger avec les autres. Puis il a besoin d'être reconnu, de donner un sens à sa vie. Quand un besoin est négligé ou non satisfait, il crée une frustration, une privation ou une véritable déstabilisation de la personne alors en proie à des émotions négatives. Celles-ci s'infiltrent dans sa lecture du monde, empêchent son épanouissement, entraînent des comportements aberrants voire destructeurs.

Depuis les années 50, époque des travaux de Maslow, de nombreuses recherches ont été menées en psychosociologie, dont s'est emparé le coaching. On parle moins de besoins que de buts existentiels. Et on retient aujourd'hui une hiérarchie en trois niveaux qui, du plus bas au plus haut, concerne:

- **notre survie et notre protection** : santé, corps, hygiène, alimentation, exercice physique, acquis patrimoniaux, avantages professionnels, libertés publiques, droits et devoirs... ;
- **notre appartenance et notre réussite sociale** : liens affectifs, familiaux, sociaux, réseau de communication, citoyenneté, statut professionnel, pouvoir, reconnaissance des autres... ;
- **notre potentiel et notre devenir** : créativité, faculté d'adaptation, rêves, valeurs, développement personnel, humanisme...

Nous savons aujourd'hui que ces trois niveaux sont en interaction permanente et que, lorsqu'une attente est ébranlée à un niveau, tout l'édifice se trouve perturbé. Par exemple, lorsque nous sommes privés d'une satisfaction ou qu'un de nos désirs ne trouve pas de réponse, nous ressentons une frustration. Celle-ci nous envahit complètement. Lorsque la frustration dure, nous ne savons plus très bien, la plupart du temps, quel besoin exact n'est plus satisfait, ni quelle valeur en nous est contrariée… Et nous recherchons alors des compensations, pour mieux supporter notre malaise. Or un substitut ne provoque pas la même satisfaction. Nous restons donc la plupart du temps sur notre faim.

Il nous faut donc accéder à nos véritables besoins et à nos valeurs fondamentales, quel que soit le niveau, parmi les trois cités précédemment, où ils sont ancrés. C'est le seul moyen de pouvoir les satisfaire réellement, autrement que par des compensations artificielles.

Lorsque quelqu'un n'est pas connecté à la satisfaction de ses buts existentiels, il a généralement du mal à mettre en œuvre ses projets ou ses objectifs. À l'inverse, bien connaître ses besoins et les valeurs qui les sous-tendent et envisager de pouvoir les satisfaire constituent un moteur puissant. C'est à cela que s'attache tout particulièrement le coaching.

Le changement qui agit de l'extérieur : une spirale de cycles répétitifs

Tout ce que nous vivons s'organise selon un certain nombre d'étapes, qui sont en quelque sorte une radiographie du changement. On parle souvent, à ce sujet, de « spirale dynamique du changement ». Selon cette approche, chaque situation de notre vie passe par sept phases, que nous devons être capables d'identifier pour prendre, à bon escient, les mesures qui s'imposent.

Ces sept phases majeures du cycle du changement sont: la création, le développement, la maturité, la turbulence, le chaos, le lâcher-prise, le retour sur soi. À chacune de ces phases correspond une approche spécifique de coaching.

1. Créer et être créé

Cette phase concerne les nouvelles mises en route. Chaque chose a un point de départ: une idée, une action ou un modèle. Quelques exemples: se marier, avoir un bébé, construire ou acheter et décorer sa première maison, planter des arbres, placer des fonds pour la première fois, trouver une idée pour écrire un livre ou peindre un tableau, acheter une nouvelle voiture…

À ce niveau, vous faites appel au coaching pour installer des buts stimulants et en lancer la réalisation (coaching d'objectif).

2. Se développer

Quand un système vivant commence à croître, il « s'auto-organise » très rapidement. Cela signifie que la création initiale commence à prendre forme et taille. De nouveaux modes de comportement se développent.

Par exemple: le bébé babille et fait ses premiers pas; les fonds que vous avez placés commencent à porter des intérêts; l'arbre que vous avez planté donne des signes de croissance…

À ce niveau, vous faites appel au coaching pour aller mieux et/ou plus vite vers vos objectifs (coaching de performance).

3. Aller vers plus de complexité et de maturité

Tout en continuant à se développer et à prendre de l'ampleur, le système devient plus complexe jusqu'à se consolider et s'ancrer dans la réalité. À ce moment-là, les choses vont plutôt bien.

Exemples: un régime de croisière confortable s'installe dans votre travail; le sportif bat ses records; l'arbre laisse s'épanouir son feuillage; la vie de couple est stimulante... Vous vous sentez bien dans votre vie.
À ce niveau, vous faites appel au coaching pour aller encore mieux (coaching d'excellence).

4. Vivre la turbulence
Quand le système devient trop complexe dans sa croissance et son développement, il se solidifie et se rigidifie. Des problèmes commencent à apparaître.
Exemples: vous vivez quelques problèmes de communication dans le couple ou avec les enfants; les feuilles de l'arbre changent de couleur; quelques ennuis de santé apparaissent et vous préoccupent; vous relevez quelques coups de blues dans votre vie...
À ce niveau, vous faites appel au coaching pour sortir des difficultés passagères (coaching de maintenance).

5. Vivre le chaos
Le système commence à se lézarder et l'instabilité s'installe.
Exemples: les feuilles de l'arbre se dessèchent et tombent; votre conjoint(e) vit une aventure extra-conjugale; peut-être envisagez-vous la rupture et le divorce; un de vos enfants quitte le foyer avec perte et fracas; vous tombez gravement malade...
C'est à ce niveau que vous essayez, en général, de trouver des compensations et des substitutions. Vous relevez à ce moment-là du coaching de crise.

6. Accéder au lâcher-prise et à la libération
Quand la vie devient à ce point difficile et que la confusion s'installe de plus en plus, vous devez lâcher quelque chose.
Exemples: le serpent mue et perd sa vieille peau; les feuilles tombent des arbres; vous quittez volontairement un travail que vous faites depuis vingt ans. C'est là que vous devez fondamentalement changer: lâcher une croyance limitante, abandonner une relation pervertie, modifier un comportement, changer de point de vue. Ce lâcher-prise crée du vide en vous pour faire place à de nouvelles choses.
À ce niveau, même si vous faites appel au coaching pour avancer, vous avez généralement beaucoup de mal à tourner la page, envisager que les choses doivent évoluer... C'est un moment de résistances fortes (coaching de libération).

7. Prise de recul et retour sur soi
Il s'agit de la phase finale du cycle du changement.
Exemples: l'arbre se tient dans la froidure et prépare ses forces pour la saison à venir; certaines bêtes hibernent; le couple s'accorde une période de réflexion. C'est une phase de reprise en main, de calme, de guérison, un temps de renouvellement, pour se ressourcer. C'est ici que vous tirez les leçons de l'expérience, que vous devenez un peu plus sage. Toute cette période, parfois inconfortable, est essentielle pour accéder à plus de puissance et de créativité, pour repartir enfin dans un nouveau cycle de changement... Créer... Croître... etc.
À ce niveau, vous prenez du champ et vous vous recentrez sur vos valeurs, votre identité et vos missions existentielles (coaching de mission de vie).

▶ Le coach est évidemment attentif à la phase dans laquelle se trouve le coaché lors de la première rencontre et aux étapes suivantes du changement qui s'annoncent déjà. À ce prix, le coaché a la certitude d'être guidé de manière experte dans son parcours pour aller mieux et/ou se diriger vers ses objectifs.

LE CHANGEMENT… INCONFORTABLE

Au plan de notre vie quotidienne, nous venons de le voir, nous n'arrêtons pas de vivre des évolutions, des modifications régulières. Nous devrions donc accepter de changer en permanence pour bien vivre des conditions extérieures sans cesse différentes et renouvelées.

Mais nous restons, en fait, tout à fait ambivalents par rapport au changement : nous souhaitons certes explorer et expérimenter des horizons nouveaux, accéder à de nouveaux domaines de connaissances, rencontrer d'autres traditions, enrichir notre relationnel, progresser dans notre travail… mais sans renoncer à une situation de vie stable (sécurité affective et matérielle…) confortable, harmonieuse et équilibrée.

De là découlent quatre manières de rencontrer le changement et le gérer :

- Une première façon consiste à faire l'autruche et ne pas voir (ou éviter) les difficultés. Nous privilégions ainsi, au moins à court terme et artificiellement, notre besoin de stabilité, d'équilibre et de confort interne.
- Une seconde façon consiste à temporiser, (s')accorder quelques modifications sans conséquences, privilégier le *statu quo* actuel, pour régulièrement se donner secondairement de bonnes raisons d'abandonner… En d'autres termes, nous acceptons de changer (en surface) pour que rien ne change (sur le fond) !
- Une troisième façon est de subir le changement, reçu alors comme une agression ou vécu dans la confusion. La seule solution (croit-on) est de résister aux forces qui installent ces changements.
- La quatrième, qui a notre préférence, accepte ou initie le changement puis l'accompagne.

> Dans *le Guépard*, le film de Luchino Visconti, le comte Salina interprété par Burt Lancaster, confronté à la révolution italienne, explique son attitude en apparence bienveillante à l'un de ses proches qui ne comprend pas bien son comportement, lui reprochant cette forme de collaboration : *« Il faut que tout bouge pour que rien ne change. »*

Pour illustrer cette tendance au changement en nous, il est judicieux d'utiliser l'image du funambule sur son fil de métal. Il cherche à maintenir et à perpétuer une seule chose : son équilibre. Pour le garder, il doit avancer, bouger constamment des parties de son corps (bras, hanches, jambes…) ou s'aider de son balancier. La vie du funambule dépend essentiellement de ces mouvements compensatoires nécessaires, qui le maintiennent dans son équilibre dynamique. Il passe d'adaptations en adaptations. Il bouge en permanence uniquement pour garder son équilibre et éviter ainsi la chute ! Voilà comment et pourquoi nous changeons la plupart du temps.

L'inconfort face au changement

Il est des moments de votre existence où vous avez été exposé à des changements radicaux (déménagement, mariage, naissance…). Dans ces occasions-là, vous avez parfois été confronté à un prix à payer pour cette transformation de votre vie.

Changer, c'est en effet forcément abandonner certains de vos repères, et aussi reconsidérer des habitudes établies, qui vous ont installé dans un certain confort. Changer, de surcroît, c'est aussi s'exposer à des lendemains incertains voire inconnus. C'est également faire face à des interrogations sur soi (« Vais-je être à la hauteur ? », « Est-ce vraiment le bon choix ? ») et sur les autres (« Vont-ils être d'accord ? », « Ne vais-je pas être rejeté ? »).

Extraits d'une séance de coaching:
Isabelle, 36 ans, célibataire.
Coé : « Je ne sais plus très bien où j'en suis, tellement ils m'en font voir de toutes les couleurs… »
Co : « C'est-à-dire ? »
Coé : « Je ne peux plus faire confiance aux autres… je veux dire… aux hommes en particulier… À chaque fois que je pense que l'un d'eux est sincère, il me laisse tomber… Je me retrouve dans une impasse… »
Co : « Dans une impasse… »
Coé : « Et je suis dans le noir, à la fois sur moi, et sur les autres… Je suis comme aveugle, ou sourde, je ne sais plus très bien… Je m'attends à présent à chaque fois à me retrouver seule à n'importe quel moment, sans possibilité de m'en sortir… »
Co : « Et alors ? »
Coé : « Alors… ? Alors, je ne sais plus très bien ce que je veux, c'est pour ça que je me balade et qu'on me balade comme ça ! C'est pas marrant ! Je ne sais pas quoi faire, je ne sais pas comment m'en sortir, je ne sais plus où aller… »
Commentaires: *Isabelle est vraiment dans le trou noir, en manque total de confiance. Le coaching doit lui permettre d'éviter les généralisations du type « Je ne peux plus faire confiance… aux hommes… », et de trouver en elle-même les ressources nécessaires pour fixer et trouver sa sortie. S'il est difficile et souvent vain de vouloir changer une personne, il est plus facile de modifier le regard qu'elle porte sur elle-même.*

> *« S'il n'est pas possible de changer les choses, il est bon d'avoir la faculté de les oublier. »*
> (Extrait de dialogue du film *Amen* de Costa-Gavras)

◗ Le changement peut être ressenti comme l'exploration ou la traversée d'un labyrinthe où la sortie est difficile à trouver car chacun des passages est susceptible de mener à une impasse. Il faut généralement vivre une grande insatisfaction ou déjà une souffrance pour accepter de s'engager dans un tel périple ou s'y trouver piégé. Nous sommes là au cœur de ce qu'il est convenu d'appeler la « résistance au changement ».

La résistance au changement

L'apparition d'une résistance est la preuve certaine que vous bougez, que vous vous engagez dans du nouveau… C'est le tout premier indice de votre réaction à l'envie ou à la nécessité de changer. La résistance, dans la manière qu'elle a d'apparaître, la force qu'elle utilise, les voies qu'elle emprunte, vous en dit long sur vous-même, vos façons de réagir, vos habitudes et vos envies d'évoluer. Encore faut-il lui donner l'occasion de s'exprimer.

Elle provient principalement de la peur de changer. Force est de constater que vous changez uniquement lorsque vous y êtes vraiment contraint. Généralement, lorsque les choses changent autour de vous, vous vous employez d'abord à maintenir le *statu quo*, puis à résister, enfin à bouger ou à vous murer dans la situation initiale insatisfaisante.

Pour beaucoup d'entre vous, c'est cette peur du changement qui vous inhibe dans de nombreux domaines, comme par exemple l'éducation des enfants. Ce serait pourtant un grand service à leur rendre que de leur transmettre souplesse et flexibilité, et faciliter ainsi leur adaptation ultérieure dans un monde instable et vite évolutif.

◗ Les bonnes raisons de ne pas faire ou de bloquer l'initiative sont nombreuses. Tout changement qui s'impose à vous génère

l'apparition d'une résistance (d'une force opposée) d'égale ampleur et de même puissance. C'est un mécanisme classique et normal. Des formules types « J'ai toujours été (ou fait) comme ça..., ça ne marche pas si mal..., pourquoi changer ? » ou « Il faut rester soi-même », « On ne change pas une équipe qui gagne... » traduisent parfaitement ces difficultés. Le changement nécessite d'abord une prise de conscience, puis une volonté sans faille d'aller de l'avant, car les résistances s'installent très rapidement et peuvent à tout moment faire capoter le projet. N'oubliez surtout pas de les écouter car elles cherchent non seulement à vous rendre très attentif à la situation et aux autres mais elles vous renseignent également sur vous-même. Vous devez à un moment passer du statut de « photocopieuse » qui ne fait que reproduire, à celui de « scanner » qui tâche de comprendre, pour permettre ensuite un traitement plus efficace, en l'occurrence ici l'action.

La non-action face au changement

Les résistances sont des mécanismes d'évitement de tous les sentiments et émotions inconfortables que le changement installe en votre for intérieur. Vous ne résistez pas aux changements qui se développent à l'extérieur, comment pourriez-vous d'ailleurs avoir cette prétention ? En réalité, vous résistez pour l'essentiel aux transformations qui s'opèrent ou ont besoin de se produire à l'intérieur de vous-même !

Vous développez des résistances quand vous êtes confronté à une absence de désir et de direction dans le futur (sentiment de vide), la disparition de certains avantages acquis (sentiment de perte), la mise à l'écart de principes et de valeurs (sentiment d'abandon, de rejet), la nécessité de s'engager et d'aller dans l'inconnu (sentiment de risque), les doutes de réussir (sentiment d'incapacité), les évitements de tout ce qui perturbe le *statu quo* (sentiment de fuite)...

Tous ceux qui se trouvent face au changement expriment généralement six inquiétudes qui surviennent dans cet ordre :
- Le souci de ne pas en savoir suffisamment pour se lancer... ou syndrome de la piste d'envol[1] toujours trop courte.
- Les états d'âme personnels...
- Trop de préoccupations centrées sur la réalisation des choses...
- Trop de préoccupations centrées sur la conséquence des actes...
- Trop de préoccupations centrées sur l'aide d'autrui ou à autrui...
- Trop de préoccupations centrées sur le perfectionnement préalable à toute initiative nouvelle...

Elles doivent être gérées dans cet ordre pour produire chez le coaché un résultat durable.

▶ Pour éviter de changer, vous entrez constamment en conflit avec vos propres besoins, vos désirs profonds et vos rêves. Et résister, c'est-à-dire nager contre le courant naturel de la vie, est lourd. Autant respecter ces résistances dans ce qu'elles ont d'important à vous révéler, pour qu'elles puissent ensuite laisser le cours du changement s'installer naturellement en vous[2].

[1] Certaines personnes éprouvent le besoin d'ajouter sans arrêt de nouvelles connaissances, compétences ou de nouveaux savoir-faire à leurs acquis pourtant conséquents. Ceci a simplement pour but de retarder l'action en allongeant sans cesse la piste d'envol... mais pour finalement ne jamais décoller.
[2] Voir en fin de chapitre les parties « Autocoaching » et « Coacher les autres ».

L'anatomie du non-agir

Il se décompose en 5 phases:

1. C'est fâcheux! je vis vraiment une situation inconfortable...
2. Si seulement... j'avais... j'étais... je pouvais...
3. Pour sortir de là, il faudrait développer mon énergie, fournir des efforts, prendre les choses en main...
4. Mais j'ai un alibi solide pour ne pas bouger...
5. Je vais travestir mon « non-agir » en masquant mon état d'insatisfaction.

Qui se traduisent par:
1. Je me plains, je souffre, je vis mal...
2. Je renonce à comprendre ce qui m'arrive vraiment et je me projette dans une illusion, un leurre, une intention sans passage à l'acte...
3 et 4. Je rends la situation inextricable.
5. Je rationalise mon attentisme en falsifiant la réalité.

Ayez ce mécanisme bien en tête car vous risquez de le rencontrer souvent et parfois de vous « faire avoir » par de beaux discours velléitaires mais totalement inopérants.

« Change plutôt tes désirs que l'ordre du monde. »
(Dialogue entre Harry et Jean-Paul, extrait du film *La piscine*, Jacques Deray)

LE CHANGEMENT... CONFORTABLE

Vous venez de voir que le changement est une affaire complexe. D'autant plus qu'il existe des moments où vous changez quasi naturellement, alors qu'en d'autres circonstances, vous restez en plan et vous abandonnez. Pire encore: de belles résolutions séduisantes et réalistes se figent et vous renvoient à votre inertie, alors que des coups de cœur ou de tête vous lancent dans des défis majeurs et se réalisent dans la continuité.

Disposer de la boussole et du carburant

La boussole vous donne la direction, le sens de votre travail de changement, grâce à vos rêves et vos objectifs. Le carburant, alimenté par vos désirs et vos motivations, vous fournit l'énergie pour avancer et persévérer.

Extraits d'une séance de coaching:
Yann, 47 ans, père de famille.
Co : « Et qu'avez-vous fait jusqu'à présent? »
Coé : « D'abord, j'ai commencé par de bonnes résolutions... Souvent aux anniversaires d'ailleurs, ou à l'occasion du passage à la nouvelle année, comme beaucoup de monde, je suppose... »
Co : « Quelle a été une de vos résolutions, récemment? »
Coé : « L'année dernière, au nouvel an, j'ai pris la résolution d'être plus présent au milieu de ma famille, et notamment de m'occuper beaucoup plus de mes enfants. »
Co : « Et qu'est-ce qui a motivé cette résolution? »
Coé : « Ça me semblait normal, je me devais d'être plus proche des gamins qui grandissaient, sinon ils n'auront jamais vu leur père... »
Co : « Et comment cela s'est-il déroulé? »
Coé : « Pas bien! La vie a repris le dessus et aujourd'hui je tourne en rond. Je ne sais pas

comment m'y prendre pour être vraiment auprès d'eux. »
Co : « Et, selon vous, qu'est-ce qui vous a manqué pour mieux faire ? »
Coé : « De la volonté ! La décision était là, et je m'étais engagé devant toute la famille... Mais voilà... Oui, il me manque de la volonté... Et pourtant, à d'autres moments, j'y arrive ! »
Co : « Y a-t-il d'autres changements que vous avez pu installer dans votre vie ? »
Coé : « Oui... Je pense par exemple à ma décision d'arrêter de fumer, il y a trois ans. J'ai pu le faire sans trop de problèmes... Et il y a huit ans, j'ai pris une décision importante, celle de divorcer... J'ai quitté ma première femme après quatre années de mariage, pour rejoindre mon épouse actuelle... »
Co : « Et si vous pensez à ces deux décisions-là, qu'est-ce qui fait que vous avez pu les tenir ? »
Coé : « C'était, dans les deux cas, nécessaire ! C'était intolérable pour moi de continuer à m'enfumer et à enfumer les autres. Et pour mon remariage, il était vital et évident pour moi de prendre cette décision et de penser à mon vrai bonheur... »
Co : « C'était nécessaire, vital et évident... Et pour vos enfants, ça ne l'était pas ? »
Coé : « C'est la même chose, il faut que je sois là, auprès d'eux... Il est aussi temps que je soulage un peu mon épouse dans ce rôle d'éducation... Et là, je n'y arrive pas bien ! »
Commentaires: *le coach guide Yann afin de mettre en évidence un mécanisme de fonctionnement. Le coaché éprouve des difficultés à changer par devoir mais il le fait par contre facilement quand cela est « nécessaire, vital, évident ». Le coach lui fait prendre conscience que la simple adoption d'un point de vue nouveau rend l'éventualité du changement beaucoup plus plausible qu'un surcroît même important de volonté.*

L'importance de la satisfaction recherchée et la force du désir vous fournissent la force nécessaire à la réalisation des changements. Une vision à long terme justifie que vous tolériez les obstacles et acceptiez quelques échecs ou succès partiels, quelques détours et faiblesses inévitables. Ainsi, la clé du changement qui va jusqu'à son terme tient en quelques mots : la puissance d'un objectif stimulant, une boussole et du carburant.

> *« Ce qui m'intéresse avec les coups de pied au cul, ce n'est pas de savoir qui me les donne mais où ils m'emmènent. »*
> (Extrait d'interview de Patrice Ledoux, producteur de la Gaumont)

Faire appel à l'accompagnement individualisé

Même si tout va globalement bien, vous êtes certainement quelques-uns à avoir déjà rencontré des difficultés plus ou moins sérieuses ou graves à la suite d'un événement prévu ou inattendu : séparation, mutation professionnelle, chômage, déménagement, décès... Face à de telles situations qui peuvent vous bouleverser très diversement, vous cherchez à installer un équilibre nouveau et acceptable.
Cette recherche passe parfois par des changements velléitaires, du type « bonnes résolutions », pour aller mieux, faire plaisir, avoir une bonne image, mériter de la reconnaissance, s'en sortir la tête haute, être exemplaire... Ces changements-là ont tendance à s'effriter régulièrement. En revanche, quand votre volonté est orientée vers la réalisation de projets importants (rêves, désirs, aspirations), les voir en panne ou devoir les mettre en berne vous fait très mal ! C'est le signe qu'un décalage majeur s'est installé en vous, entre votre personnalité de façade et votre identité profonde.

C'est à ce moment précis, lorsque vous commencez à parler de « changer de vie », qu'il importe de faire appel à l'accompagnement expert d'un coach.

Revenons à la métaphore de la **traversée du labyrinthe**.

Le coaching, dans un premier temps, vous permet de vous situer au-dessus du labyrinthe tout en le parcourant:

- Il vous propose une appréciation plus exacte de la tâche à réaliser et vous équipe en énergie, persévérance et courage.
- Il vous aide à vous orienter, vous diriger vers la sortie, en gardant le cap et en dosant votre rythme.
- Il vous apprend que le changement ne se produit pas d'un trait, mais est fait d'avancées et de retours en arrière qui, malgré les apparences, vous conduisent pourtant chaque fois un peu plus près du but.

Reconnaissons que l'entrée dans le labyrinthe du changement n'implique pas nécessairement que vous saurez à tout coup le traverser.

Le coaching, dans un second temps, vous fournit une raison claire de progresser et une volonté de vous doter des connaissances et compétences nouvelles pour atteindre l'objectif.

- **Vous saurez garder le cap,** sans vous laisser dévier par des sources de distraction diverses, et en particulier vos proches qui, surpris par votre démarche, peuvent la saboter volontairement ou inconsciemment.
- **Vous saurez comprendre qu'il vous faut apprendre et adopter des stratégies nouvelles** pour vous donner plus de choix.
- **Vous saurez incarner le changement,** le vivre pleinement avec tous vos sens.

Le changement, c'est :

- **Prendre conscience de l'ancienne programmation.**
- **Apprendre, étape par étape, à se déprogrammer** = renoncer à la manière de faire antérieure, ce qui correspond à un renoncement.
- **Se reprogrammer** = mettre en œuvre une nouvelle manière.
- **En sachant** qu'il produit généralement à chacune des étapes des émotions négatives que le coaching permet de bien ou mieux gérer.

CONCLUSION

D'un point de vue superficiel, le changement vous conduit d'un contexte, d'une expérience, d'une attitude, d'une apparence à un(e) autre. Le changement est transition et passage.

D'un point de vue profond, le changement est le véhicule vers vos désirs et vos aspirations; il vous transporte vers de nouvelles aventures. Le changement est chemin de découverte.

D'un point de vue méthodologique, le changement est rendu possible grâce à une définition claire, précise des objectifs, une formulation positive, une représentation sensorielle, l'absence de dangers ou de rupture d'un équilibre. En ce sens, le changement s'inscrit parfaitement dans le coaching.

Difficile de changer

Le scorpion demande à l'hippopotame de lui faire traverser le gué sur son dos; arrivé au milieu du fleuve, il le pique. *« Pourquoi tu fais cela? »*, demande l'hippo, *« on va se noyer tous les deux. »* – *« C'est vrai, c'est débile »*, répond le scorpion, *« mais je peux pas m'en empêcher. »*

AUTOCOACHING : FAITES DES ALLIÉES DE VOS RÉSISTANCES AU CHANGEMENT

Chaque soir, prenez un moment pour vous et répondez à ces questions. Vous pouvez les noter dans le cahier de bord, qui suit fidèlement vos découvertes sur vous-même :

1. « Quand ai-je vécu un état de résistance aujourd'hui ? C'était où ? Et quand ? »
2. « Comment ai-je physiquement ressenti cette résistance ? »
3. « Quels sont les pensées, idées et jugements qui accompagnent, en mon for intérieur, cette sensation de résistance ? »
4. « À quelle modification, transformation ou changement est-ce que je résiste à ce moment-là ? Vais-je devoir changer d'avis, de plans, de direction ? Vais-je devoir modifier mon organisation, mes habitudes ? Dois-je lâcher du lest, revoir une position, sacrifier un projet ? Vais-je être impliqué(e) dans une nouvelle affaire ? Dois-je changer de comportement, de principes, de règles de vie ? » Etc.
5. « Qu'est-ce que je veux sauvegarder à ce moment-là, par ma résistance ? »
6. « Quel est l'enseignement positif pour moi que cette résistance porte en elle ? Que me fait-elle découvrir d'important sur moi ? »

***Exemple** (extrait du journal personnel d'un coaché, étudiant en 4e année d'études de médecine) :*

1. À la cafétéria de l'hôpital, à 10 h 30, ce matin, conversation avec Christine.

2. J'ai eu un mouvement de recul, une tension dans le dos, un raidissement dans la nuque.

3. Je vais encore me faire avoir, il faut que je m'en sorte rapidement.

4. Je résiste à la demande que me fait Christine de remplacer son petit copain, en garde, la nuit prochaine… Je résiste à l'idée de dépanner encore et encore les autres…

5. Ma liberté, ma capacité de décider sans me faire manipuler.

6. Je porte sur moi une image du gars sympa, gentil, qu'on peut venir « taxer » à volonté… Et qui dit toujours oui. Je résiste parce que je veux changer cette image. Cette résistance veille à ce que je me respecte, pour que les autres me respectent aussi.

En agissant régulièrement de la sorte, vous ferez de vos résistances des alliées précieuses pour mieux vous comprendre et vous orienter dans la vie.

COACHER LES AUTRES : COMPRENDRE LA NON-ACTION FACE À CERTAINS COMPORTEMENTS INDÉSIRABLES

Cet exercice est intéressant et utile si vous voulez accompagner un proche, un ami, une relation… qui se plaint d'un manque de volonté ou de persévérance face à un (ou des) changement(s) qu'il juge pourtant nécessaire(s).

1. Faites-lui lister les comportements que son entourage lui reproche ou qu'il trouve, lui, inadaptés : « On dit de moi que… »
2. Demandez-lui à présent de lister les comportements récurrents qu'il souhaiterait changer : « J'aimerais vraiment ne plus… »
3. Interrogez-le sur les raisons pouvant expliquer qu'il n'a pour le moment pas bougé : « Je n'ai pas fait ceci car ça m'aide dans certaines circonstances… »
4. Amenez-le à découvrir les résistances qui se sont manifestées en ces occasions.
5. Utilisez la démarche d'autocoaching ci-dessus pour lui faire tirer les enseignements positifs (pour lui) de son inertie.

Chapitre 2

COMPRENDRE LE PROBLÈME

Exploiter les informations utiles

« Ce n'est pas en restant à l'intérieur d'un problème qu'on arrive à le résoudre. »
(Michel Polnareff, auteur-compositeur-chanteur)

LES GRANDES LIGNES DU CHAPITRE

■ VOIR CLAIR POUR COMMENCER… L'ART D'OBTENIR LA BONNE INFORMATION
Qui, quoi, où, quand?
Comment?
Et maintenant?

■ COMPRENDRE POUR AVANCER… L'ART DE DÉCODER LES RÉPONSES
L'objectif derrière l'objectif
La précision des mots
La leçon du problème
Les indices du corps
Le message des émotions
Le fond du problème

■ ANALYSER POUR INTERVENIR… L'ART D'AGIR AU BON NIVEAU
Situer le problème sur les « niveaux logiques de conscience »

■ AUTOCOACHING : PRATIQUEZ L'ÉCOUTE CODÉE; FAITES UN DIAGNOSTIC DE SITUATION

■ COACHER LES AUTRES : SIMPLEMENT ÉCOUTER

Que se passe-t-il quand vous commencez votre travail avec le coach?
La première séance préfigure assez bien, dans son contenu, le processus complet du coaching. Cet accompagnement opère un changement complet et confortable, depuis l'endroit où vous vous trouvez (le problème) jusqu'à celui où vous souhaitez aller (l'objectif atteint), tout en réfléchissant aux conséquences à long terme.

Le premier entretien est généralement consacré à préciser:
- **La raison** qui vous amène vers le coach. Il s'agit souvent d'une démarche motivée par la volonté de progresser dans un domaine particulier (professionnel, sportif, personnel...), la recherche d'un mieux-être, ou l'élimination d'un inconfort.
- **Votre situation actuelle**, principalement la manière dont vous la vivez et la ressentez. Il s'agit déjà de cerner précisément la « scène présente », et de comprendre les mécanismes qui ont permis la mise en place du problème et le font perdurer.
- **Votre attente** vis-à-vis d'un changement éventuel, en prenant conscience dès le départ des conséquences attendues sur vous-même et les autres, et en envisageant d'emblée la manière dont vous pouvez les inscrire sans risque dans votre vie; cette notion est essentielle, nous y reviendrons longuement plus loin.

▶ Le travail du coach consiste donc d'abord à découvrir et comprendre la situation présente, puis à dégager avec le coaché la scène idéale vers laquelle il aimerait tendre, l'aider à sortir de la confusion ou de la difficulté dans laquelle il se trouve, tout en lui fixant des étapes intermédiaires, pour lui permettre enfin d'atteindre son objectif final.

Trois séquences fondamentales ponctuent cette première étape de l'intervention de coaching
- **Voir clair pour commencer:** le coach collecte un maximum d'informations utiles...
- **Comprendre pour avancer:** le coach entre dans la construction du problème...
- **Analyser pour intervenir:** le coach tire les leçons, diagnostique la situation, et s'intéresse au problème réel à résoudre...

VOIR CLAIR POUR COMMENCER... L'ART D'OBTENIR LA BONNE INFORMATION

Le coach dispose d'une large panoplie de questions et de relances pour vous amener à décrire la situation que vous vivez dans l'instant. Son attention est principalement centrée sur le présent et votre vie en général; il s'attache plus à votre façon de fonctionner (processus) qu'aux détails de vos expériences.

Débuts prometteurs
« Vous pouvez me dire un mot sur vos problèmes. » « Ça s'vit, ça s'raconte pas », répondit-il.

L'interrogatoire du coach s'organise sur deux plans:
- **externe**: les questions qu'il vous adresse directement,
- **interne**: les questions qu'il se pose à propos de ce qui se dit et s'exprime durant l'échange, ce qu'il doit connaître ou rechercher... Il s'agit donc d'un questionnement distancié[1].

[1] Il s'agit là d'un questionnement que le coach opère sur son propre questionnement de découverte.

Là encore, les questions posées au coaché et la vigilance intérieure que le coach s'impose interagissent en permanence, pour faciliter une progression dynamique de l'entretien.

Plusieurs types de questions sont utilisés, dont chacune obéit à une logique propre.

Qu'est-ce qui se passe?

Cette catégorie de questions porte sur vos raisons de faire appel au coaching. Elles tournent bien sûr autour des difficultés que vous éprouvez.

Le coach interroge: « Qu'est-ce que vous vivez maintenant et que vous souhaitez modifier? En quoi est-ce un problème pour vous? Que se passe-t-il exactement maintenant? Depuis quand cela se passe-t-il ainsi? Qu'est-ce que vous aimeriez surtout changer? Que voulez-vous éviter par-dessus tout? » Etc.

En interne, le coach s'interroge également: « Est-ce que j'obtiens suffisamment d'informations sur le problème proprement dit (au moment où il se met ou s'est mis en place)? » ou « Est-ce de l'information sur le résultat du problème (au moment où le coaché prend conscience de l'inconfort lié au problème)? »

Extraits d'une séance de coaching:

Rodolphe, 40 ans, marié, conducteur de travaux.

Co : « De quoi s'agit-il aujourd'hui? »

Coé : « Je ne suis pas à l'aise avec une proposition qui m'est faite de changer de travail. »

Co : « En quoi est-ce un problème pour vous? »

Coé : « D'un côté, ça m'honore quelque part, mais de l'autre, ça me met en porte-à-faux avec mon patron actuel. »

Co : « Quand avez-vous commencé, précisément, à vous sentir mal à l'aise? »

Coé : « Précisément?... Quand j'ai demandé quel était le salaire qu'on me proposait... Pour moi, cela voulait dire, à ce moment-là, que je me trouvais intéressé. »

Co : « Et alors? »

Coé : « Alors, j'étais comme coupable vis-à-vis de mon patron, car je ne me suis pas senti loyal à son égard. La simple idée d'aller voir éventuellement ailleurs m'a mis mal à l'aise! »

***Commentaires:** par la question déroutante et pourtant évidente: « En quoi est-ce un problème pour vous? », le coach remonte à la source du mécanisme qui crée le problème chez le coaché (porte-à-faux vis-à-vis de son patron, culpabilité). À noter que Rodolphe indiquait au départ que son problème était un malaise par rapport à une proposition de travail.*

Expliquez-moi la situation en détail, que je puisse me la représenter également...

Les questions posées ici « Qui, Quand, Où, Comment, Combien, Dans quel but? » s'intéressent au contexte, aux personnes, et plus généralement aux caractéristiques du problème.

Le coach interroge: « Dans quel contexte cela se passe-t-il? Où observe-t-on le problème? Quand cela se passe-t-il? À quel moment le problème apparaît-il? Avec qui cela se produit-il? Qui est à l'origine du problème? Comment cela se manifeste-t-il? Que se dit-il exactement? Qu'est-ce qui vous indique que...? À quoi reconnaissez-vous que...? Comment les autres réagissent-ils à votre problème? Imaginez que je veuille filmer la scène qui représente le problème, quelles images, quels bruits et dialogues ma caméra enregistrerait-elle? » Etc.

En interne, le coach reste très vigilant: « Est-ce que j'obtiens exclusivement des informations basées sur des faits et des expériences tangibles? » ou « Est-ce que je reçois des interprétations, des jugements, des hypothèses ou des suppositions? »

Extraits d'une séance de coaching:
Violaine, 21 ans, animatrice en centre de loisirs.
Co : «... Et alors, comment savez-vous que vous n'obtiendrez rien pour ce pot de fin d'année? »
Coé : « Je le sais, c'est toujours comme ça! Il s'arrange toujours pour faire payer les autres. »
Co : « Et là, précisément, va-t-il s'arranger pour faire payer les autres? »
Coé : « Pas forcément! »
Co : « Alors, comment cela se passe-t-il habituellement? »
Coé : « Il annonce clairement qu'il n'a pas d'argent sur lui. Et c'est vérifiable. »
Co : « Que se passerait-il, s'il avait de l'argent? »
Coé : « Je pense qu'il contribuerait comme tout le monde! »
Co : « Donc, comment se comporte-t-il habituellement? »
Coé : « Il est franc... il dit ce qui est! »
Co : « Et donc, comment savez-vous que vous n'obtiendrez rien? »
Coé : « Parce que j'en suis sûre, il va nous refaire le coup. »
Commentaires: *le coach alerté par la double présence du mot « toujours » dans la même phrase soupçonne l'existence d'une généralisation. Il s'empresse alors de recentrer l'entretien sur les FAITS, rien que les FAITS. Il a d'ailleurs parfaitement raison, puisque à la fin de cet extrait apparaît une croyance encore bien verrouillée : « J'en suis sûre... refaire le coup. » Le travail du coach portera bien entendu ultérieurement sur ce type de limitation.*

Qu'est-ce qui se passe en vous, que ressentez-vous quand vous vivez ce problème?

Ces questions s'intéressent à la façon dont vous vivez et construisez votre problème.

Le coach interroge: « Comment débute votre problème? Juste avant que votre problème n'apparaisse, qu'est-ce que vous vous dites? Que pensez-vous à ce moment précis? Qu'imaginez-vous à ce moment précis? Que voyez-vous? Qu'entendez-vous? Que ressentez-vous? Que pensez-vous, à ce moment-là, de vous, des autres, du contexte? Que faites-vous exactement quand cela arrive? Comment feriez-vous, pour créer volontairement votre problème, ici et maintenant? Qu'est-ce qui pourrait aggraver votre problème? Comment se fait-il que ce problème existe, d'après vous? Et qu'il ait pu se maintenir jusqu'à présent? Pourquoi avez-vous décidé de traiter ce problème maintenant? Et pas avant? » Etc.

En interne, le coach s'interroge: « Comment le problème se met-il en place? Dans quels enfermements, contradictions, blocages, échecs le coaché s'est-il engagé? Quels sont les idées reçues, les traditions, les habitudes, les dogmes, les tabous... présents dans le problème? Quels souvenirs, perceptions, attentes, enjeux et motivations... alimentent le problème? Quelle responsabilité, quel engagement le coaché assume-t-il à ce moment-là? Qu'est-ce que le coaché voit ou pas, entend ou pas? Qu'est-ce qui empêche le coaché d'avancer, de sortir du problème? » Etc.

Extraits d'une séance de coaching:

Claire, 37 ans, célibataire.

Co : « Comment expliquez-vous que ce problème soit apparu ? »

Coé : « Je crois que c'est à la suite d'une maladie, tout à fait bénigne. Là j'ai pris conscience de ma solitude… »

Co : « Comment s'opère cette prise de conscience, en vous ? »

Coé : « Je me rends compte que je ne peux pas compter sur beaucoup d'amis… Vous savez bien, c'est dans les coups durs qu'on peut apprécier ses véritables amis… »

Co : « Y avait-il néanmoins des amis présents auprès de vous, à ce moment-là ? »

Coé : « Oui, toujours les mêmes, de longue date, trois ou quatre… »

Co : « Et malgré ces amis présents, vous ressentez de la solitude ? »

Coé : « En fait, c'est comme si elle ne m'avait jamais quittée, mais là, elle s'est réveillée ! »

Co : « Et qu'est-ce qui pourrait expliquer qu'elle se soit réveillée, là ? »

Coé : « Parce que je pense qu'elle n'attend que cela… Je crois que j'ai ce sentiment ancré en moi. »

Co : « Ancré en vous, de quelle manière ? »

Coé : « C'est comme si j'avais besoin de me sentir seule, pour ne compter que sur moi… C'est ma manière de m'en sortir, de me reprendre… »

Commentaires*: très rapidement, le coach, au lieu de s'attarder sur le problème, interroge Claire sur la manière dont elle le vit. Là, elle lui explique le mécanisme qu'elle a mis en place: se sentir seule pour ne compter que sur elle et se donner ainsi l'énergie de se reprendre. Ce mécanisme explique son affirmation paradoxale: « Je ne peux pas compter sur beaucoup d'amis… » alors qu'elle est pourtant bien entourée, et de longue date.*

Est-ce vraiment encore un problème selon (ou pour) vous ?

Ces questions renseignent le coach sur la façon dont vous vous y prenez pour rester dans votre problème.

Le coach interroge: « Y a-t-il un avantage à ce que les choses ne changent pas ? Les inconvénients actuels sont-ils vraiment aussi insupportables que cela ? Qu'est-ce qui pourrait expliquer que vous avez pu vivre avec ce problème pendant si longtemps ? Comment les personnes de votre entourage réagissent-elles à ce problème ? Diraient-elles, de leur point de vue, que c'est un problème ? Auraient-elles quelque chose à gagner ou à perdre à ce que le problème continue à exister ou qu'il disparaisse ? Est-ce qu'il y aurait un autre problème plus important derrière celui-ci, dont vous souhaiteriez parler ? » Etc.

En interne, le coach s'interroge: « Quels sont les freins, les défauts, les anomalies, les résistances… qui ont une fonction utile pour le coaché, et tiennent une place significative dans la construction, l'installation ou la pérennisation du problème ? »

Extraits d'une séance de coaching:

Anne-Laure, 41 ans, mariée, mère au foyer, 2 enfants.

Co : « Comment se fait-il que vous ayez gardé ces mauvaises habitudes alimentaires aussi longtemps ? »

Coé : « Parce que cela me permet de me féliciter… »

Co : « De vous féliciter, c'est-à-dire ? »

Coé : « Comme je suis entourée de gens qui me dédaignent, je me suis forgé mon petit moyen de récompense ! »

Co : « Votre petit moyen de récompense… Expliquez-moi… »

Coé : « Oui, quand je suis contente ou fière de moi, je m'offre une douceur, une petite sucrerie, n'importe quoi, mais quelque chose de bon ! »
Co : « Et dites-moi, vous avez aussi un moyen de vous critiquer ? »
Coé : « Ah oui, de la même façon ! Quand je fais quelque chose de pas bien, je me sanctionne ! »
Co : « Ah bon ? Et cela se passe comment, exactement ? »
Coé : « Eh bien, je me prive de nourriture. »
Commentaires : *le coach accède, dans ce cas précis, à une construction interne d'un système de « récompenses/sanctions » qu'il est important de mettre en évidence. Ces mécanismes sont souvent de nature, par leur force et leur utilité, à empêcher, s'ils sont ignorés, toute avancée vers le changement. Le questionnement est là pour les traquer et les découvrir, et surtout révéler leur implication dans le problème. À noter qu'Anne-Laure ne prend pas une douceur par gourmandise, mais comme une récompense qu'elle s'octroie.*

Et maintenant, que faisons-nous ? Êtes-vous disposé(e) à aller de l'avant ?

Ces questions renseignent le coach sur votre volonté et votre motivation de changer ou de quitter vraiment votre problème.

Le coach interroge : « En quoi est-ce important que nous traitions le problème maintenant ? Pour quelles raisons ? Qu'est-ce qui fait que le moment est venu, pour vous, de progresser ? Est-ce que vous avez déjà essayé de changer auparavant ? Avez-vous déjà réussi à vous débarrasser provisoirement du problème ? Comment vous y êtes-vous pris à ce moment-là ? Êtes-vous toujours d'accord pour continuer à avancer ? » Etc.

En interne, le coach reste vigilant et s'interroge : « Existe-t-il, chez le coaché, une inclination réelle au changement ? Se projette-t-il dans l'avenir ou reste-t-il encore accroché au présent, voire au passé ? De quelles manières s'expriment ces attachements au présent ou au passé ? Dispose-t-il déjà d'une façon efficace pour mener le changement ? » Etc.

Extraits d'une séance de coaching :
Amanda, 44 ans, célibataire.
Co : « Vous sentez-vous prête, à présent, à déménager de cette maison familiale ? »
Coé : « Là, tout à fait... Il y a déjà tellement de fois que j'ai voulu le faire ! »
Co : « Y a-t-il un moment précis où vous avez eu cette volonté ? »
Coé : « Il y a un an, exactement... J'avais commencé à prendre des dispositions sérieuses pour ce déménagement... J'avais juste oublié que ma mère ne supporterait pas ça ! »
Co : « Quelles étaient précisément ces dispositions sérieuses ? »
Coé : « La date du déménagement était fixée, j'avais payé un acompte au déménageur, et j'avais réservé une aire de stockage dans un garde-meubles pour les pièces que je n'emporterais pas... »
Co : « Et là, où en êtes-vous avec votre mère ? »
Coé : « Ça y est ! Elle voit cela d'un bon œil... Elle finance même le déménagement... »
Co : « Et vous, vous vous sentez prête ? »
Coé : « Oui, il me fallait cette forme d'accord de sa part... Je me sens bien, maintenant »
Commentaires : *le coach met en évidence comment le milieu ambiant peut souvent maintenir un problème en place. Il se rend attentif à toutes les formes d'engagements, de promesses, de loyautés, de sacrifices, de dévouements... qui, de façon très subtile et souvent inconsciente, neutralisent les envies de changer et d'évoluer.*

Une découverte express de la situation présente et du problème pourrait se construire autour des questions suivantes :
- « Qu'est-ce qui se passe ? »
- « Expliquez-moi la situation en détail, que je puisse me la représenter également. »
- « Qu'est-ce qui se passe en vous, que ressentez-vous quand vous vivez ce problème ? »
- « Est-ce vraiment encore un problème selon (ou pour) vous ? »
- « Et maintenant, que faisons-nous ? Êtes-vous disposé(e) à aller de l'avant ? »

COMPRENDRE POUR AVANCER… L'ART DE DÉCODER LES RÉPONSES

Pour jeter un regard nouveau sur votre situation, le coach s'appuie sur deux convictions :
- Il sait que la « scène présente » que vous vivez constitue votre solution actuelle et vous accompagne depuis un certain temps. Elle a sa raison d'être et sa légitimité, même si vous commencez à vous interroger sur son bien-fondé et que vous considérez qu'elle a probablement fait son temps. Il serait donc vraisemblablement dangereux pour vous de l'abandonner trop vite, comme une vieille peau, sans prendre le soin d'en tirer toutes les leçons et tous les enseignements, car certains de ses éléments ou de ses ressorts peuvent encore vous être utiles, dans la solution de demain[1].
- Il sait que cette solution d'aujourd'hui, devenue selon vous obsolète, inopérante ou contre-productive, constitue pourtant un véritable gisement d'informations essentielles pour la suite du processus. À l'aide de son questionnement, il trouve de véritables pierres précieuses pour le parcours qui vous attend.

Pour assurer son travail avec intelligence et efficacité, le coach déploie trois compétences principales :
- Il est **expert** dans l'art de décoder le matériau que chacune de vos réponses lui offre… Il a l'art de découvrir les indices d'un filon, là où d'autres ne voient que de la roche. Il comprend en profondeur ce qui se cache derrière votre récit.
- Il est **passé maître** dans l'art de mener les recherches dans la bonne direction. Il vous pose les bonnes questions, aux bons moments, aux bons endroits, pour les bonnes raisons…
- Il est **capable de structurer les informations** recueillies pour aboutir à un diagnostic opératoire. Il sait conduire le travail entrepris jusqu'à son résultat effectif.

Ce triple savoir-faire ponctue son approche et lui facilite grandement la découverte de votre « scène présente ».

En fournissant vos réponses, quand vous vous exprimez[2], vous envoyez au coach au moins deux types d'informations : au-delà du récit formel, factuel, rationalisé, superficiel, anecdotique… se trouve un message de fond, dit de structure, codé… dont vous n'êtes pas nécessairement conscient. Le coach n'est pas là pour converser agréablement et civilement avec vous, il est avant tout très attentif aux deux strates de messages qu'il doit absolument décoder pour découvrir les éléments de fond essentiels mais parfois bien dissimulés derrière la forme. Il est à l'écoute de tout ce qui peut

[1] Cette préoccupation est essentielle pour éviter l'apparition de résistances au changement.

[2] Que ce soit en paroles, actes, gestes, mimiques, silences, postures, attitudes…

vous faire progresser vers vos objectifs ou vos buts fondamentaux.
Pour cette raison, on appelle cette posture de communication, spécifique au coach, **« l'écoute de décodage »**, ou encore par confort verbal **« l'écoute codée »**. Ce concept de décodage est primordial en coaching. L'écoute codée est une technique précise qui réunit, sous son nom, plusieurs postures et dispositions que le coach professionnel maîtrise et pratique avec pertinence. Elle se pratique à toutes les étapes de l'échange « coach-coaché », de l'arrivée du coaché jusqu'à son départ, de la « scène présente » jusqu'à la « scène idéale ».

L'objectif derrière l'objectif

L'écoute codée concentre son attention sur la « scène idéale », c'est-à-dire sur ce que vous recherchez profondément et voulez atteindre vraiment à l'issue de votre démarche de coaching. Il s'agit en fait de définir « l'objectif de l'objectif ». Sans cette attention sur la finalité, coach et coaché prennent le risque, sans forcément s'en rendre compte, de passer d'un objectif à un autre.

◗ Grâce à cette orientation, vous vous trouvez, quasiment dès le premier contact, mobilisé de façon active en direction de votre but.

Extraits d'une séance de coaching:
Erwan, 42 ans, cadre comptable, divorcé.
Coé : « J'aimerais me remettre au sport. »
Co : « Qu'est-ce que cela vous apportera ? »
Coé : « Je veux me sentir bien physiquement... Je veux retrouver ma ligne et mon poids de forme. »
Co : « Supposons que vous ayez obtenu tout cela, maintenant, là ! En quoi est-ce essentiel pour vous ? »
Coé : « La capacité de me relancer dans la vie. »
Co : « Pour atteindre quoi, par exemple ? »
Coé : « J'ai envie de refaire ma vie, de trouver une femme, une épouse. Cela fait trois ans que mon ex-épouse m'a quitté, et je me sens seul, vraiment très seul... »
Commentaires: *le coach met en évidence le fait qu'Erwan passe de l'objectif « ... me remettre au sport » à une aspiration beaucoup plus profonde puisqu'il s'agit pour lui de commencer une nouvelle vie. Il reste à définir si l'objectif « se remettre au sport » est vraiment le plus pertinent dans la perspective de cette finalité, rappelons qu'il parle de « ... trouver une épouse... » et de « ... vraiment très seul... ».*

La précision des mots

L'écoute codée vise à recueillir des informations de haute qualité, en signification et précision. Elle traque en particulier toutes les expressions vagues de nature à camoufler ou neutraliser la restitution fidèle de ce que vous avez conscience d'avoir vraiment expérimenté[1].

◗ Cette disposition particulière de l'écoute codée permet de faire émerger, à partir d'un terme trop vague ou d'une abstraction, le contexte et l'expérience personnelle généralement cachés ou compressés dans l'affirmation initiale.

[1] La procédure utilisée relève de ce que la PNL (programmation neurolinguistique) appelle le « méta-modèle ». Le méta-modèle est un ensemble d'outils servant, à travers un recueil guidé de l'information, à rétablir le lien entre le langage d'une part et l'expérience de la personne d'autre part. En pistant systématiquement, dans le langage, les omissions, les généralisations et les distorsions, le méta-modèle oblige celui qui s'exprime à revenir à ce que les linguistes appellent la « structure profonde » de son expérience et ses représentations.

Extraits de séances de coaching:

Exemple 1 :

Coé : « J'ai toujours eu des difficultés avec les études… »

Co : « Toujours ? Vraiment toujours ? Quels types de difficultés en particulier ? Dans quels cas précis ? Quel genre d'études ? Dès l'école maternelle ou primaire ? De quelles manières se sont exprimées ces difficultés ?… Etc. »

***Commentaires:** le coach recherche ce que le coaché met derrière le mot « difficultés » ; il le lui fait expliciter.*

Exemple 2 :

Coé : « J'ai intérêt à m'en sortir, cette fois-ci. »

Co : « À vous sortir de quoi, exactement ? Pourquoi cette fois-ci ? Que voulez-vous dire par intérêt ?… Etc. »

***Commentaires:** le coach veut mesurer l'impact exact du mot « s'en sortir » qui est trop vague. S'agit-il simplement d'une injonction ou bien le coaché se trouve-t-il là devant quelque chose d'essentiel ?*

La leçon du problème

L'écoute codée focalise son attention sur les ressources présentes en vous mais mal utilisées. À un moment donné de votre expérience, vous donnez peut-être un sens limitant à ce que vous vivez, ou alors vous vous trouvez dans l'incapacité temporaire ou chronique d'activer les moyens de bien vivre la situation. Les ressources sont là mais ne peuvent s'exprimer.

◗ Grâce aux questions, le coaché voit parfois le problème littéralement se transformer et/ou changer de nature, ou ne le conçoit plus comme la « montagne » qu'il s'en faisait auparavant.

Extraits d'une séance de coaching:

Tarik, 46 ans, marié, 3 enfants.

Coé : « Je n'arrive pas à parler devant un public de plus de trois personnes. »

Co : « Avez-vous un cas concret où cela s'est passé ainsi ? »

Coé : « Oui, en entreprise… Quand je parle entre nous, en équipe, ça va ; on est trois. Mais dès que je dois faire une intervention devant l'état-major, ils sont cinq, je panique et rien ne sort, c'est terrible ! »

Co : « Y a-t-il des circonstances où vous avez parlé devant plus de trois personnes, ailleurs qu'en entreprise ? »

Coé : « Oui… Au cours des repas de famille… C'est souvent moi qui mets l'ambiance ! Ou alors à l'association que je préside… Nous sommes une trentaine. »

Co : « Qu'est-ce qui ferait la différence, selon vous, entre la réunion d'état-major où ils ne sont que cinq, et votre association, où vous êtes une trentaine ? »

Coé : « L'état-major est là pour me juger… À l'association, on est tous copains… »

Co : « Donc, est-ce qu'il serait juste d'affirmer que vous n'arrivez pas à parler devant un public qui pourrait vous juger ? »

Coé : « En effet, ça me rappelle qu'il y a des fois où, même devant mon père, tout seul, j'ai l'esprit vide et je n'arrive plus à dire quoi que ce soit ! Lui non plus, on ne sait jamais ce qu'il pense vraiment ! »

***Commentaires:** le coach guide ses questions jusqu'aux deux dernières réponses du coaché, riches d'informations sur les raisons de son inconfort. Nous mesurons en outre combien le problème exprimé au départ a changé de nature en l'espace de trois relances de questionnement et d'écoute codée. Tarik est en effet passé d'un problème de nombre d'auditeurs au jugement du père.*

Les indices du corps

L'écoute codée détecte et collecte les indices comportementaux par lesquels vous vous révélez en permanence. Il peut s'agir de rictus, de micromouvements, de tics, bref, de tout un éventail de gestes, postures et attitudes que vous affichez en permanence aux autres, souvent à votre insu. Les changements de coloration ou d'élasticité de la peau, de tonus musculaire, du rythme de votre respiration, ou alors les modifications dans l'enchaînement de vos propos, l'intensité et la tessiture de votre voix, ainsi que vos mouvements oculaires, sont autant d'indicateurs de vos processus internes. Ils apportent une masse substantielle d'informations sur vos façons de percevoir la réalité, d'accéder à vos habitudes et vos préférences, de vous connecter à vos valeurs.

Le coach ne formule aucun jugement ni aucune interprétation sur ces indices révélateurs. Il se contente de les mémoriser afin de disposer ultérieurement d'indicateurs permettant d'opérer des rapprochements, déduire des corrélations, ou mesurer le degré d'avancement du changement.

Extraits d'une séance de coaching:

Myriam, 32 ans, mariée.

Coé : « Je me sens exclue (profonde inspiration, main droite qui caresse l'épaule gauche, regard qui est orienté vers le bas, sur la gauche, pâleur progressive des pommettes). »

Co : « Que ressentez-vous exactement, quand vous vous sentez exclue ? »

Coé : « Je me sens coupable (mouvement saccadé quasi imperceptible de la tête vers l'avant, comme si elle recevait un léger coup dans la nuque)... C'est comme si je n'habitais pas dans mon corps, je ne ressens rien (mouvement parallèle des deux mains le long du tronc, en un mouvement simultané vers le bas, regard toujours orienté vers le bas, sur la gauche, fixité des yeux, voix qui se ralentit et s'éteint progressivement...). »

***Commentaires :** le coach se contente d'observer et d'enregistrer ces séquences comportementales et gestuelles[1]. S'il remarque que leur apparition est connectée à certaines expressions, il lui devient possible d'orienter et de pratiquer de façon plus pertinente et experte son guidage.*

Le message des émotions

L'écoute codée respecte l'expression des émotions, la suscite et l'accueille avec intérêt. Jusqu'à ces dernières années, nous adhérions globalement au grand mythe de l'esprit rationnel et de la logique qui gouvernaient normalement nos actes et nos activités. Les émotions étaient, elles, réservées à certains moments privés... principalement de la vie des femmes et des enfants. Depuis peu, de nombreux auteurs ont montré l'importance de l'intelligence émotionnelle et son utilité dans tout raisonnement, action et communication avec les autres.

Un échange d'informations sans émotions évoque l'horloge parlante ou la voix qui annonce les messages sur votre répondeur; triste, non ? Ce sont vos émotions qui alimentent et nourrissent vos relations avec les personnes qui vous entourent. Elles constituent tout à la fois un élément essentiel de l'existence, un signal, une expérience personnelle subjective, un processus complexe psychologique et somatique indispensable. Antonio Damasio, neuroscientifique de renom, explique qu'un de ses patients s'était parfaitement remis de l'ablation d'une tumeur du cerveau, avait conservé son QI[2], mais était devenu incapable de prendre une décision judicieuse car il n'éprouvait plus aucune émotion depuis l'intervention.

[1] Cette technique est appelée « calibration » en PNL.
[2] QI = Quotient Intellectuel.

Il existe plusieurs émotions originelles agréables (attrait, joie) ou désagréables (tristesse, colère, peur, dégoût) qui se déclinent en émotions secondaires (honte, embarras, culpabilité, déception, peine, jalousie...). Elles sont déclenchées par le décalage existant entre vos représentations internes (vision du monde) et la réalité extérieure: quelqu'un qui resquille devant vous dans la file du cinéma peut vous mettre dans une grande colère, si vos valeurs essentielles sont l'ordre et le respect de l'autre. Plus vous êtes capable de les ressentir et de les exprimer, plus vous allez prendre conscience des effets de vos actes et de ce que les autres vous apportent en retour.

Extraits d'une séance de coaching:
Solange, 78 ans, veuve, retraitée.
Coé : « Vous savez, les larmes ne remontent jamais le long de la joue... »
Co : « Que voulez-vous exprimer par là? Qu'est-ce que je dois comprendre exactement? »
Coé : « Que ça ne sert à rien de pleurer... Que c'est une faiblesse qui, une fois exprimée, ne peut plus être reprise ou retenue... Elle dit trop de choses sur nous... Il faut s'en garder absolument... »
Co : « Qu'est-ce que les pleurs pourraient dire de trop, sur vous? »
Coé : « Que j'ai vécu une vie sans joie... Par sacrifice pour mes parents, qui m'ont tout donné... »
Co : « Une vie sans joie... Par sacrifice pour vos parents... Vous avez déjà, en substance, indiqué tout ça tout à l'heure... Je l'avais noté... Alors, revenons à ce que les pleurs pourraient dire de trop, au-delà de tout ça... »
Coé : « Que ma mission est terminée, maintenant que ma mère est décédée... Que j'ai envie de me suicider, car je ne sers plus à rien... (elle sanglote pendant un quart d'heure, sans mot dire, de façon étouffée et dissimulée). »

***Commentaires:** le coach sait l'importance des émotions et ce qu'elles peuvent révéler d'essentiel. Lorsque Solange dévoile sa croyance « Ça ne sert à rien de pleurer... il faut s'en garder absolument », il pointe du doigt la peur qu'elle a de se dévoiler et « l'oblige » à aller plus loin. Il l'incite même à accéder à ses émotions et à les exprimer, ce qui provoque une prise de conscience majeure: « Ma mission est terminée... »*

> *« L'émotion, c'est une grâce, ça n'est ni grave, ni obscène. »*
> (Extrait du film *Sex is comedy*, Catherine Breillat)

Avoir conscience de vos émotions inconfortables et de leur impact vous aide à être vigilant et vous permet de prendre du recul dans vos comportements et vos décisions; maîtriser vos émotions sans les refouler est un gage important de réussite.

Dès qu'une émotion se manifeste, le coaching vous recommande de vous mettre à l'écoute du message qu'elle vous envoie, réfléchir à la croyance qui se cache derrière, et chercher les ressources et/ou les compétences que vous avez en vous pour la canaliser ou vous en libérer. Vous allez bien entendu profiter de la possibilité d'accès à des émotions confortables pour vous appuyer dessus et rendre ainsi la réalisation de votre objectif plus aisée.

> *« Si j'étais capable de bonheur, je pense que ce soir je serais heureux. »*
> (Extrait du discours de remerciement de Jean-Claude Grumberg, auteur de théâtre, lors des « Molière » 1999)

Le fond du problème

L'écoute codée passe en permanence d'un enregistrement « de surface » à une lecture « en profondeur » de tout ce qui se dit, se vit, s'exprime et se joue dans l'interaction avec le coach. Elle utilise la reformulation, colonne vertébrale de l'échange : celle-ci permet de synthétiser le dialogue, avancer dans le problème, faire entendre au coaché ce qu'il vient de dire et le faire ainsi réagir (confirmer, modifier, préciser... sa pensée). Par sa façon ciblée de travailler, elle rend la structure profonde rapidement accessible.

Extraits d'une séance de coaching :
Marie-Caroline, 19 ans, vendeuse.
Co : « Si je comprends bien, à ce point de notre échange, vous déplorez que vos initiatives ne soient pas estimées à leur juste valeur, c'est bien ça ? »
Coé : «... Oui, il m'arrive de douter de moi, mais grave ! »
Co : « Et comment savez-vous que vous doutez de vous ? »
Coé : « Parce que je ne suis plus sûre de rien, c'est grave, vous ne trouvez pas ? »
Co : « Est-ce que quelqu'un d'autre pourrait trouver cela grave, aussi ? »
Coé : « Euh... J'sais pas... Oui, peut-être Jean... »
Co : « Et que dirait Jean, de tout cela ? »
Coé : « Que ce n'est pas bien grave... Il en a vu tellement d'autres, lui... Il s'en est toujours sorti, il a une pêche du tonnerre... C'est pas croyable !!! »
Co : « Et alors ? »
Coé : « J'crois simplement qu'il a raison... Je suis souvent capable de m'en tirer moi-même ; J'suis assez dégourdie, aussi, vous savez ! »
Commentaires : *au départ, la situation de Marie-Caroline est « grave, grave » puisqu'elle le répète deux fois. Le coach, au lieu d'approfondir les raisons de ce ressenti, fait appel à une tierce personne. Marie-Caroline « convoque » alors Jean, et grâce à lui relativise presque immédiatement son problème : bel exemple de ressources présentes dans la situation-problème.*

L'écoute codée permet au coach de situer le problème sur deux plans : la collecte et la cartographie. La collecte des informations suscite une description dense et qualifiée de la situation ; la cartographie s'attache à repérer comment le problème s'est construit et installé durablement.

ANALYSER POUR INTERVENIR... L'ART D'AGIR AU BON NIVEAU

Nous avons vu qu'au moment où le problème se pose, plus exactement au moment où vous le vivez, de nombreux éléments sont présents en vous et inter-agissent fortement. Ils sont souvent à ce point enchevêtrés qu'ils nécessitent, pour vous permettre d'y voir clair, l'usage d'une technique de questionnement guidée et l'application d'une écoute spécifique, l'écoute codée. Une fois les informations collectées, le coach fait son analyse et pose son diagnostic.

Les problèmes ont toujours un contenu qui permet de les situer sur **« l'échelle des niveaux logiques »**.

Pointer le niveau exact d'apparition du problème...

Pour détecter les niveaux auxquels vous exprimez le problème que vous vivez, le coach classe toutes les informations obtenues en une sorte de hiérarchie, qui restitue les interactions entre les éléments constitutifs du problème exprimé.
Cette classification comporte généralement sept niveaux, qui peuvent tantôt désigner des **« espaces problèmes »** et/ou parfois des **« espaces ressources »** de changement.

Dans l'ordre, il s'agit de:
1. la mission de vie,
2. l'identité,
3. les valeurs,
4. les stratégies,
5. les capacités,
6. les comportements,
7. l'environnement.

Chaque niveau est organisé par le contenu des informations du niveau immédiatement supérieur. Vous agissez sur l'environnement au moyen de vos comportements, lesquels sont dirigés par vos capacités, qui constituent l'ensemble de votre savoir-faire. Vos capacités sont guidées par vos stratégies mentales. Ces stratégies sont pilotées par vos valeurs et vos croyances. Vos valeurs et croyances, quant à elles, sont organisées par votre identité, qui s'alimente à son tour au contenu de votre mission de vie.

Il existe donc sept niveaux où le problème peut prendre racine. Chaque niveau concerné désigne, *ipso facto*, le niveau où doit être cherchée la solution.

1. Un problème né dans **l'environnement**, le **contexte** et qui s'y alimente.
Exemple: un immeuble se construit en face de votre appartement et vous bouche la vue imprenable dont vous disposiez jusqu'à présent. La solution réside dans les comportements que vous allez adopter (niveau immédiatement supérieur).

2. Un problème lié à vos **comportements**, vos attitudes, vos émotions, vos ressentis internes.
Exemple: vous remarquez que vous avez des difficultés à prendre une décision, tant et si bien que vous vous arrangez toujours pour que d'autres décident... quitte à ce que vous exprimiez ensuite votre désaccord ou votre gêne si ce qui a été décidé ne vous convient pas tout à fait... La solution consiste à apprendre à décider, à disposer de cette capacité toute particulière à poser un choix et le mettre en action.

3. Un problème lié à vos **capacités**, vos compétences, vos aptitudes exprimées à ce moment-là, dans la situation.
Exemple: vous remarquez que vous avez des difficultés à tenir vos engagements en temps et en heure. Vous promettez beaucoup, vous faites tout votre possible, mais vous découvrez que vous êtes en permanence en « surbooking ». La solution consiste à adopter une stratégie mentale différente de gestion des activités et des promesses faite aux autres (niveau supérieur).

4. Un problème lié à vos **attitudes et dispositions mentales**, vos **stratégies** et vos mécanismes face à la situation.
Exemple: on vous fait remarquer que, systématiquement, dans vos remarques, vos analyses, vos jugements, vous mettez toujours l'accent sur ce qui ne va pas, ce qui pourrait « clocher », ce qui manque, etc. Ce mécanisme particulier de défiance, de critique, de repérage des dangers et risques potentiels peut trouver une piste de solution lorsque vous accédez aux croyances qui lui ont donné naissance et le maintiennent en place (niveau immédiatement supérieur).

5. Un problème lié à vos **valeurs**, ce que vous jugez essentiel dans la vie, et aussi ce que vous croyez, pensez, considérez comme important, sur vous-même, les autres, la vie et le monde en général...
Exemple: vous pensez qu'il est important de s'affirmer, de faire valoir son point de vue et qu'il faut se battre pour exister, que seul le pouvoir permet de s'en sortir... Si une

telle croyance vous vaut d'avoir des attitudes et des comportements insupportables pour les autres, il vous faut faire un effort pour vous en libérer. La solution réside au niveau de l'identité (niveau supérieur).

6. Un problème lié à votre **identité**, ce que vous vous sentez être, à ce moment-là, le rôle que vous jouez, la personnalité que vous exprimez, la conscience que vous avez de vous-même, maître et responsable de vos actes.
Exemple: il peut vous arriver de vous demander si vous êtes bien dans votre peau, dans votre rôle (sur le plan professionnel ou personnel...). Vous ressentez une profonde frustration, une sorte d'impression de ne pas faire de votre vie ce que vous voudriez qu'elle soit. Cette interrogation sur votre « raison d'être » peut trouver sa solution au niveau de ce que vous voulez apporter aux autres (niveau immédiatement supérieur).

7. Un problème lié à la **mission** que vous avez le sentiment de remplir, à ce moment-là, en relation avec d'autres personnes ou d'autres groupes, auxquels vous vous sentez appartenir...
Exemple: vous pouvez avoir l'impression de ne plus vous reconnaître dans certaines de vos relations (personnes, groupes ou institutions, entreprises, associations...) vis-à-vis desquelles vous vous étiez auparavant engagé ou lié. La solution consiste alors à trouver de nouveaux groupes d'appartenance, de nouvelles vocations à partager avec d'autres...

▶ Le coach ne cherche pas forcément à savoir pourquoi le problème existe mais comment il fait pour naître, se manifester, perdurer... Il doit donc, dans cette phase de diagnostic, décrypter la situation sous un angle très particulier, pour situer le niveau d'apparition et de prolifération du problème. Ceci lui permet ensuite d'agir exactement au bon niveau.

> *« Nous ne voyons pas le monde avec nos yeux, nous le voyons avec nos concepts. »*
> (Albert Jacquard, philosophe)

Extraits de séances de coaching:
Nous vous proposons le cas d'une jeune fille musicienne (Gwenaëlle), qui pourrait exprimer son problème de sept façons différentes, en fonction des sept niveaux que nous venons de définir.

Environnement et contexte:
Gwenaëlle: « Je connais mes morceaux par cœur... Et dès que je dois les jouer devant le jury, au Conservatoire, je perds mes moyens. Ce serait bien que le jury puisse venir m'auditionner chez moi! »
Commentaires: *nous nous rendons bien compte que la solution ne réside pas dans un changement du contexte, ce que propose Gwenaëlle, mais dans la mise en place de comportements adaptés (niveau immédiatement supérieur).*

Comportements, émotions et ressentis:
Gwenaëlle: « Je connais mes morceaux par cœur... Et dès que je dois les jouer devant le jury, au Conservatoire, je perds mes moyens. D'un seul coup, j'ai un nœud dans l'estomac et je suis bloquée. Il faudrait que je ressente du calme et de la détente. »
Commentaires: *nous sommes face à une expression de problèmes comportementaux ou émotionnels. Comment ressentir du calme et de la détente? Quand nous sommes obligés de poser la question « Comment faire pour? », la solution n'est assurément pas dans « faire » mais dans « comment »... Et cela*

nous renvoie à l'acquisition de capacités et à des savoir-faire adaptés (niveau immédiatement supérieur).

Capacités, compétences, aptitudes, savoir-faire :

Gwenaëlle : « Je connais mes morceaux par cœur… Et dès que je dois les jouer devant le jury, au Conservatoire, je perds mes moyens… J'ai des difficultés à rester zen… La solution serait que je sache méditer, me relaxer. »

Commentaires : *cette façon de s'exprimer nous met en présence d'incapacités à faire ou d'inaptitudes (difficultés à rester zen…). Seules des dispositions ou des attitudes mentales adaptées (au niveau immédiatement supérieur) ouvriront l'horizon de Gwenaëlle à des compétences nouvelles lui permettant de poursuivre son évolution.*

Attitudes, dispositions et stratégies mentales :

Gwenaëlle : « Je connais mes morceaux par cœur… Et dès que je dois les jouer devant le jury, au Conservatoire, je perds mes moyens… Je suis trop impliquée. J'ai besoin de prendre du recul. »

Commentaires : *«… prendre du recul… » est une stratégie que Gwenaëlle n'adoptera que si elle correspond à des moteurs importants pour elle, à des choses auxquelles elle croit vraiment. Il faut donc mobiliser des valeurs et des croyances[1] puissantes pour elle (au niveau supérieur).*

Valeurs, croyances et critères[2] :

Gwenaëlle : « Je connais mes morceaux par cœur… Et dès que je dois les jouer devant le jury, au Conservatoire, je perds mes moyens… Je dois être construite comme ça ! Et pourtant, il y a des choses plus importantes dans la vie que ça ! »

Commentaires : *là, nous touchons à des strates de plus en plus essentielles de la personne humaine. Remarquons combien la formule « Je dois être construite comme ça ! » porte en elle des pouvoirs dont Gwenaëlle soupçonne certainement mal l'impact. Si je suis convaincue que « Je dois être construite comme ça », tout ce qui peut m'arriver de malencontreux ou de néfaste est pris pour argent comptant, comme irrémédiable, puisque « C'est comme ça ! ». Ces croyances ou ces valeurs dépendent directement de l'idée que nous nous faisons de « qui nous sommes », c'est-à-dire de notre identité.*

Identité :

Gwenaëlle : « Je connais mes morceaux par cœur… Et dès que je dois les jouer devant le jury, au Conservatoire, je perds mes moyens… Je reste décidément une gamine ! Encore heureux que je sois reconnue comme virtuose précoce ! »

Commentaires : *l'usage de la phrase « Je reste décidément une gamine » renvoie à un problème d'identité, c'est-à-dire au niveau quasiment le plus élevé de la personnalité. Nous comprenons immédiatement qu'il est bien plus délicat de traiter un problème d'identité dévalorisée qu'un comportement inadapté ! La seule façon que nous ayons d'apporter une solution à l'identité est de nous positionner à un niveau encore plus élevé, celui de la mission de vie à laquelle nous nous vouons tous, consciemment ou inconsciemment.*

[1] Ici, le terme de « croyance » est utilisé comme une certitude ou une évidence que nous avons sur le monde, sur la vie, sur les autres ou sur nous-mêmes, qui ne comporte que peu ou pas de réflexion personnelle, et qui est ordinairement le reflet de la pensée commune ou l'écho d'un désir. (Le mot « croyance » n'a donc ici aucune connotation religieuse.)

[2] Un critère est une sorte de norme personnelle qu'un individu utilise pour évaluer ce qu'il vit, à un moment donné, dans un contexte donné. Le critère montre ce à quoi l'individu prête attention pour juger de son confort ou son inconfort, ce qui est important pour lui et ce qui le motive, à ce moment-là.

Mission de vie, dessein fondamental, groupes d'appartenance :

Gwenaëlle : « Je connais mes morceaux par cœur... Et dès que je dois les jouer devant le jury, au Conservatoire, je perds mes moyens... C'est terrible pour une carrière ! Et pourtant je porte la musique en moi ! Je veux honorer cet art ! »

Commentaires : *il est à remarquer, à ce stade, que nous sommes toujours raccordés, au cours notre vie, à des groupes, des systèmes et des ensembles qui nous dépassent, mais pour lesquels nous nous investissons largement, parfois sans même nous en rendre vraiment compte (la famille, l'entreprise, la planète, le clan, etc.). Gwenaëlle se consacre à l'art musical...*

> **Bien choisir**
>
> une femme était en échec avec ses amours successives. Elle choisissait des partenaires autoritaires qui la sécurisaient un temps car ils prenaient toutes les décisions ; mais très rapidement, elle était angoissée et mal à l'aise car elle ne se sentait plus reconnue et perdait ainsi son identité.

Cerner avec exactitude le problème à résoudre...

Vous comprenez maintenant mieux combien cette hiérarchie de niveaux permet au coach d'affecter chaque information collectée à un niveau donné et comment elle sert à positionner exactement le problème. Cette indication est essentielle pour la suite du processus de coaching. Vous avez en effet déjà compris qu'un problème ne peut être résolu au niveau où le coaché le vit, de façon subjective, mais forcément au niveau au-dessus.

Revenons au cas de Gwenaëlle :
Nous pouvons, par un alignement des niveaux, prendre conscience de ce qui est important pour Gwenaëlle, chaque niveau, dans son contenu, pilotant les niveaux inférieurs.

Sa mission : *« Je veux honorer cet art ! »*
imprègne...
son identité : *« Reconnue comme virtuose précoce[1] »*
qui alimente...
ses croyances : *« Il y a des choses plus importantes dans la vie que ça ! »*
qui induisent...
sa stratégie mentale : *« J'ai besoin de prendre du recul »*
qui autorise...
ses capacités : *« Que je sache méditer, me relaxer »*
qui pilote...
ses ressentis : *« Que je ressente du calme, de la détente »*

Notons que les croyances et les valeurs pilotent nos stratégies mentales et nos capacités et, par voie de conséquence, la compréhension et l'interprétation d'une situation donnée. Il est même possible d'affirmer que **les croyances donnent l'autorisation** (croyances libérantes) **ou l'interdiction** (croyances limitantes) **aux capacités de s'exprimer !** Une fois le problème positionné, cadré et clarifié, il devient le « problème à résoudre ». C'est ainsi que se termine, en général, cette première phase de découverte de la « scène présente ».

[1] Nous notons là que la conscience identitaire de Gwenaëlle est très dépendante du regard porté sur elle par les autres. Ceci est classique chez des jeunes gens, pré-adolescents ou adolescents, pour qui l'image que leur renvoient les autres peut être très structurante en termes d'identité.

La priorité dans la vie, c'est de s'engager dans des actions porteuses de sens:
- Sens comme : direction, c'est-à-dire les objectifs.
- Sens comme : signification, ce qui correspond aux valeurs.
- Sens comme : réalité de l'expérience (ça fait sens), ce qui déclenche ou stimule la motivation.

CONCLUSION

Partir d'un problème exprimé, collecter un maximum d'informations utiles sur la situation, décoder la structure profonde de l'expérience décrite, accéder enfin au problème réellement vécu, tels sont les enjeux d'un questionnement ciblé, d'une écoute codée et d'un décryptage pertinent, tels que le coach les mène durant cette première étape.

Arrivé à ce point du parcours entamé, le coaché prend la mesure exacte de ce qui sous-tend son problème, son inconfort ou son besoin. Cette prise de conscience est souvent, en elle-même, très libératrice. Elle installe un réel espoir d'aller mieux. Elle suscite une véritable demande de progrès.

◗ Ainsi, et ce n'est pas un de ses moindres mérites, cette étape génère du désir et de la motivation, deux ressorts essentiels pour aller plus loin dans la marche vers le changement. Une nouvelle étape peut à présent prendre naissance.

« Comme de toute chose, il y a un secret du vin. Mais c'est un secret qu'il ne garde pas. On peut le lui faire dire: il suffit de l'aimer, de le boire, de le placer à l'intérieur de soi-même. Alors, il parle. En toute confiance, il parle. »
(Francis Ponge, poète)

AUTOCOACHING: PRATIQUEZ L'ÉCOUTE CODÉE : FAITES UN DIAGNOSTIC DE SITUATION

L'écoute codée vous amène à filtrer l'information que vous donne une autre personne. Il faut avant tout que vous vous rendiez compte que vous le faites déjà sans le savoir: vous cherchez dans ce qu'on vous dit ce qui vous intéresse, vous ne retenez que ce qui est important pour vous, à ce moment-là!

Quand vous écoutez les informations, vous pouvez constater que vous êtes tout particulièrement attentif (ve) à certains éléments qui vous concernent directement (région de naissance, ville ou localité d'habitation, secteur d'emploi, enfants, écologie, spiritualité, politique, sport, gastronomie…). Remarquez aussi combien vous êtes particulièrement attiré(e) par des arguments ou des idées qui vont dans le sens de vos propres opinions.

Exercice 1

Nous vous proposons d'appliquer cette aptitude naturelle. Vous pouvez commencer tout simplement par prendre conscience de votre type d'écoute. Puis contentez-vous d'écouter les personnes de votre entourage, avec pour seule attention ce qui est important pour elles. Attachez-vous au contenu des propos qu'elles veulent partager avec vous, en accusant simplement réception. Notez ce que cela provoque en vous d'accepter de rentrer ainsi dans une autre vision du monde, en vous abstenant totalement de porter le moindre jugement.

Exercice 2: Faites un diagnostic de situation grâce au SPRI

Le système SPRI est extrêmement simple à utiliser. Il s'organise autour de quatre étapes:

• S = la Situation dans laquelle je me trouve: « Où? » « Quand? » « Quoi? » – en un mot, le contexte.
• P = le Problème: « Qu'est-ce qui pose problème? »
• R = la Résolution: « Qu'ai-je déjà commencé à mettre en œuvre? Ai-je fait ceci? Et cela? »
• I = les Informations complémentaires ou le cahier des charges de la demande: « J'ai besoin de la réponse tel jour... Je serai libre à partir de telle heure... »

Raisonner avec le système SPRI, c'est déjà s'interroger sur le problème et surtout sur la façon de le résoudre.
À un enfant qui vient voir un de ses parents, avec un problème, celui-ci peut lui demander:
• S: « Qu'est-ce qui t'arrive? »
• P: « Qu'est-ce qui t'embête? »
• R: « Qu'est-ce que tu pourrais faire? »
• I: « Dans quels délais (urgence, importance, nécessité)? »

COACHER LES AUTRES: SIMPLEMENT ÉCOUTER

Maintenant que vous savez vous mettre à l'écoute de l'autre, de ses critères et de ses valeurs, vous allez pouvoir passer de cette écoute de stricte observation à une écoute codée d'échange pour favoriser chez l'autre une découverte de soi-même.
C'est l'écoute privilégiée que vous pouvez, et que vous devrez dorénavant pratiquer avec votre fils/fille à un moment heureux ou difficile de sa vie, avec vos parents aux tournants importants de leur existence, avec votre conjoint(e) aux moments cruciaux de votre relation, avec un ami(e) aux moments essentiels de ses choix, etc.
Commençons par prendre l'exemple d'une situation sans grand enjeu: quand vous demandez votre chemin à quelqu'un, vous savez filtrer et capter dans l'explication qu'il vous donne les informations spécifiques qui vous intéressent. Si vous pratiquez à présent à son égard l'écoute codée, vous allez « entrer dans sa peau », pour comprendre la façon dont il tâche de vous aider.

Exercice

Prenez progressivement part à une conversation en mettant l'accent sur un point particulier de ce qui se dit. Contentez-vous de constater que vous savez le faire. N'essayez pas d'en faire trop. Par exemple, quand votre fils/fille/conjoint(e)/ami(e)/collègue vous expose un problème, prenez conscience de la manière dont il construit son raisonnement, attachez-vous simplement à obtenir des informations complémentaires au moyen de quelques-unes des questions suivantes: « Ça s'est passé où? » « Et quand? » « Avec qui, exactement? » « À ce moment-là, tu ressens quoi, précisément? » « Tu fais quoi? » « En quoi est-ce important que tu fasses cela de cette manière? » « Qu'est-ce que tu te dis? » « Qu'est-ce que tu penses? » « À quel titre es-tu intervenu? » « Pour qui d'autre que toi t'es-tu comporté comme cela? » Etc.
Remarquez simplement que vous savez de mieux en mieux poser ce type de questions qui vous permettent plus facilement de pénétrer la réalité subjective de l'autre. Faites en sorte que le décodage que vous effectuez ne soit teinté d'aucune attitude de curiosité déplacée. Laissez simplement à l'autre ce qui lui appartient, en toute humilité et en restant à votre place. Vous êtes en phase avec lui mais vous gardez néanmoins une bonne distance émotionnelle.
Faites ceci au moins une fois par jour et dans des contextes différents (familial, professionnel, social...). Veillez à d'abord choisir des situations familières avant d'aborder des événements plus délicats.

Chapitre 3

CONSTRUIRE L'OBJECTIF

Fixer la direction et le but

« Je vous souhaite d'avoir des rêves à n'en plus finir et l'envie furieuse d'en réaliser quelques-uns. »
(Dédicace de Jacques Brel, chanteur, auteur-compositeur, à Francis Perrin, comédien)

LES GRANDES LIGNES DU CHAPITRE

■ VOULOIR
Installer l'objectif dans le cerveau
Bien formuler l'objectif pour le rendre efficace

■ SE MOTIVER
Être au plus près des valeurs
Rester centré sur l'objectif

■ SE RENFORCER
Tirer toute la force des blocages et des doutes…
Mobiliser la puissance des ressources

■ SE PRÉPARER À L'ACTION
Adopter les stratégies
Planifier le parcours

■ AUTOCOACHING : RENDEZ L'OBJECTIF OMNIPRÉSENT

■ COACHER LES AUTRES : CLARIFIER UN OBJECTIF

Rappelons-nous le début du chapitre précédent: dès le premier contact, le coach invite son interlocuteur à énoncer ce qui l'amène vers lui. La première version des attentes du coaché est souvent floue…

Certaines personnes expriment le souhait de continuer à aller bien ou encore mieux, se préparent spécifiquement à un événement programmé, d'autres émettent le besoin de se débarrasser d'un problème; d'autres encore, plus téméraires, osent exposer des parcelles de rêves, encore mal assurées, mais porteuses d'un espoir puissant.

Le coach teste, lors de la première étape, l'envie du coaché de vraiment changer et vérifie qu'il est prêt à s'exécuter. Il devient possible d'utiliser cette dynamique pour maîtriser la deuxième étape du coaching: « **Bien fixer l'objectif** ».

Bien définir un objectif est un travail mental incontournable. En effet, toute chose qui existe matériellement: un crayon, une voiture, une ampoule électrique, a d'abord commencé à germer dans la tête de quelqu'un.

La création mentale précède toujours la création physique: pour exister, une chose a d'abord été rêvée, puis elle exprime la fonction exacte pour laquelle elle a été conçue.

Appliqué au coaching, cela veut dire que, si vous êtes actuellement confronté à un problème, vous l'avez d'abord créé dans votre tête, parfois consciemment, mais la plupart du temps à votre insu. La première étape du coaching, expliquée dans le chapitre précédent, consiste d'ailleurs, pour le coach, à vous faire comprendre comment vous avez construit votre problème. Et tant que vous restez avec lui ou dedans, vous l'aggravez en permanence!

C'est seulement quand vous envisagez une autre approche que vous pouvez espérer changer votre situation et créer une « scène idéale », c'est-à-dire votre objectif.

Le travail du coach, dans cette deuxième étape, consiste à vous extraire de la « situation problème » pour vous installer dans la « situation solution ».

Combien de fois avez-vous déjà utilisé les expressions: « Il faudra que… », « Je devrais… », « Je vais le faire »… sans pourtant enclencher une action immédiate? Vous avez beaucoup d'idées et de projets, ce qui est assurément une bonne chose, mais vous éprouvez souvent de grosses difficultés pour les mettre en action.

Il vous faut d'abord vous représenter clairement et précisément ce que vous voulez.

La vision de votre objectif est déterminante pour que se manifestent ensuite en vous deux forces simultanées et interactives: une **force de poussée**, qui mobilise votre envie et votre motivation vers cet objectif, et **une force d'attraction**, qui s'exerce à partir de votre certitude et de votre conviction à l'atteindre. La première est pilotée par vos valeurs et ce que vous tenez pour essentiel dans la vie, la seconde est régie par le caractère opérationnel, concret et désirable de l'objectif retenu.

Ce que je VEUX, qui me MOTIVE, me RENFORCE et me PRÉPARE à L'ACTION sont les quatre ingrédients d'une « scène idéale » bien programmée dans le cerveau.

VOULOIR…

Le projet commence par un **désir**, puis devient un **état souhaitable** (désiré), que vous pouvez formuler sous l'expression **« ce que je veux »**. Cette réflexion est loin d'être artificielle, même si elle n'est qu'imaginaire. En effet, votre cerveau sait faire un usage efficace des représentations de l'avenir que vous construisez.

Installer l'objectif dans le cerveau

Une caractéristique essentielle, malheureusement sous-estimée, du fonctionnement de votre cerveau est d'une importance capitale dans la construction de l'objectif: **cet organe ne fait aucune différence entre le réel, l'imaginaire, le virtuel et le symbolique.**

Le réel: votre cerveau est capable, à partir d'une expérience vécue, de traiter des informations venant de l'extérieur au moyen de vos six sens et de provoquer un ressenti biologique grâce à des capteurs internes.
Exemple: en cet instant précis, vous lisez ces lignes, dans une certaine posture, une disposition d'esprit variable… Votre cerveau enregistre actuellement cette réalité qui lui est transmise par ses deux canaux d'entrée, externe (vision, ouïe, toucher, odorat, goût, position dans l'espace) et interne (pensée, petite voix, émotion, ressenti…).

> **Réel ou imaginaire**
> Des études en neurosciences, menées en laboratoire, démontrent que les zones du cerveau qui sont activées le sont de la même manière et avec une intensité identique quand le sujet est soumis à des expériences réelles ou lorsqu'il se souvient d'événements similaires ou les imagine.

L'imaginaire concerne votre aptitude à créer ou à laisser survenir mentalement des images, des sons, des goûts, des senteurs et même des ressentis, que votre cerveau enregistre et évalue, comme lui parvenant en interne.
Exemple: quand vous vous demandez comment vous allez occuper votre soirée de loisirs (dîner, promenade, cinéma…), vous passez en revue, dans votre tête, les diverses options, et vous sentez votre corps réagir agréablement à certaines évocations attirantes ou de manière répulsive à d'autres qui vous indisposent… C'est dire que votre cerveau prend pour argent comptant les informations internes imaginées, sinon pourquoi réagirait-il avec cette vigueur?

> **La force de l'imaginaire**
> Par mégarde, un employé s'est trouvé enfermé dans un entrepôt frigorifique vide, toute une nuit, sans moyen de manifester sa détresse. Le lendemain matin, lorsque le propriétaire des lieux est venu ouvrir les locaux, il a trouvé son collaborateur mort… de froid. En réalité, le compresseur frigorifique n'était pas branché. Mais notre homme ne le savait pas, son imagination a fait le reste!

Le virtuel concerne votre capacité à penser « comme si » et à y croire!
Exemple: vous êtes assis(e) dans votre fauteuil, bien rivé au sol, et vous assistez sur grand écran à une folle randonnée sur… des montagnes russes… Vous êtes dans une salle de cinéma et pourtant vous commencez littéralement à vivre les montées et surtout… les plongées! Vous avez le sentiment que votre siège est devenu mobile, vous avez des haut-le-cœur, comme si vous y étiez! Votre cerveau prend cette information virtuelle pour du réel.

Le symbolique concerne votre capacité à compacter en un faible volume d'évocation une grande densité d'informations.
Exemple: la simple vision d'une pomme ou d'une chaise peut ramener à votre conscience une immense variété de sentiments, de ressentis et d'émotions. Rappelez-vous également, dans des registres bien différents, la puissance de suggestion d'une croix gammée ou d'une étoile juive dans un film, le symbole fort que représente le fait de brûler une effigie ou un drapeau, ou encore de siffler l'hymne national. Un symbole suffit au cerveau pour qu'il fonctionne et fasse réagir le corps comme dans la réalité. Même un mot mal écrit peut être décodé par le cerveau qui en connaît la structure symbolique et corrige de lui-même les erreurs.

Étonnant, non?

Sleon une édtue de l'Uvinertisé de Cmabrigde, l'odrre des ltteers dnas un mot n'a pas d'ipmrotncae, la suele coshe ipmrotnate est que la pmeirère et la drenèire soit à la bnnoe pclae. Le rsete peut êrte dnas un dsérorde ttoal et vuos puoevz tujoruos lrie snas porblème. C'est prace que le creaveu hmauin ne lit pas chuaqe ltetre ellemmêe, mias le mot cmome un tuot, suos fmore simylobuqe.

Ce qu'il vous faut retenir, c'est que l'être humain est en mesure de vivre les événements, au sens propre comme au sens figuré. Réel, imaginaire, virtuel et symbolique sont donc traités de la même manière par le cerveau.

Comme le cerveau ne fait aucune différence entre réel et imaginaire, il vous suffit de construire un futur désirable imaginaire avec tous les accents et les atours de la réalité, pour que cet organe, tout à fait naturellement, le prenne en compte immédiatement comme une réalité neuronale et biologique.

La « scène idéale » que vous voulez édifier ou, en d'autres termes, l'objectif que vous souhaitez atteindre, doivent d'abord être préconçus, avec tous les ingrédients d'une réalité plausible, réaliste et attirante. À ce prix, le cerveau les intègre « pour de vrai » comme un projet. Et si cet objectif est élégamment et techniquement bien installé dans le cerveau, la solution attendue a toutes les chances de se réaliser. Un objectif bien défini trace un chemin neuronal dans votre cerveau qui, puisqu'il l'a déjà visualisé et interprété, l'intègre facilement dans la biologie de votre corps.

Bien formuler l'objectif pour le rendre efficace

Votre cerveau est capable de devenir votre allié à condition que vous lui fournissiez une information de très haute qualité neuronale. Votre « production de l'objectif » est suscitée par les questions bien orientées du coach.

Les questions du coach explorent votre imaginaire: « Qu'est-ce que vous désirez? Qu'est-ce que vous voulez, précisément? Si vous étiez certain de votre réussite, quel serait exactement votre projet? Et si le rêve était possible, ce serait? » Etc.

Au moment où vous formulez votre objectif, le coach est très vigilant sur les points suivants:

- L'objectif est souvent exprimé en termes « Je ne veux pas… » plutôt qu'en termes « Je veux ceci… ». Exemple: « Je ne veux plus m'ennuyer le week-end. » Réfléchissons un court instant: comment le cerveau peut-il faire pour « éviter de »? Va-t-il s'inhiber, s'empêcher, s'interdire de... ? Nous nous rendons compte de l'ambiguïté de cette formulation[1]. Le coach doit exiger une tournure de phrase positive, manifestant une recherche: « Le week-end, je souhaiterais faire ceci... »

- **L'objectif indique souvent un vœu trop général, trop global.** Exemple: « Je veux améliorer ma communication. » Le coach, en présence de cet objectif pour le moins flou, a besoin de précisions: « Tout le temps? Dans quelles situations? Avec qui? Ce serait quoi, pour vous, une communication améliorée? » Un projet doit toujours être raccordé à du concret, un environnement spécifique, et se décliner avec précision et un grand luxe de détails: « Je souhaiterais être capable de m'adresser à une assistance de trente personnes sans transpirer. » De cette manière, le cerveau peut s'en faire une image claire et ainsi se programmer pour y arriver.

- **L'objectif manque parfois de réalisme.** Exemple: « Je veux être capable de jouer une sonate pour piano de Beethoven, d'ici trois mois. » S'il s'agit d'un pianiste peu confirmé, nous pouvons imaginer qu'un objectif aussi démesuré lui fait courir un grand risque d'échec. Le coach doit construire avec son coaché des objectifs atteignables et réalistes, c'est-à-dire cohérents dans l'espace et le temps, avec ses capacités: « Et si nous projetions de jouer seulement le premier mouvement de la sonate au Clair de lune d'ici trois mois? »

- **L'objectif est souvent ambigu quant à la personne impliquée.** Exemple: « Je veux que mon mari cesse de fumer. » Un tel objectif rend celle qui l'énonce très vulnérable, car la réussite ne dépend pas seulement d'elle, qui a en effet pris la décision pour l'autre. Le coach doit amener le coaché à formuler un objectif qui soit sous sa seule et entière responsabilité et qui puisse être atteint, quels que soient le comportement ou la décision d'autrui.

◗ Le coach surveille attentivement le processus de construction de l'objectif, de manière à faire émerger et à rendre disponible une formulation que votre cerveau puisse adopter instantanément et sans condition.

Pour ce faire, vous devez aussi veiller à ce que votre objectif soit:
- **attrayant**, pour qu'il mobilise si possible toutes vos facettes actives et votre créativité naturelle;
- **énoncé au présent**, afin que votre cerveau le conçoive ici et maintenant, et agisse sans tarder;
- **quantifiable** et donc **mesurable**, afin qu'une évaluation régulière des résultats puisse être opérée;
- **daté dans le temps**, pour forcer votre cerveau à se mettre en action. Sans quoi, la nature est telle que vous remettez

[1] Le cerveau ne sait pas se représenter la forme négative. En effet, le cerveau fonctionne sous forme d'images et de sons. Les mots sont simplement des symboles qui représentent des pensées et des idées. Le cerveau est incapable de se représenter la vision de « ne pas » faire quelque chose. Si vous pensez « je ne veux plus grossir », votre cerveau se représente instantanément une image de vous avec de l'embonpoint associée à un ressenti négatif. Il fait une évocation « Je veux grossir » et il gomme littéralement la locution « ne... plus ». En d'autres termes, n'apportez pas au cerveau des informations qu'il ne sait pas traiter, ou qu'il risque d'interpréter de façon inversée ou opposée.

constamment les choses au lendemain[1]. Donc pensez à fixer des échéances raisonnables ;

- **respectueux des avantages que vous avez jusqu'à présent retirés de la situation problématique** et qu'il faut absolument préserver dans le nouveau projet;
- **aisé à envisager et à vivre**, parce qu'il respecte tout à la fois votre équilibre interne et votre réseau relationnel (famille, amis, proches, groupes sociaux d'appartenance...).

> *« Je suis un vainqueur donc je gagne. »* (Hicham El Guerrouj, coureur marocain de demi-fond, quaduple champion du monde du 1 500 mètres)

Nous allons pour toute la suite de ce chapitre nous servir de l'unique témoignage d'Annick afin de rythmer et d'illustrer nos explications.

Extrait de séance de coaching:

Annick, 28 ans, en concubinage, sans enfant, cadre salariée dans une grande entreprise.

« Je veux obtenir une mise en disponibilité d'un an, dans quatre mois, afin de pouvoir me consacrer, à mon domicile, avec mon compagnon Jean, à la création d'une petite agence de pub... Elle me permettra à terme de m'établir à mon propre compte, si je réussis... Si, au bout d'une année, éventuellement renouvelable, les choses n'ont pas marché comme je le veux, je réintègre mon entreprise... »

Commentaires: *l'objectif est pour l'essentiel exprimé en termes positifs mais avec un léger doute «... les choses n'ont pas marché comme je le veux, je réintègre mon entreprise ». Sa formulation n'est pas suffisamment claire et précise : Annick veut-elle résolument se lancer dans une activité nouvelle ou seulement s'y essayer en se ménageant une solution de repli ? L'objectif n'est pas suffisamment contextualisé, en particulier sur sa négociation et son activité. Nous ne savons pas si elle est très attirée par la publicité ou si elle souhaite simplement arrêter ce qu'elle fait pour le moment. L'objectif navigue entre le présent et le futur. Il n'est pas sous la seule responsabilité d'Annick car interviennent le supérieur hiérarchique, le conjoint, et bien sûr le marché, la conjoncture... Est-il réaliste ? Nous ne le savons pas, il faut interroger Annick. Est-il quantifiable et mesurable ou Annick a-t-elle décidé de se lancer « au pif » ? Il n'est pas échéancé par et pour elle-même. Est-il respectueux des avantages financiers dont elle profite aujourd'hui ? Et de l'équilibre du couple ? Nous prenons ainsi conscience qu'Annick, à ce point de son travail, ne fournit pas à son cerveau d'objectif encore bien exploitable.*

▶ La formulation d'un objectif ressemble à un travail de tailleur de diamant. Tout au long des étapes successives, la « scène idéale » évolue, s'affine, change d'amplitude ou de destination... Mais à chaque instant de cette métamorphose annoncée, les nouvelles versions de l'objectif doivent toujours respecter les règles énoncées ci-dessus, pour que la neurologie du système mental puisse se mobiliser dans la bonne direction.

> *« Quel que soit l'endroit d'où l'on parte, on reste toujours très en deçà de ce que l'on avait espéré »* dit en substance Virginia Woolf dans *Mrs Dalloway*.

[1] Ce phénomène inhérent à la personne humaine est appelé la « procrastination », du latin *pro* – pour et *crastinus* – le lendemain. Il exprime notre tendance naturelle à remettre les choses au lendemain et, pire encore, à attendre le dernier moment pour les réaliser.

SE MOTIVER…

Nous touchons là aux **valeurs** et aux **règles** dont nous éprouvons la satisfaction au plus profond de nous-mêmes. Si cette satisfaction est totalement présente, elle constitue une source exceptionnelle de motivation, que le cerveau mémorise et que nous pouvons alors réactiver à volonté.

Le coach organise son entretien sur l'objectif à partir du large éventail de questions qui approfondissent vos valeurs et vos règles de fonctionnement: « Que voulez-vous vraiment? À quel objectif encore plus important cela va-t-il vous servir? Quelles seront les conséquences positives pour vous quand vous aurez atteint votre objectif? Que vous manquerait-il si vous ne le réalisiez pas? Qu'est-ce qui est très important pour vous dans ce que vous cherchez à atteindre là? » Etc.

Le coach est attentif à plusieurs éléments concernant votre projet:

- **L'objectif, même le plus élémentaire, vous permet-il d'évoluer et de vous rapprocher de la personne que vous souhaitez devenir:** pour être vraiment mobilisateur, votre objectif doit être aligné, nous l'avons vu, avec votre raison d'être, et donc rattaché à une valeur précise ou à une fonction particulière que vous souhaitez assumer dans la vie. Le coach dispose de questions complémentaires pour explorer ces grandes aspirations: « Qui allez-vous devenir en atteignant cet objectif? Le fait d'atteindre cet objectif va-t-il contribuer à votre bien-être intérieur? Comment cela va-t-il se traduire? » Etc.

Extrait de séance de coaching:
Réponses d'Annick: « Le jour où je serai à mon propre compte, j'aurai un sentiment d'accomplissement, d'avoir pu donner une forme concrète à mes idées. J'ai un besoin très profond de communiquer et de convaincre. Et en second lieu, il faut que mon job serve les idées nouvelles. J'ai toujours considéré que promouvoir les idées, convaincre le plus grand nombre est un vrai jeu. Je ne suis pas devenue commerciale, mais je pense que mon agence fera très bien ce travail de communication. Cela me procure un sentiment puissant d'ouverture sur les autres. »
Commentaires: *Annick formule son objectif de façon convaincante car il la rapproche indiscutablement de sa mission de vie, il emprunte un ton très mobilisateur et a donc de bonnes chances de se concrétiser.*

- **Cet accès aux valeurs doit installer un désir puissant dans l'objectif** en agissant comme un aimant positif: votre cerveau est alors connecté à des souvenirs de plaisir et de succès, ce qui lui permet de résister à un poison paralysant toujours prompt à se manifester, la peur.

Extrait de séance de coaching:
Réponses d'Annick: « Cela fait déjà deux années que j'ai l'impression que je me traîne… métro, boulot, dodo… Alors, ce projet est vital, c'est comme une drogue pour moi… C'est urgent que je reprenne ma vie en main, que je fasse enfin quelque chose de plus créatif… »
Commentaires: *la tension de désir est palpable et tellement puissante (« ce projet est vital », « que je reprenne ma vie en main ») qu'elle est capable de contrebalancer les effets délétères et nuisibles des peurs et doutes potentiels qui risquent de survenir chez Annick.*

- **L'expression de « l'objectif derrière l'objectif » doit changer la manière dont vous vous représentez votre projet et installer une nouvelle manière de l'investir**[1]. L'accès aux valeurs exige que vous donniez à votre objectif une signification personnelle, puisée dans votre propre énergie psychique. Il touche à des valeurs affectives puissantes. Ce ressenti-là, votre cerveau peut le reconnaître, le mémoriser pour le mobiliser judicieusement le moment venu.

Extrait de séance de coaching:
Réponses d'Annick: « Cette agence de pub, j'en fais quasiment mon bébé! C'est une chose que je veux avoir réalisé au premier tiers de ma vie. J'y consacrerai beaucoup de mon temps et de mon énergie… C'est pour cela que je veux le réaliser avec Jean… J'ai besoin de lui et j'ai besoin de savoir qu'il ne s'en sentira pas exclu. »
Commentaires: *nous ne sommes plus dans de la motivation mais dans un investissement, la base de l'engagement. Le projet d'Annick est là sur la bonne voie car il y a un désir interne très fort et bien intégré par le cerveau.*

Au moment où vous vous fixez un objectif, vous décidez en fait de consacrer votre énergie et votre temps à l'obtention d'un résultat particulier. C'est un instant important de choix: vous quittez en effet l'existant pour vous diriger vers un futur désirable. À l'aune de quels éléments allez-vous effectuer un choix sûr et déterminé? Au nom de l'image que vous renvoient les autres? D'une revanche sociale à prendre? D'une loyauté qui se perpétue de génération en génération? De valeurs extérieures?… Ou alors seulement en fonction de vos principes intérieurs, d'une quête d'accomplissement, d'un besoin profond de vous rendre utile?

« C'est une illusion de croire qu'un entraîneur motive son équipe. Tout simplement, chaque joueur a ses raisons à lui de vous entendre, de vous suivre, de vous croire… Si je touche ces raisons, ça marche… Si je suis à côté de la plaque, une heure d'engueulades ou de promesses ne sert à rien. Voilà! ça rend très humble. »
(Pierre Berbizier, ancien entraîneur de l'équipe de France de rugby)

Le coach veille en tout cas à ce que le projet s'alimente exclusivement de la passion de votre propre vie intérieure.

Rester centré sur l'objectif

Fixer un objectif est une tâche délicate, d'autant qu'il peut arriver que vous confondiez l'objectif avec le moyen de l'atteindre. Un objectif est une situation, un état, une « scène ». Il est localisable dans l'espace (on peut le décrire avec force précisions) et dans le temps (il est daté). Un moyen est une ressource à mettre en œuvre pour atteindre le but.
Le coach doit être particulièrement attentif à ce que vous ne preniez pas un moyen pour un objectif: gagner 3000 euros par mois est un moyen, alors que l'objectif pourrait être un mode de vie calme et serein. Gagner telle compétition est un résultat, pas un objectif: celui-ci peut se définir par « être à mon meilleur niveau ce jour-là ».

Rester centré sur l'objectif signifie également exercer la plus forte vigilance sur la manière dont est finalement formulé l'objectif. Prenons deux exemples:

[1] Investir renvoie à plusieurs significations : mettre son énergie psychique dans une activité, un projet; revêtir solennellement d'un pouvoir, d'une autorité (investiture); placer de l'argent, de l'énergie, des moyens dans une activité; entourer, occuper (investir une place forte).

« Je veux que mon fils passe en 6e » est l'objectif de l'autre ; le vôtre, qui ne dépend que de vous, pourrait par exemple se formuler de la manière suivante : « Je vais avoir une attitude et des comportements adaptés, susceptibles d'assurer un parcours scolaire épanouissant et formateur à mon fils. »
« J'ai envie de maigrir » n'est pas un objectif clair ; « Je veux perdre 20 kg » est un moyen et pas un objectif ; il faudrait plutôt demander à la personne de se représenter son corps au poids de forme avec une impression de santé et une vitalité retrouvée.

▶ Le coach reste en permanence attaché à l'expression d'une formulation de l'objectif, juste et exploitable par les circuits neuronaux. Il sait que votre pouvoir et votre potentiel se logent dans votre imagination. Tout ce que vous êtes capable de concevoir peut devenir réalité. Il importe donc de ciseler cet objectif comme un bijou.

Deux façons de se tromper d'objectif

Patrick Viera, joueur de l'équipe de France de football, déclare après le naufrage en Corée : *« Nous nous sommes trompés d'objectif… Nous allions là-bas pour gagner la coupe du monde, nous aurions dû nous préparer d'abord pour passer le premier tour. »*
Lionel Jospin avec son staff au moment de la campagne présidentielle de 2002 : *« Il faut que les Français n'aient pas envie de réélire Chirac. »* Claude Allègre, ancien ministre, lui répond : *« Non, Lionel, il faut qu'ils aient envie de t'élire toi. »*

ME RENFORCER

La définition de l'objectif provoque d'innombrables interrogations qui, pour l'essentiel, convergent généralement vers deux types de questions :
- **« Vais-je arriver au bout ? »** En d'autres termes, vous doutez que le chemin puisse se dérouler sans encombres, vous envisagez des obstacles, des contraintes, des empêchements.
- **« Vais-je en être capable ? »** Là, vous doutez de vos propres aptitudes à mener le changement jusqu'à son terme, vous mettez l'accent sur les manques, les lacunes, les insuffisances.

Attention ! Vous ne devez pas laisser ces doutes parasiter votre activité mentale, car celle-ci prend leur vagabondage pour certitudes. En effet, toute pensée chargée d'émotion qui se maintient à votre conscience est interprétée comme un ordre par le cerveau. Étant donné, nous l'avons vu, qu'il ne sait pas faire la distinction entre réel et imaginaire, en l'occurrence ici entre vérité et fantasmes, il accepte la teneur de vos doutes.

« Le pessimiste voit dans toute opportunité une difficulté. L'optimiste voit dans toute difficulté une opportunité. »
(Winston Churchill, homme politique anglais)

Tirer la leçon des blocages et des doutes

Pour explorer les représentations que vous vous faites des blocages possibles, le coach peut choisir parmi les questions suivantes : « Qu'est-ce qui vous empêche d'avoir déjà atteint ce que vous désirez ? Qu'est-ce qui vous empêche de réussir maintenant ? Y a-t-il un inconvénient à atteindre votre objectif ? Y a-t-il des obstacles qui pourraient gêner l'atteinte ou la réalisation de cet objectif? Qu'est-ce qui vous arrête en ce moment? » Etc.

Le coach réserve une place particulière aux doutes que vous nourrissez sur le bien-fondé de l'objectif et son acceptation sereine en votre for intérieur. Des questions spécifiques permettent d'identifier ce type d'obstacles: « Quels sont les inconvénients pour vous et votre entourage à ce que vous réalisiez votre objectif? Que se passerait-il si vous obteniez ce que vous voulez? Quelles seront les retombées sur votre entourage? Cet objectif est-il en accord avec vous-même? Que pourriez-vous perdre en atteignant ce but? » Etc.

Le coach cherche à mettre en lumière les « bonnes » raisons des doutes qui s'expriment. En effet, vous avez certainement des motifs légitimes de vous montrer suspicieux ou dubitatif. Il vous revient de découvrir, en pleine conscience, la fonction positive de toute cette énergie accaparée par les obstacles ou les empêchements que vous vous représentez. Le coach vous invite dans un premier temps à faire une liste, la plus complète possible, de tous les obstacles qui peuvent se dresser sur votre chemin, sans les aborder sur un plan négatif ou limitatif. Au contraire!

- Ensuite, si nécessaire, **le coach dédramatise, dans toute la mesure du possible, l'existence et l'ampleur des obstacles** car tout objectif quelque peu ambitieux en génère forcément.

Extrait de séance de coaching:
Réponses d'Annick: « Cela fait trois ans que cela me trotte dans la tête de créer mon agence, mais je me retiens pour des raisons financières: il faut un capital de départ, ne serait-ce que pour assurer les deux premières années de lancement... Je n'ai toujours pas cet argent mais, en même temps, plus j'attends et moins mon projet est crédible et moins j'arrive à intéresser le banquier. C'est pour cela que je veux absolument installer ce projet en tant que priorité de vie! »
Commentaires: *certains obstacles, une fois listés et confrontés à la réalité, se dégonflent comme des baudruches... Annick doit néanmoins résoudre en priorité son problème de financement pour ne pas reporter encore cette « priorité de vie ».*

- **Le coach considère chaque obstacle comme un défi ou un problème qui attend sa solution.** Il faut d'ailleurs reconnaître que vous appréciez souvent vos résultats et vos objectifs atteints plus à la lumière des obstacles qu'il a fallu surmonter qu'à la lumière des réalisations déjà engrangées.

Extrait de séance de coaching:
Réponses d'Annick: « C'est drôle. Il y a deux ans, j'avais l'occasion de profiter d'une opportunité de quitter mon entreprise avec des dédommagements... Et puis, voilà... Là, pour en partir, il va falloir que j'aille négocier... Notez que c'est drôle, c'est ce qui m'est le plus difficile à envisager... Je vais y arriver pourtant. »
Commentaires: *souvent, nous sommes confrontés aux obstacles précis dont nous avons besoin pour améliorer nos capacités à avancer.*

- **Le coach extrait de chaque obstacle l'enseignement positif qu'il contient.** Il est évident que vous ne pouvez tout prévoir, parce que la vie évolue en permanence et parce que votre propre action interagit avec l'environnement pour générer de nouvelles situations évidemment imprévisibles par définition. Vous devez donc être équipé pour traiter tout nouvel obstacle non prévu qui se présente sur votre chemin.

Extrait de séance de coaching:
Réponses d'Annick: « Je doute que ma branche e-pub puisse rapidement prendre son envol... C'est une idée intéressante, mais je ne sais pas si elle va recevoir un accueil favorable, à la fois de la part des entreprises et des free lances... À quoi ce doute veut me rendre vigilante?... Bien, je pense qu'il veut me dire que je ne saurai jamais si ça marche, si je ne publie pas mon idée... Mais pour publier mon idée, il faut que je la protège, pour ne pas me la faire piquer... Ou alors il faut que je cherche si d'autres n'ont pas déjà essayé cela... Oui, en fait, il m'alerte sur le fait que je me regarde trop le nombril avec cette idée, et que je ne suis pas allée me frotter à la réalité. Je vais faire des recherches, puis je vais protéger cette idée et ensuite je progresserai... Si j'ai encore ce doute? Non, à partir du moment où je sais ce qui se passe à l'extérieur... Voilà, c'est simple à présent! »
Commentaires: *à côté des obstacles que nous sommes en mesure de détecter ou de prévoir dans notre environnement extérieur (on ne prend jamais assez de précautions!), une place toute particulière doit être réservée aux objections qui s'expriment en nous, à propos de l'intérêt qu'il y a à atteindre ou non l'objectif. Il s'agit là d'obstacles que nous expérimentons en interne sous forme de malaises, de tensions, de résistances... Ils concernent pour l'essentiel: ce que nous récoltons comme avantages ou inconvénients, ce que nous avons, plus généralement, à gagner ou à perdre, ce qui se passe ou ne se passe pas, si l'objectif est atteint ou non. Toutes ces questions ont le mérite de plonger Annick dans son système écologique[1], qui vérifie, en permanence, le confort ou l'inconfort face à toute forme de changement programmé, prévu ou subi. Il faut comprendre qu'un seul élément non identifié dans cette structure d'objections et de doutes possibles peut suffire, à lui seul, à interrompre l'accès à l'objectif.*

Lorsque vous identifiez un obstacle, vous découvrez en fait un conflit potentiel qui risque de survenir ou une difficulté déjà installée, pour lesquels vous ne pensez pas disposer de solution. Si vous en aviez une, vous ne considéreriez pas cet élément comme dérangeant. Votre cerveau vous rend donc attentif à votre lacune et vous demande de tirer les leçons qui s'imposent. Telle est la fonction du doute.

> *« On peut se tromper une fois mais il est interdit de commettre deux fois la même erreur. »*
> (Jean-Luc Lagardère, capitaine d'industrie)

Mobiliser la puissance des ressources

Le coach doit repérer les ressources dont vous disposez déjà et faire l'inventaire de toutes celles dont vous avez besoin pour mener à bien votre projet. Il le fait grâce aux questions suivantes: « De quelles ressources avez-vous besoin? Quels sont les moyens à mettre en œuvre? Qui peut vous aider? De quelles ressources disposez-vous déjà pour atteindre votre objectif? De quelles autres ressources et compétences avez-vous besoin pour atteindre ce but? De qui dépend la réalisation de votre objectif? Pour qui désirez-vous réaliser cet objectif? Qui est impliqué dans la réalisation de votre objectif et qui peut vous être utile? » Etc.

[1] On peut définir l'écologie comme l'étude et le respect des interrelations des êtres vivants entre eux d'une part et avec leur environnement d'autre part. Par analogie, le « système écologique » d'un individu est un mécanisme qui respecte les équilibres naturels internes, ainsi que les équilibres de la personne, avec son environnement en général, et les contextes où elle évolue en particulier.

Le coach veille, là encore, à faire le distinguo entre vos ressources externes, disponibles ou manquantes (finances, informations, relations, appuis, recommandations, aides, etc.) **et vos ressources internes**, présentes ou à acquérir (aptitudes, capacités, savoir-faire, compétences, attitudes mentales, croyances positives, etc.).

Le coach, dans cette phase, porte un regard particulier sur certaines ressources internes, d'ordre comportemental, émotionnel ou mental, souvent indispensables pour la bonne maîtrise du changement à venir. Elles concernent en particulier:

- **Votre estime de soi.** Vous avez une appréciation consciente, plus ou moins claire et affirmée, de votre valeur et de votre importance en tant qu'être humain, à ne pas confondre avec la fierté, la suffisance ou l'arrogance. L'estime de soi installe en vous le respect, de vous-même et des autres, la capacité d'assumer vos actes et d'apporter votre contribution positive aux autres et à l'environnement. L'estime de soi est en rapport avec l'idée que vous vous faites de vos ressources et des moyens dont vous disposez pour les exploiter.

Extrait de séance de coaching:
Réponses d'Annick: « Je suis attentive aux jugements que les gens peuvent porter sur moi. Je m'en sers comme référence pour me corriger et m'améliorer. Pour mon projet, ce n'est pas la même chose en attendant... Je ne saurai pas si je fais bien... Et Jean est trop complaisant avec moi; je ne peux pas compter sur lui. Est-ce que je mérite de réussir? Et là, je manque de relations qui pourraient m'aider dans mes décisions et m'orienter dans mes plans de développement. »
Commentaires: *notons la manière d'Annick de mettre l'accent sur le rôle des autres dans son projet. Cela justifie certainement qu'elle raffermisse son estime de soi.*

- **La conscience de vos talents.** Vous n'avez cessé d'apprendre depuis les premiers jours de votre vie. L'accès à des ressources nouvelles nécessite que vous ayez des stratégies d'apprentissage bien rodées. Elles existent en vous, encore faut-il que vous en soyez conscient. Vous avez appris à marcher, juger, écrire, négocier, influencer et bien d'autres choses encore, alors que vous étiez tout petit et tout jeune... Le coach a le souci de réhabiliter tous ces talents présents en vous, en prévision des échéances à venir.

Extrait de séance de coaching:
Réponses d'Annick: « J'ai le sens du timing... l'art de trouver les bonnes choses à faire au bon moment... Et puis, j'enregistre vite en regardant les autres... J'observe, j'imite et je fais miennes les techniques qui me conviennent et qui marchent... Je fais aussi preuve de consistance... je fais ce que je dis, je tiens parole sur ce que je promets... »
Commentaires: *Annick nous liste un certain nombre de qualités et de talents qui vont lui être utiles pour renforcer sa confiance et atteindre plus facilement son but.*

- **Votre responsabilité[1] vis-à-vis de vous-même et des autres.** Vous êtes responsable de la situation qui est la vôtre. Il ne dépend que de vous de donner, aux événements et

[1] Le concept de responsabilité est utilisé ici au sens d'une décomposition du mot tel qu'il le serait en anglais : « respons...able » : « capable de réponse ». Prendre la responsabilité de ses actes, de ses décisions, c'est se montrer capable de réponse, c'est-à-dire capable de choisir le sens attribué à une circonstance, un événement : positif ou négatif, danger ou opportunité, défaut ou moyen de progresser, etc.

aux circonstances, un sens positif ou non. Du regard que vous posez sur les choses et les relations dépendent votre interprétation du monde et votre faculté à résister aux coups durs à venir. Le coach met en lumière cette forme de ressource chez le coaché pour mieux le préparer aux échéances futures.

Extrait de séance de coaching:
Réponses d'Annick: « Je suis de nature assez optimiste... Il m'en faut beaucoup pour que je m'avoue battue... Ma formule préférée, dans mes relations avec les autres est: "Et alors qu'est-ce qu'on fait?" De cette façon, je m'attache toujours à trouver une solution pour le plus grand nombre de personnes concernées par le problème... Et ça marche, parce que je ne me cabre pas sur une position... Cela permet à l'autre de lâcher sur la sienne et, ensemble, nous pouvons chercher une solution qui nous convienne. »
Commentaires: *nous pouvons remarquer la souplesse et l'adaptabilité d'Annick, qualités qu'il convient à tout prix de conserver ou renforcer.*

▸ Pour atteindre un objectif, il faut des ressources; certains considèrent que les 6 C (calme, confiance, combativité, compétitivité, créativité, concentration) suffisent. Nous pensons pour notre part que certaines autres ressources, comme l'estime et l'affirmation de soi, que nous étudierons plus loin, sont utiles voire indispensables. Mais c'est vrai que nous ne sommes pas loin de penser qu'un 7e C comme coach ou coaching constitue probablement un élément important de réussite.

> *« Ma décision est prise, je la regrette déjà. »*
> (Jules Renard, écrivain)

SE PRÉPARER À L'ACTION

Cette quatrième phase est une projection dans le futur qui permet de configurer l'avenir et de commencer à agir immédiatement.

Adapter les stratégies

Les questions du coach, attentif à présent à votre « passage à l'action », concernent dans un premier temps votre capacité à planifier les tâches à venir: « Quelles sont les étapes à parcourir pour arriver à votre but? Avez-vous plusieurs façons de vous y rendre? Quelle serait spécifiquement la première étape de cette démarche? Est-elle réaliste et faisable? Qu'est-ce qui pourrait initier l'action ? Un élément intérieur et/ou extérieur? Sur quels faits concrets pouvez-vous vous appuyer? Par quoi commencer maintenant? » Etc.

Dans un second temps, **il vérifie comment vous vous représentez exactement l'atteinte de l'objectif:** « Comment saurez-vous que votre objectif est atteint? Que verrez-vous extérieurement et aussi intérieurement (en imagination)? Qu'entendrez-vous et que vous direz-vous? Que ressentirez-vous et que ferez-vous? Choisissez où, quand et avec qui vous voulez atteindre votre objectif. Où, quand, comment et à qui, désirez-vous annoncer que vous avez réalisé votre objectif? Comment d'autres personnes, votre famille, vos amis, vos collègues, verront, entendront, sentiront... que vous avez atteint votre objectif? » Etc.

Le coach est attentif à l'évocation de certaines stratégies ou attitudes mentales alternatives, que vous mettez en œuvre quand vous voulez réaliser votre projet.
Il s'agit notamment:
- de votre degré d'anxiété, de doute et de préoccupation par l'échec: est-il important ou faible?

- de votre amplitude de vision de la tâche: est-elle plutôt globale ou détaillée?
- de votre recul vis-à-vis de la tâche: vous sentez-vous dans l'action (sans recul marqué) ou détaché (distancié, analytique...)?
- de votre disposition naturelle à vous engager dans la vie: êtes-vous actif et impliqué ou en évitement des difficultés, des inconvénients, des retards et du stress?

Extrait de séance de coaching:
Réflexions d'Annick sur elle-même: « Il faut que ce que j'ai envie de faire me stimule, alors je me lance à corps perdu dedans... J'ai besoin, de temps en temps, de voir où j'en suis, pour réorienter mon attention et mon énergie... Je sais intuitivement que j'y arriverai... Ne me demandez pas comment, mais j'y arrive toujours... J'ai cette certitude en moi! »
Commentaires: *Annick est plutôt globale, dans l'action, en recherche, peu anxieuse...*

Planifier le parcours

Vous comprenez souvent mal ce que signifie exactement planifier l'avancement d'un projet. Il ne s'agit pas simplement de construire un plan d'avancement, comme on remplirait son agenda. En fait, planifier signifie changer dès à présent vos habitudes.
Le coach est là pour vous rendre attentif en permanence à un fait évident: si vous aspirez à un futur différent, cela passe par un changement immédiat des comportements, des habitudes, et des attitudes, notamment la manière dont vous programmez votre parcours vers l'objectif. Certains le font d'aujourd'hui vers demain (du présent vers le futur), d'autres préfèrent partir de l'objectif et remonter jusqu'à maintenant (du futur vers le présent). Il n'y a pas d'attitude plus efficace que l'autre, dans l'absolu.

- **La programmation « du présent vers le futur » qui installe logiquement et chronologiquement toutes les tâches à effectuer, du démarrage jusqu'à la terminaison,** convient plus particulièrement à un projet sans degré d'urgence manifeste et à un type de personnalité peu anxieuse, plutôt largement impliquée dans l'action, en permanence à la recherche des satisfactions procurées par l'avancement même du projet, dont elle se contente d'avoir une vision d'ensemble.

- **La programmation « du futur vers le présent », en compte à rebours,** est beaucoup plus indiquée si le projet doit être exécuté dans un relatif contexte d'urgence, et aussi lorsque l'auteur de son avancement supporte mal le stress que pourrait provoquer tout dépassement de délai, se focalise sur les détails de l'organisation et de l'imbrication des activités, et opère avec passablement de recul, tellement il est préoccupé par le respect des délais impartis.

Il est aisé de comprendre que vous disposez là de deux modes différents de gestion de l'avancement du projet. De les connaître et de pouvoir les appliquer tous les deux constitue un outillage extrêmement performant pour optimiser votre gestion du temps et du stress. Si, en cours d'avancement du projet, vous prenez du retard ou si les conditions d'exécution ont changé, il est aisé de passer à un autre mode de gestion, si celui utilisé ne donne plus satisfaction.
Vous comprenez aussi qu'il est particulièrement efficace de combiner les deux démarches: une première programmation, pas à pas, à rebours, puis une progression, étape par étape, voire sous-étape par sous-étape, mais en allant toujours de l'avant.
▶ Ces choix dépendent essentiellement du degré d'urgence de l'objectif, du type

d'attitude mentale du coaché et des conditions du changement en passe de s'opérer.

Le coach veille, dans cette dernière phase, à ce que vous soyez doté d'un plan d'action tangible, où chaque sous-étape est planifiée avec le maximum de détails possibles, les priorités bien établies, les délais parfaitement fixés, les points cruciaux tout à fait identifiés. Pour chaque point de passage délicat, il est sage de prévoir des plans de rechange et/ou d'urgence. Le coach installe enfin les instruments d'évaluation de l'avancement du projet, afin que des bilans périodiques permettent de réajuster le tir, si nécessaire.

Au terme de cette étape importante, vous êtes en mesure d'apporter à votre cerveau la « réalité concrète imaginée ». Il est alors prêt à enclencher les attitudes, les capacités et les comportements adaptés, aux moments nécessaires, dans les contextes appropriés, avec les personnes et les moyens disponibles.

Puisqu'il ne fait pas la différence entre une expérience imaginaire et une expérience vécue, vous pouvez aller vers votre « scène idéale », comme si elle faisait déjà partie de votre vie.

Deux dernières remarques sont intéressantes et méritent toute votre attention :

- il est indispensable de rendre accessible à vos sens (surtout la vue), l'objectif que vous voulez atteindre (voir exercice d'autocoaching),
- il peut être judicieux de donner un nom ou une forme symbolique à votre « scène idéale » car le cerveau l'intègre ainsi souvent mieux : les Américains, souvenons-nous-en, font cela chaque fois qu'ils ont besoin de se mobiliser autour d'un enjeu fort ou d'une action militaire (« Tempête du désert »).

> **La stratégie** d'Alain Delon pour produire un film est du type « compte à rebours ». Il commence par prévoir la date de sortie du film dans les salles. Puis il fixe la date du montage, de fin de tournage, de casting, etc. L'autre stratégie « vers l'avant » n'est activée qu'une fois ce compte à rebours achevé.

▶ Toute la stratégie globale de cette phase de détermination de l'objectif et l'ensemble des micro-stratégies qui la composent sont destinées à faire de votre cerveau et de ses mécanismes de base vos alliés les plus précieux. Passer de la situation présente à la scène idéale, c'est changer ce qui peut l'être, accepter ce qui ne peut l'être, et faire le compromis des deux.

CONCLUSION

L'objectif clairement défini installe dans votre cerveau un réseau subtil de connexions neuronales qui vont guider en permanence votre lecture du monde, votre attention, votre vigilance, votre décodage des comportements des autres, votre perception des tendances du moment, votre flair des opportunités. Avec un objectif précis, vous êtes « orienté solutions et résultats ».

▶ Un objectif bien défini est un diamant ciselé. Il est la pierre angulaire du changement voulu et maîtrisé. Il vous prépare à mobiliser avec détermination et sérénité les ressources qui vont vous être nécessaires pour vous mettre dans l'action concrète. Ce sera l'objet des deux étapes suivantes auxquelles vous convie le coach.

> *« C'est bien d'être ambitieux, mais il faut se fixer des étapes. Si on veut les sauter, on n'y arrive pas forcément. Et après on doute. »* (Sébastien Grosjean, n° 1 français de tennis)

AUTOCOACHING : RENDEZ L'OBJECTIF OMNIPRÉSENT

Inscrivez votre objectif sur un papier (carton à votre disposition, Post-it visible...) ou affichez-le sur la page d'accueil de votre ordinateur (accès visuel), parlez-en le plus possible avec des personnes capables de le partager, répétez-le dans votre tête ou à haute voix.
Le fait d'inscrire votre objectif sur un support (papier, écran d'ordinateur ou de téléphone) le rend réel et tangible sur un plan physique, comme si vous signiez un contrat avec vous-même. En concentrant en outre vos pensées et vos attentions sur un objet physique, vous stimulez ainsi la zone activatrice du cerveau, vous ancrez votre objectif en vous.

Cet exercice peut vous dérouter par sa simplicité. Largement utilisé par les sportifs et le monde de l'entreprise, il tire son efficacité de la technique d'ancrage qui le sous-tend. Rappelons que tout objectif, même bien installé, doit être constamment réactivé (auditivement, visuellement...).

COACHER LES AUTRES : CLARIFIER UN OBJECTIF

Aider un proche ou un ami à clarifier leurs objectifs ou leur permettre de comprendre pourquoi ils n'arrivent pas à se lancer, alors que leur envie de changer est pourtant réelle et patente, constitue certainement le service le plus libérateur que vous puissiez leur rendre.
Cela se passe de façon très décontractée, à partir d'un nombre restreint de questions qui suffisent généralement à bien cerner la nature de l'objectif souhaité :

- Qu'est-ce que vous désirez précisément ?
- De qui dépend la réalisation de votre objectif ?
- Qui est impliqué, engagé dans la réalisation de cet objectif ?
- Pour qui et pourquoi est-ce que vous désirez l'atteindre ?
- Quels seraient les inconvénients, pour vous ou votre entourage, à ce que vous réalisiez votre objectif ?
- Compte tenu des contraintes, est-ce que vous pouvez réaliser cet objectif dans le temps et avec les moyens dont vous disposez ?
- Comment saurez-vous que vous avez atteint votre objectif (voir, ressentir, entendre, avec qui, où, etc.) ?
- Qu'est-ce que la réalisation de cet objectif vous apportera de plus important ?
- Etc.

Attention, le type de travail que vous faites faire à l'autre est puissant et ne constitue en aucun cas une conversation de salon, vous allez le constater. Abstenez-vous surtout de toute attitude de jugement, ça ne fait pas partie de vos attributions de coach.

Pour espérer atteindre son objectif

- Celui-ci doit être désiré, réaliste, réalisable par soi-même.
- Il faut le clarifier, le fixer, le préciser, le formuler correctement, en avoir une représentation mentale, réfléchir à ce qu'il apportera.
- Le cadre du « comme si » sert ceux qui ne voient, ne sentent, n'entendent.
- Il convient de s'assurer qu'il est sans danger.
- Il faut réfléchir aux bénéfices secondaires, aux pertes éventuelles.
- Et fixer les critères de réussite.

Chapitre 4

ACTIVER LES RESSOURCES

Mobiliser l'énergie de l'action

« Où Eunice trouve-t-elle cette incroyable énergie ? Dans sa réserve inépuisable de talents, mais aussi au cœur des tempêtes qu'elle a traversées, sans jamais renoncer. »
(Extrait d'une interview d'Eunice Barber, double championne du monde d'athlétisme, dans le journal *L'Équipe*)

LES GRANDES LIGNES DU CHAPITRE

■ LES RESSOURCES SONT EN VOUS
Exploiter un organe performant
Créer de nouveaux automatismes

■ ÊTRE PERFORMANT DANS L'INSTANT
Disposer des ressources à discrétion
Choisir ses images mentales à la demande

■ ALLER DE L'AVANT
Adopter des points de vue nouveaux
Libérer l'envie de réussir

■ AUTOCOACHING : MESUREZ VOTRE MANIÈRE DE VIVRE LES ÉVÉNEMENTS ET LES ÉMOTIONS ASSOCIÉES

■ COACHER LES AUTRES : OPÉRER DES RECADRAGES SALUTAIRES

Lorsque la « scène idéale » est parfaitement formulée, une étape essentielle dans la conduite du changement est réalisée : l'objectif focalise à présent toute votre attention et votre énergie, et met le cerveau dans des conditions optimales pour agir.
Avoir l'objectif en tête est le meilleur moyen d'orienter tous vos comportements dans le sens où vous voulez aller. Il reste alors à mobiliser les moyens pour y parvenir.
Souvent cette mobilisation se réalise naturellement. À d'autres moments, elle est difficile et délicate. En effet, rappelez-vous[1] que changer, c'est, d'une certaine manière, laisser ce qui vous est familier et connu, pour aller vous plonger dans une forme d'inconnu. D'un côté, vous devez en quelque sorte **abandonner** ce qui vous apporte sécurité, confort et stabilité, et de l'autre **affronter** anxiété, incertitude et instabilité, pour prix de la nouveauté.

Le changement se résume donc en une double expérience :
- malgré une parfaite identification du problème et une vraie envie d'en sortir, vous êtes tellement engoncé dans vos habitudes que vous hésitez régulièrement à changer vos registres de fonctionnement ; vous allez devoir mobiliser des **ressources pour sortir de vos limitations du présent**,
- malgré un objectif bien formulé et une bonne détermination à l'atteindre, vous n'arrivez pas forcément à vous décider et à aller de l'avant ; vous devez également trouver des **ressources pour lever vos indécisions vis-à-vis du futur**.

Le coaching aide à installer les ressources nécessaires à ces deux plans essentiels : **le présent et le futur**[2].
Sortir des limitations du présent, c'est rendre par exemple le coaché capable d'accélérer sa prise de décision, en présence de tendances contradictoires ou d'habitudes trop bien ancrées, et de s'installer dans un état d'équilibre dynamique, tout au long de son cheminement vers l'objectif.
Lever les incertitudes face au futur, c'est faire en sorte que le coaché soit en mesure de garder sa direction vers l'objectif, ferme, souple et déterminée.

Vous possédez, en vous-même, tous les savoir-faire et aptitudes nécessaires pour être performant et atteindre votre objectif. Vous avez simplement besoin d'activer ces sources d'énergie qui sommeillent en vous, et qui vont activer votre moteur du changement.
◗ Le coach est là pour vous aider à concevoir et appliquer intelligemment les stratégies nécessaires pour détecter et rendre performant le « carburant du changement ». Lorsqu'il a la certitude que vous les maîtrisez, il vous laisse la responsabilité de les utiliser, de façon autonome, au quotidien.

[1] Voir le chapitre « S'engager dans le changement » page 47.
[2] Rappelons que le traitement du passé et des problèmes qu'il peut avoir installés chez le coaché relève de la thérapie et n'entre pas dans le domaine de compétence et d'intervention du coach. Exceptionnellement, lorsqu'en séance de coaching un problème du passé surgit et nécessite un traitement immédiat, le coach doit être en mesure de le prendre en charge, avant d'inviter son interlocuteur à aller consulter un thérapeute. Sur le fond, le coaching n'a pas vocation à chercher ni à traiter les causes des problèmes dans le passé. Son orientation est fondée exclusivement sur le présent et les solutions à installer dans le futur.

TOUTES LES RESSOURCES POUR RÉUSSIR SONT EN VOUS

Soyons clairs d'entrée de jeu. Quand vous parlez de ressources, vous ne parlez pas de solutions. Quand vous roulez en voiture et que vous êtes pris dans un embouteillage, vos ressources sont votre réflexion, votre véhicule, votre aptitude à communiquer, etc. La solution sera la décision et l'action par lesquelles vous ferez en sorte d'être à l'heure à votre rendez-vous.

Les moyens de réussir, les ressources sont en vous. Mais la plupart du temps, vous ne les utilisez pas parce que vous oubliez de les solliciter ou, simplement, vous n'avez pas conscience qu'elles sont présentes. Quand vous avez accès à elles, vous savez trouver des solutions pertinentes et adaptées, et vous atteignez alors vos objectifs.

Vous avez une extraordinaire « base de ressources » en vous et un organe fabuleux, le cerveau, pour les identifier, les solliciter et les rendre opérationnelles.

Exploiter un organe performant

Le cerveau est constitué de plusieurs dizaines de milliards de cellules nerveuses environ ; ces neurones, qui transmettent l'influx nerveux, peuvent se connecter simultanément à des centaines de milliers d'autres neurones en quelques millisecondes, par l'intermédiaire d'un réseau de fibres nerveuses de près de 150 000 km de long.

Les ordinateurs les plus perfectionnés, qui transmettent des informations à la nanoseconde (milliardième de seconde), ne savent fonctionner que pas à pas, étape par étape, alors que le cerveau, certes plus lent dans ses transmissions, fonctionne en mobilisant simultanément des millions de combinaisons possibles de connexions neuronales. C'est ce qui nous permet de reconnaître un visage parmi des centaines d'autres en un clin d'œil, là où un ordinateur a besoin de plusieurs minutes ou fractions d'heures...

La masse cérébrale est composée de trois zones très complémentaires mais au fonctionnement différent, emboîtées comme des poupées russes.

Des stratèges du volant

Un panel de vingt coureurs automobiles de rallyes a été réuni en 2002 autour du thème : « Vos stratégies de réussite en compétition ».

Parmi les sujets étudiés, le dérapage sur routes glissantes ou verglacées a révélé une stratégie majoritairement utilisée par 89 % des participants : ils se concentrent toujours sur l'endroit où ils veulent mener leur voiture, et surtout pas sur les obstacles qui peuvent être présents et qu'il leur faut éviter.

Dans les écoles de conduite sportive, où ce principe est appliqué pour permettre aux élèves de maîtriser leur véhicule, le moniteur met la voiture en dérapage face à divers obstacles possibles et ordonne au stagiaire de tourner sa tête et de focaliser son attention uniquement vers l'endroit où il souhaite arrêter la voiture sans casse. Aux premiers essais, les stagiaires se focalisent tellement sur les obstacles qu'ils les heurtent invariablement... Et étonnamment, dès que les stagiaires orientent leur regard et leur intention vers un lieu sûr d'arrivée, ils trouvent tout naturellement les gestes exacts pour y mener leur voiture.

Caractéristiques des trois étages du cerveau

- Le reptilien = instinct.
- Le limbique = émotion.
- Le cortex = réflexion.

- Le cerveau le plus ancien et primitif, ou archaïque, ou **reptilien**, répond au danger, assure la réception des grandes informations de base et les réponses appropriées nécessaires à la survie et à la perpétuation de l'espèce : vigilance, respiration, rythme des battements cardiaques, pression artérielle, recherche de nourriture, territoire, reproduction, rites, gestes automatiques…

- Le cerveau **limbique** gouverne en les affinant les fonctions du cerveau reptilien ; il enregistre le vécu, stocke les expériences, principalement les émotions ; il intervient également dans le maintien des grands équilibres biochimiques et la distribution des messages endocriniens (hormones, immunité…) et électriques ; il règle la température du corps, régit les codes sociaux et la sexualité ; il est responsable des comportements complexes inconscients (conduite d'une voiture sur autoroute). Il a sa logique propre, en revanche, il est imperméable à la logique rationnelle.

- Le **cortex,** que nous partageons avec les primates, est doué de réflexion, d'invention, de plasticité, d'adaptabilité, de souplesse. Il cherche des solutions plus adaptées, plus efficaces. Il est capable de ne pas répondre ou de fournir une réponse différente. Il s'exprime par les mots.

◗ Les trois cerveaux n'agissent pas toujours la main dans la main, le limbique pouvant prendre le pas sur le cortical et, par exemple, traduire par des symptômes physiques (jambes coupées, cœur qui bat la chamade, sueurs profuses…) des émotions (peur, dégoût, honte…) que nous voudrions cacher. Les mots et la raison ont finalement peu de prise sur celles-ci, ce qui explique les difficultés du travail classique de thérapie au regard des résultats qu'obtient le coaching.

Créer de nouveaux automatismes

Le cerveau fonctionne par neuro-connexions : les neurones envoient en permanence des messages électro-chimiques qui créent des voies neuronales. Quand nous expérimentons une sensation physique pour la première fois, nous éprouvons du plaisir, une souffrance, une émotion quelconque… Le cerveau mémorise ce qui vient de se produire sous forme d'un « sentier neuronal ». Ce dernier permet d'avoir à nouveau accès, à l'avenir, dans les mêmes conditions, à l'émotion ressentie.

Chaque fois que nous rééditons ce type de stimulation, nous confirmons et élargissons le sentier qui devient alors un « chemin neuronal ». Si nous prenons l'habitude de multiplier et de répéter l'expérience, nous amplifions l'intensité émotionnelle associée

Fonctions des différentes zones du cerveau

- Frontale : prévoir, décider.
- Pariétale : centraliser l'image du corps.
- Occipitale : voir, reconnaître.
- Temporale : entendre, retenir.
- Hippocampe : mémoriser.

et nous créons une voie neuronale élargie, établie et installée.

Voilà comment s'installe une habitude, un comportement récurrent, une émotion obligée… Si le tout prend encore de l'ampleur, nous disposons à la fin d'une véritable « autoroute neuronale » qui véhicule presque instantanément un comportement automatique devenu quasi inconscient.

◗ Ces connexions neuronales sont une réalité biologique et physique. Nous avons encodé et enregistré de multiples triplets « pensée + émotion/ressenti + comportement » qui correspondent à chaque milliseconde de notre vie ! Dans ce trio, les trois éléments sont intimement liés. Se rappeler l'un fait surgir ou survenir les deux autres. Si nous avons en nous une expérience de joie (belle vision de nature associée à une pensée de spiritualité + sérénité et calme + posture debout, bras écartés et large sourire), il suffit, pour retrouver cette pensée, de reprendre cette posture pour que la sensation de calme et de sérénité soit à nouveau présente à notre conscience.

Difficultés d'apprentissage

Pour réaliser une tâche simple, comme par exemple répondre à un signal lumineux, un enfant d'âge préscolaire se contente de 3-4 répétitions pour la mémoriser alors qu'un chimpanzé en a besoin de quatre mille. L'apparition d'aires nouvelles comme nous venons de le voir, et bien sûr le volume du cortex préfrontal (cinq fois plus important chez l'homme), sont responsables de cette différence colossale dans l'aptitude à apprendre et à reproduire.

LE CONFORT AU PRÉSENT – LES RESSOURCES POUR ÊTRE PERFORMANT DANS L'INSTANT

Lorsque vous êtes confronté à une gêne, un doute ou une absence de ressources qui vous seraient pourtant, à un moment précis, tout à fait indispensables, vous avez la faculté d'aller puiser en vous, sous des formes très diverses, l'énergie nécessaire pour aller très vite mieux. C'est ainsi que la confiance se substitue à la peur, la certitude à l'hésitation… Cela est vital pour être « au top » au moment critique.

Disposer des ressources à discrétion

Votre cerveau enregistre des milliers de situations vécues et, parmi celles-ci, des expériences qui contiennent des émotions stimulantes et gratifiantes, associées à des pensées positives et des comportements en conséquence.

Exemple : une victoire sportive en compétition, une remise de diplôme avec félicitations, la naissance heureuse et attendue d'un enfant, le premier coup de foudre… De tels événements ont une valeur symbolique forte pour vous.

1. Exploiter les temps forts de votre vie…

Un élément marquant d'un temps fort de votre vie peut suffire, à lui seul, à réactiver toute la scène, avec tous ses ingrédients d'émotions, de ressentis, de pensées et de comportements.

Par exemple, la vue de la coupe est capable de déclencher le souvenir de la victoire et surtout réinstalle en vous les états internes de joie et de fierté ; un regard sur le diplôme ravive votre confiance en vous-même ; le fait d'avoir retrouvé une photo du petit bébé réactive en vous la tendresse et la douceur ; une musique particulière (« le slow de l'été ») fait revenir la passion du premier baiser…

C'est dire que vous possédez en vous un réservoir incroyable d'états internes, emmagasinés un jour, que vous pouvez rendre disponibles pour qu'ils vous servent dans votre quête du changement. Si vous vous connectez à l'émotion et au ressenti, aux pensées et aux comportements adéquats, vous pouvez disposer des ressources concernées.

Extraits d'une séance de coaching:

José, 32 ans, marié, professeur.

Co : « De quoi auriez-vous besoin pour faire cette proposition à votre épouse? »

Coé : « Que je me sente rassuré, sûr de moi… C'est ça, il me faut cette sûreté. »

Co : « Pouvez-vous m'indiquer quel petit geste, quasi invisible, pourrait représenter pour vous cette sensation de certitude? Ou bien alors une petite voix… qui vous dirait quoi? »

Coé : « Pour moi, la certitude, c'est (il joint le geste à la parole) mon pouce sur mon index, à la main droite… C'est une sorte de coup de pouce symbolique… C'est à peine visible, mais, pour moi, c'est très suggestif… »

Co : « Bien! Maintenant, pourriez-vous vous remémorer un événement où vous avez éprouvé ce sentiment de sûreté, où vous vous sentiez rassuré, sûr de vous? »

Coé : « Il y a ce moment où je passe ma thèse… Là, je me sentais vraiment sûr de moi. »

Co : « Revivez maintenant cet événement… Voyez les lieux, les gens présents, les objets significatifs dans cette scène… Entendez peut-être ce qui se dit… et surtout ressentez en vous, à ce moment-là, ce sentiment de sûreté… et dites-moi où il se situe, dans votre corps? »

Coé : « Je sens les pieds bien ancrés dans le sol, je sens bien mon assise dans le sol… Je me sens lourd du bas du corps… J'ai le centre de gravité bien placé dans mon bassin… »

Co : « Maintenant que vous ressentez bien cette sûreté en vous, donnez-vous ce petit coup de pouce quasi invisible… Voilà… Comment vous vous tenez exactement quand vous êtes sûr de vous? »

Commentaires: *pour que José puisse avoir accès à une ressource de sûreté et la réactiver à volonté dans le présent, le coach lui fait créer un « point d'ancrage ». La démarche est simple: José contacte, par le souvenir, une expérience contenant la ressource dont il a besoin, et au moment le plus intense où il la ressent, il l'associe à un stimulus qui lui est propre (ici coup de pouce sur l'index). Il peut renforcer ensuite ce conditionnement par d'autres éléments (posture, respiration, dialogue interne, etc.) afin de créer un chemin neuronal nouveau et efficace. Il lui suffit alors de tester ce conditionnement pour en vérifier le fonctionnement: à chaque activation du stimulus, il est à nouveau en contact avec le ressenti émotionnel et physiologique, et en activation comportementale de la ressource nécessaire.*

Rites, tics ou ancrages?

Tous les passionnés de tennis ont pu remarquer que chaque joueur, lorsqu'il sert ou se prépare à recevoir le service de son adversaire, met en place ce qui de l'extérieur peut paraître comme une petite manie ou un rituel. En fait, il recherche dans sa « boîte à ressources » de la confiance, de la vitesse, du calme… en exécutant un ancrage, toujours le même: tapoter sur ses chaussures, faire rebondir sa balle 2-3 fois, souffler dans sa main, remettre d'aplomb le haut de sa chemise, pincer son cordage comme s'il jouait de la guitare… Chacun de ces gestes permet pratiquement de reconnaître chaque joueur, même du haut des tribunes.

La publicité a compris ce processus depuis très longtemps. Elle place des points d'ancrage visuels (affiches, logos, slogans...) pour que nous soyons conditionnés à nous rappeler les marques; elle installe également des points d'ancrages auditifs (jingles, musiques) qui nous restituent l'univers des produits... On en arrive même aujourd'hui à créer des ambiances olfactives... Le conditionnement publicitaire exploite évidemment tous les canaux sensoriels.

▶ Pourquoi alors ne pas à utiliser ce mécanisme pour vous conditionner vous-même, pour la bonne cause au moins, celle de mobiliser vos ressources pour votre changement?

2. Neutraliser les émotions limitantes

Vous avez tout intérêt à prendre conscience des conditionnements qui pilotent votre vie à votre insu, c'est-à-dire de toutes ces situations où vous expérimentez des états émotionnels désagréables ou difficiles qui apparaissent et s'évanouissent sans raison apparente. Il est en effet possible de neutraliser des états émotionnels récurrents en faisant se confronter, dans votre cerveau, des points d'ancrage positifs et puissants et d'autres négatifs et décevants. Cela se fait généralement sous le guidage du coach, mais il est possible de le réaliser en autocoaching.

Extraits d'une séance de coaching:

Patricia, 50 ans, mariée, veuve, commerciale dans l'immobilier.

Co : « Et ces sensations désagréables qui vous plombent... C'est bien le mot que vous avez utilisé? »

Coé : « Oui, ce qui me plombe, c'est cette sensation de lourdeur dans la tête et les épaules (elle désigne sa tête et le haut de son tronc)... Je me sens comme lestée du haut! C'est atroce! »

Co : « Y a-t-il une image, des sons, des pensées qui sont associés à ce ressenti de vous sentir lestée du haut? »

Coé : « Je vois une couleur gris-noir... Sinon, c'est uniquement cette lourdeur... Et j'ai aussi des sortes de bourdonnements d'oreille comme si j'étais dans un avion, près du moteur... »

Co : « Et quelle émotion, quelle sensation est associée à cette lourdeur et à ces bourdonnements d'oreille? »

Coé : « La fragilité, le renoncement... Oui, le renoncement... Cette idée que je n'y arriverai pas! »

Co : « Le renoncement... Merci... Je vous demande de fermer votre poing droit et de le serrer fort quand vous aurez l'impression d'être arrivée à l'optimum de votre ressenti de lourdeur et de bourdonnements... »

Coé : (Ferme les yeux et serre le poing droit) « Hmmm... Hmmm... »

Co : « Merci... (après quinze secondes)... Vous pouvez desserrer le poing. »

Coé : (La coachée rouvre ses yeux) « ... C'est très pénible... »

Co : « Alors je vous propose de faire la même chose mais avec une sensation agréable... Pouvez-vous trouver un moment de votre vie, un souvenir, où vous avez éprouvé une extraordinaire sensation de légèreté, de liberté, d'énergie, et en même temps de solidité...? »

Coé : « Le jour de la naissance de mon premier fils... J'en garde un souvenir ému... J'étais légère, pas fatiguée du tout... Cette naissance s'est passée extraordinairement bien. Et j'avais la pêche... Et mon bébé était magnifique! »

Co : « Super! Vous allez vous laisser imprégner de tout ce souvenir, et surtout m'indiquer quelles sensations et ressentis sont particulièrement attachés à ce moment très heureux et puissant pour vous... »

Coé : (Ferme les yeux) « Je suis légère, du ventre, des épaules, des bras, le bébé est léger aussi, j'ai une force incroyable... Je le sens dans les bras et les mains… J'ai aussi la tête légère… »

Co : « C'est bien… Restez vraiment associée à ces sensations et ressentis… Et lorsque vous aurez l'impression que vous êtes arrivée à l'optimum de ce que vous pouvez ressentir, vous fermez le poing gauche pendant dix secondes (la coachée serre le poing, son visage est détendu et serein et, après dix secondes)… Voilà, vous pouvez desserrer le poing. »

Coé : (La coachée ouvre les yeux, profonde inspiration, sourire) « C'est plus sympa ! »

Commentaires: *la suite de la séance n'a pas été retranscrite. Le coach demande à Patricia de serrer en même temps ses deux poings. De la sorte, ressentis désagréables et agréables sont activés en même temps, et le cerveau procède à une réorganisation interne vers plus de confort et d'harmonie. En l'espace de quelques minutes s'installe chez elle un équilibre nouveau, empreint de légèreté et de sérénité. Le coach a procédé ici à une désactivation d'ancre. Il a neutralisé une séquence de sensations et de ressentis désagréables avec l'aide d'une autre séquence de ressentis positifs et puissamment confortables pour la coachée.*

Choisir ses images mentales à la demande

Lorsque vous vous rappelez un souvenir, c'est comme si vous le reviviez. Vous voyez des images, vous entendez des sons, vous expérimentez des sensations et des émotions. Pour certaines situations, les images sont en couleur, pour d'autres, elles sont en noir et blanc; les sons sont forts… ou atténués; les ressentis sont localisés à tel ou tel endroit du corps… C'est comme si le cerveau, au moment de l'enregistrement de la première expérience, avait joué au metteur en scène en décidant de l'angle de prise de vue, du son, la qualité de l'image, la vitesse des mouvements, etc. On appelle ces divers éléments d'enregistrement les « modalités » du souvenir.

1. Passer d'une émotion à une autre: changer le « code-barre »

De la combinaison de ces modalités, décidée par votre cerveau, dépend la sensation associée au souvenir. Par exemple, un enregistrement en noir et blanc, sans son, avec une image floue, encadrée… peut correspondre à un ressenti de tristesse, localisé au niveau de la gorge et de la glotte. Une autre association de modalités différentes peut, elle, déterminer un ressenti de joie situé au niveau du ventre. Ces combinaisons chaque fois uniques et propres à chaque événement et à chaque personne correspondent à un code-barre lu par le cerveau, qui restitue ensuite toute l'émotion associée.

Extraits d'une séance de coaching:

Miranda, 37 ans, mariée, deux enfants, gardienne d'immeuble.

Co : « Donc, à la place de cette sensation de nonchalance, vous aimeriez vous sentir motivée et pleine d'entrain, c'est ça ? (acquiescements de Miranda)… Et dites-moi, comment ça se passe quand vous vous trouvez dans cet état de nonchalance et de laisser-aller ? Avez-vous un souvenir précis où vous vous trouvez dans cet état ? »

Coé : « Oui, souvent en milieu de journée, quand il faudrait que je me mette à mes travaux d'entretien personnels, dans mon appartement… C'est comme si, après avoir travaillé pour tout l'immeuble, je n'avais plus envie de travailler pour moi… »

Co : « Avez-vous une image précise qui caractériserait bien cet état de nonchalance et de laisser-aller ? »

Coé : « Oui, je suis assise sur mon canapé et je suis sans vigueur, sans motivation, sans punch… »

Co : « Bien. Si cette image était sur un écran, où se trouverait l'écran, devant vous ? »

Coé : « Là… (elle désigne un point dans

l'espace à un mètre en face d'elle)... »
Co : « Et quelle est la taille de cette image? Elle est carrée ou rectangulaire? Dites-moi... »
Coé : « Elle a cinquante centimètres de haut et environ un mètre cinquante de large (elle joint les gestes à l'explication). »
Co : « Merci... Et ce que vous voyez est en couleur ou en noir et blanc...? Est-ce que c'est net ou flou? »
Coé : « C'est en noir et blanc, comme les vieilles télés... Et c'est flou sur les bords et net au milieu... »
Co : « Regardez toujours cette image... Est-ce que ce que vous voyez dans l'image est plus grand que nature, plus petit que nature ou sans changement par rapport à la taille normale, en réalité? »
Le coach continue de noter les caractéristiques de l'image de Miranda (liste ci-dessous). Puis il lui demande de trouver un souvenir où elle a vécu une forte énergie de motivation et d'entrain. Et, de la même manière, il en note les modalités (dans la liste de droite ci-dessous): À l'issue de cette seconde définition des modalités, le coach invite Miranda à appliquer mentalement les modalités spécifiques, caractéristiques de la motivation et de l'entrain, à sa première image-souvenir, jusqu'à ce qu'elle sente une tension dans le plexus et de la chaleur dans les mains, signes que la motivation et l'entrain sont maintenant associés au contexte où Miranda, jusqu'à présent, était nonchalante et en laisser-aller.

Commentaires: *le coach, par un guidage précis, amène Miranda à changer le « code-barre » émotionnel de son image mentale de nonchalance et de laisser-aller, pour la programmer en émotion de motivation et d'entrain. Il se contente d'installer les caractéristiques différentes, issues d'une comparaison, modalité par modalité, entre l'image inconfortable et l'image confortable. S'il existe un code-barre de l'état de nonchalance associé à l'expérience remémorée A, et un autre code-barre de l'état de motivation, associé au souvenir B, pourquoi ne pas*

Submodalités de l'image	*Scène « Nonchalance – Laisser-aller »*	*Scène « Motivation – Entrain »*
Localisation	*1 m en face de ses yeux*	*2 m un peu sur la gauche*
Dimensions	*Paysage 0,50 x 1,50*	*Carré 1,50 X 1,50*
Taille des éléments	*2 fois plus petit*	*Taille grandeur nature, normale*
Luminosité	*Sombre*	*Normale*
Contraste	*Très contrasté, très dense*	*Très contrasté*
Couleurs / Noir et blanc	*Noir et blanc*	*Couleurs*
Fixe / En mouvement	*En léger mouvement*	*Fixe*
Plat / En relief	*En relief*	*En relief*
Net / Flou	*Flou sur les bords, net au milieu*	*Très net*
Présence de son	*Musique légère, paroles*	*Pas de son*
Puissance	*Léger*	–
Rythme	*RAS*	–
Cadre / Pas de cadre	*Cadre, petit ruban rouge et noir*	*Cadre, comme un liseré d'aluminium*
Associé / Dissocié	*Dissocié*	*Dissocié*
Ressentis sur le corps	*Lourdeur dans le bassin, les fesses*	*Tension au plexus, mains chaudes*

transférer les modalités représentées par le second (B) sur l'enregistrement du souvenir de A, et installer ainsi un entrain sans réserve? Les modifications que Miranda opère influencent son ressenti interne. C'est d'ailleurs en fonction de ce changement physiologique que le coach oriente son action.

▶ Vous pouvez, grâce à ce mécanisme fort simple, modifier toute représentation de l'objectif qui ne serait pas tout à fait conforme à vos goûts et ne susciterait pas forcément votre désir.

> *« Je ne peins pas mes rêves, je peins ma réalité. »* (Frida Kahlo, peintre mexicaine)

Quatre extraits de séances de coaching:

Exemple 1 :
Co : « Qu'est-ce que vous souhaitez alors? »
Coé : « J'aimerais voir les choses sous un jour plus heureux. »
Coaching: *trouver l'expérience d'un jour très heureux et transférer les submodalités critiques*[1].

Exemple 2 :
Co : « Comment se présente l'objectif pour vous? »
Coé : « J'ai l'impression qu'il va falloir que je porte tout sur mes épaules. »
Coaching: *contacter un souvenir où les choses se déroulent avec facilité et légèreté et transférer les submodalités critiques.*

Exemple 3 :
Co : « Avez-vous un doute sur le fait d'atteindre cet objectif? »
Coé : « Ça sonne faux, c'est dissonant! »
Coaching: *évoquer un souvenir imprégné d'harmonie et transférer les submodalités critiques.*

Exemple 4 :
Co : « Comment vous représentez-vous votre parcours? »
Coé : « J'en suis complètement imprégné... Il m'absorbe totalement! »
Coaching: *accéder à une expérience de libération, de dégagement, d'évolution et transférer les submodalités critiques.*

Commentaires: *ces quatre dialogues nous montrent que nous utilisons souvent les mots imagés et appropriés pour exprimer comment nous nous représentons notre objectif. Le coach oriente alors l'attention de son interlocuteur vers une expérience spécifique, susceptible de contenir un « code-barre » de ressource compensatrice au ressenti négatif évoqué.*

▶ Le coach peut guider le coaché dans ce travail, de façon souvent très élégante et de surcroît confidentielle. Vous notez en effet que vous n'avez pas besoin de connaître le contenu de l'expérience évoquée, il suffit que vous décodiez sa structure de modalités, qui seule est importante pour que vous puissiez mobiliser votre cerveau et sa faculté de transformation du ressenti.

2. Gérer votre confort émotionnel: vivre ou regarder vivre

- Vous êtes en **état dissocié** quand vous prenez du recul par rapport à l'expérience que vous vivez, que vous êtes capable de vous voir agir « de l'extérieur », sans éprouver dans votre chair ce que le personnage que vous observez peut ressentir, lui. C'est donc comme si vous vous voyiez, en acteur, sur un écran de cinéma.
- Vous êtes en **état associé**, quand vous vivez l'expérience « de l'intérieur », avec vos tripes, quand vous voyez ce qui se passe à

[1] On appelle submodalités critiques les codages du souvenir qui diffèrent d'une représentation à l'autre. Ce sont ces différences qui expliquent la différence d'émotion et de ressenti.

travers vos yeux, que vous entendez ce qui se dit dans vos oreilles et en ressentez physiquement et émotionnellement toutes les retombées. C'est ainsi quand vous êtes « dans la peau » de l'acteur du film.

◗ **Vous vivez intensément vos émotions et vos ressentis en état associé et vous en êtes déconnecté en état dissocié.**

Exemple 1 - Dissociation d'un désagrément immédiat

Quand vous vivez un mal-être, plutôt que de dire « je suis déprimé », il est plus judicieux d'affirmer: « une partie de moi est déprimée » (voir page 112). Quand vous prononcez « je suis », vous prenez un chemin direct vers votre identité, tellement le verbe « être » vous engage au plus profond de vous-même. En revanche, vous dissocier de votre comportement ou de votre attitude déprimée sauvegarde votre intégrité identitaire. **C'est à cette condition que votre estime de soi reste intacte** (voir chapitre correspondant page 135).

Exemple 2 - Association à la scène idéale

Quand vous formulez votre objectif et que vous construisez votre scène idéale, vous le faites souvent de façon dissociée, comme si vous construisiez quelque chose de façon imaginaire, de l'extérieur. Quand l'objectif est complet, clair, précis, détaillé, il importe que vous vous y associez, de manière à vivre dans toutes vos cellules, vos organes, avec tous vos sens, ce que cet objectif, une fois atteint, provoque en vous de positif, de stimulant et de puissamment motivant. **C'est à cette seule condition que votre cerveau trace l'autoroute neuronale capable de vous y conduire plus facilement.**

Exemple de coaching parental: aider un enfant

Mère : « Caroline, qu'est-ce qui est arrivé ? »

Caroline : « Je suis tombée de la balançoire ! J'ai mal là (pleurs, cris stridents) ! »

Mère : « Raconte à Maman comment la petite Caroline a fait... »

Caroline : « Je suis montée très haut et... (pleurs)... »

Mère : « Oui... Caroline est montée très haut et elle dit à Maman ce qui lui arrive alors... »

Caroline : « Elle monte... et elle tombe en avant... Très haut... »

Mère : « Ah... Elle tombe en avant, de très haut... Et elle arrive à sauter quand même ? »

Caroline : « Elle n'a pas le temps... ça va vite... elle saute juste à la fin (fin des pleurs) ! »

Mère : « Elle arrive à sauter ? Eh ben, c'est bien ! »

Caroline : « Elle s'est pas fait mal ! »

Mère : « Maman le sait que Caroline est agile et qu'elle sait faire attention !... »

Caroline : « J'veux aller me balancer ! »

Commentaires: *le réflexe de la mère est immédiat: elle amène sa fille à parler d'elle en état dissocié, ce qui la fait très rapidement « sortir » de son ressenti. Et dès lors, l'émotion se réduit pour laisser place à une explication plausible de ce qui s'est passé. Notons que pour projeter sa fille en état dissocié, la mère en fait de même pour elle-même: « Raconte à Maman... »*

> *« Une chose existe en autant d'exemplaires qu'il y a de sens pour l'appréhender, de regards pour la voir, de mains pour la toucher, d'intelligence pour la comprendre... Respectez ce que voient et touchent les autres, même si c'est le contraire de ce que vous voyez et touchez. »*
> (Extrait de *À chacun sa vérité* de Luigi Pirandello, dramaturge italien)

L'ATTRAIT DU FUTUR – LES RESSOURCES POUR ALLER DE L'AVANT

Lorsque vous vous projetez dans le futur, il vous arrive de construire en pensée des parcours qui ne ressemblent pas forcément à des promenades de santé. Il s'agit alors d'avoir les moyens de « débrancher » ces visions parfois handicapantes pour leur substituer des scénarios positifs et particulièrement stimulants.

Adopter un point de vue nouveau

La façon la plus rapide de changer de ressenti est de changer de point de vue, ce qui est possible si vous changez votre manière d'interroger une situation vécue. Lorsque vous vivez un événement, vous lui donnez un sens, selon le point de vue que vous adoptez à ce moment-là.

Prenons un exemple simple : une dame poussant un landau veut entrer dans un magasin ; à ce moment-là arrive un homme qui, voyant la dame déjà bien engagée, s'empresse pourtant de forcer le passage juste devant elle, pour entrer, et parler à quelqu'un à l'intérieur.

Deux passants assistent à la scène. Le premier conclut que cet homme est un goujat et qu'il aurait mieux valu qu'il tienne la porte à cette dame pour qu'elle puisse entrer facilement à l'intérieur du magasin. L'autre trouve cet homme très avisé car il est allé promptement annoncer à des clients, chargés de gros bagages volumineux et qui s'apprêtaient à sortir, de bien vouloir patienter et laisser ainsi la voie libre à la dame…

Goujat ? Avisé ? Ou un autre avis encore ? Tout dépend de votre jugement qui lui-même est une réponse à la question : « Qu'est-ce qui est correct, là ? » Si la réponse est : « Il faut être galant avec une dame », le comportement de l'homme est inqualifiable et vous ressentez de la colère contre lui. Si la réponse est « Il faut être prévenant avec une dame », son attitude devient pertinente et vous l'approuvez. Ce que vous devez comprendre, c'est que tout réside dans la nature de la question que vous formulez instantanément en votre for intérieur. Si, au lieu de vous dire : « Qu'est-ce qui est correct, là ? », vous aviez posé la question « Qu'est-ce qui est important, là ? », vos réponses auraient été forcément différentes et peut-être auriez-vous conclu que l'essentiel a été obtenu, à savoir que la dame puisse entrer facilement dans le magasin avec son landau.

Quand vous n'arrêtez pas de vous poser des questions du genre : « Est-ce que j'ai bien fait de décider ceci » ou bien « Est-ce que cela va vraiment marcher ? », elles attirent déjà l'attention de votre cerveau sur ce qui pourrait ne pas bien se passer et parasitent ou entravent ainsi l'atteinte de l'objectif. Vous vous mettez en effet dans des émotions de doute, de peur et de ressentis désagréables. Et le cerveau vous répond à la hauteur des questions posées en vous parlant de risques, de dangers, de difficultés, etc. Rien de tel alors pour auto-entretenir pessimisme et/ou non-action.

◗ Pour progresser vite et bien vers l'objectif, aller de l'avant, passer à l'acte, vous avez besoin de baigner dans des ressentis agréables et de vivre des émotions plaisantes. Vous pouvez vous offrir ce cadeau à la seule condition de modifier votre point de vue sur le changement qui s'annonce, en vous posant les bonnes questions plutôt qu'en recevant des ordres. On appelle cela le « recadrage ». Cette opération mentale consiste à apporter dans la vision des choses l'efficacité d'une nouvelle perspective, pour sortir du piège d'un point de vue

restreint. Elle permet d'introduire de nouvelles possibilités d'interpréter la situation et d'apporter de nouvelles solutions qui relancent l'action du coaché.

Extraits d'une séance de coaching:
Jeanne, 35 ans, technicienne.
Co : « Vous semblez sceptique ? »
Coé : « Oui, je me demande comment je vais y arriver… Je pense que je suis un peu trop ambitieuse. Finalement, je trouve ce projet trop important pour moi, je n'aurais pas dû voir aussi grand (posture prostrée et souffle court) ! »
Co : « Qui d'autre que vous pourrait mener à son terme le projet tel que vous l'avez conçu ? »
Coé : (Moue dubitative) « Je ne vois pas très bien qui à part moi. »
Co : « Et si quelqu'un pouvait mener à son terme un tel projet, ça lui apporterait quoi ? »
Coé : « Ce serait l'œuvre d'une vie… Il pourrait en être fier… Ce serait aussi un vrai tremplin pour devenir le chef de file… »
Co : « Et vous, que préféreriez-vous ? La fierté ou devenir le chef de file ? »
Coé : « Donner l'exemple aux autres (profonde inspiration). »
Commentaires: *le coach procède à deux recadrages successifs : il s'assure dans un premier temps que Jeanne se réapproprie un projet vis-à-vis duquel elle avait pris des distances, il la réinvestit ensuite dans le projet en lui demandant de choisir entre fierté et exemplarité.*

Dorénavant, chaque fois que vous vous éternisez dans une rumination mentale, ou lorsque vous tournez en rond sur un problème ou une difficulté, vous disposez maintenant de la solution : il suffit de vous poser, en interne, en votre for intérieur, des questions nouvelles, dynamisantes, qui changent votre cadre de vision sur ce qui vous préoccupe. Les questions qui ont cette vertu de vous faire prendre un nouveau point de vue peuvent être : « Qu'est-ce qu'il y a d'intéressant, d'exceptionnel, de remarquable… dans ce problème ? », « Qu'est-ce qui n'est pas encore parfait et comment pourrait-on l'améliorer ? », « Comment puis-je m'y prendre pour trouver du plaisir à ce que je suis en train de faire ? » Etc.

> *« Longtemps je me suis demandé qui j'étais et ça m'angoissait. Aujourd'hui, je sais à peu près qui je suis et ça m'angoisse tout autant. »*
> (Pierre Arditi, comédien)

Libérer l'envie de réussir

Vous savez, pour l'avoir abordé à plusieurs reprises, que vos croyances déterminent la signification que vous donnez aux expériences que vous vivez. Vous savez également que derrière chacun de vos comportements se trouve une intention légitime et positive qui en assure le bien-fondé, à vos yeux. Il

> **Prendre au mot**
> Un jour d'émeute, au XIXe siècle, en Autriche, un officier reçoit de ses supérieurs l'ordre de disperser les manifestants en « tirant sur la canaille », s'il le faut. Arrivé sur les lieux, il ordonne à ses soldats de faire face à la foule et la mettre en joue, fusils chargés et prêts à tirer. Il s'adresse alors aux émeutiers avec ces mots : « Écoutez tous, Mesdames, Messieurs, j'ai reçu l'ordre de tirer sur la canaille. Mais comme je vois ici beaucoup de citoyens honnêtes, je leur demande de partir afin que je ne puisse tirer que sur les vraies canailles. » La place fut nette en quelques instants. (Paul Watzlawick, thérapeute – École de Palo Alto – et professeur à l'université de Stanford)

importe de mettre à profit ces forces pour conforter votre aptitude au changement.

1. Installer des croyances libérantes

Les croyances sont des conclusions ou décisions que vous avez formulées à divers moments de votre existence, en observant votre environnement personnel, familial, professionnel, social et culturel. Une très grande majorité de ces croyances s'est mise en place lorsque vous étiez enfant, à un moment où vous n'aviez pas encore une grande expérience de la vie. Rien d'étonnant alors que vous ayez tiré des conclusions erronées ou limitantes. Et pourtant, vous continuez, 20, 30 ou 40 ans après, à fonctionner selon ces mêmes interprétations! Certaines vous sont profitables, contribuant à votre évolution, d'autres sont limitantes, entravant la progression vers vos buts.

Une très large proportion de vos pensées, de vos agissements, de vos facilités à choisir et à décider, de votre faculté de réussir ce que vous entreprenez, de la qualité de vos relations avec les autres, dépendent de vos croyances. Un volet important de votre réussite se joue donc autour d'elles. L'idéal est de vous doter d'un ensemble performant de croyances positives et dynamiques, et d'en enrichir en permanence l'éventail, car elles régénèrent votre énergie et votre joie de vivre.

La désactivation de croyances limitantes et l'installation de croyances libérantes sont indispensables dans la gestion du changement.

Vos croyances sont tellement incrustées en vous, si bien enchâssées les unes dans les autres, qu'elles font quasiment partie intégrante de votre personnalité. Et vous en séparer peut être considéré comme un reniement de vos repères intérieurs.

Des difficultés de changer

Une enquête menée en 2001 en Europe francophone, sur 250 volontaires confrontés à la nécessité de changer et se plaignant de ne pas y arriver, a révélé que les croyances les plus communément partagées dans le groupe étaient les suivantes:
- Il faut tout savoir et tout savoir faire pour pouvoir se lancer dans un nouveau projet.
- On doit avoir du talent pour être capable de réussir quelque chose d'important.
- La vie fait toujours en sorte que les choses n'aillent pas comme on le veut.
- Il vaut mieux éviter d'affronter les difficultés de l'existence que d'entreprendre de les corriger.
- Le passé est tellement lourd qu'on ne peut pas s'en débarrasser.
- On peut atteindre le bonheur en restant relativement inerte et en profitant simplement de ce qui existe, sans s'engager plus.

La même enquête a également étudié 250 autres volontaires, ayant en commun de s'engager naturellement dans des projets et de les mener à terme. Pour ce groupe-là, les croyances les plus communément partagées étaient les suivantes:
- Toute difficulté est une occasion d'apprendre quelque chose sur soi-même et une opportunité pour progresser.
- Réussir vient d'un engagement de tous les instants.
- Il faut se garder suffisamment de flexibilité pour s'adapter en toutes circonstances.
- Il vaut toujours mieux disposer de plusieurs choix possibles.
- La vie est un jeu.
- On peut s'inspirer et imiter les comportements de ceux qui réussissent.
- L'apprentissage des choses et de la vie ne s'arrête jamais.

▶ Pour cette raison, il revient au coach de mener doucement son interlocuteur :
- à se désensibiliser du pouvoir neutralisant ou négatif d'une croyance limitante,
- à installer une croyance libérante qui va dorénavant la remplacer et modifier ainsi certaines perceptions.

Extrait d'une séance de coaching:

Bertrand, 38 ans, conseil en gestion de patrimoine indépendant, marié, 3 enfants.

Coé : « Vous savez, je suis bien payé pour savoir qu'on ne peut compter sur personne pour atteindre ses objectifs. »

Co : « Laissez-moi comprendre... Quel est le prix à payer, à votre avis, quand on pense qu'on ne peut compter sur personne pour atteindre ses objectifs ? »

Coé : « Justement, vous mettez bien le doigt dessus ! Ça coûte très cher... On doit se débrouiller tout seul... Tout seul ! »

Co : « Et donc... Finalement... Dites-moi, vous avez vraiment envie de travailler définitivement tout seul ? Alors que tout le monde s'associe dans votre métier ? C'est vraiment ça que vous voulez ? »

Coé : « Non évidemment... »

Co : « Bon, j'insiste quand même ! Vous restez seul, vous vous isolez, vous ne comptez sur personne... Et votre santé ? Et votre famille ? Votre couple ? Vous vivez encore... Ou alors... Vous entrez en religion ? Dites-moi... »

Coé : « Vous exagérez ! Je n'ai jamais dit cela... »

Co : « Rassurez-vous, vous n'êtes pas en cause... Je m'en prends à la croyance qui, en vous, va vous mener à la dépression, aux problèmes conjugaux, au rejet de vos enfants... J'aimerais que nous réfléchissions ensemble aux conséquences ultimes de cette croyance, si vous la laissez piloter votre vie encore trop longtemps... »

Coé : « C'est vrai que ce n'est pas bien ragoûtant ! Je le sais, ça me tue ! Qu'est-ce qu'on peut faire ? »

Co : « Si je vous disais qu'une telle croyance mène à l'absurde, telle que vous l'énoncez... Vous pourriez proposer quelle autre formulation, un peu plus réaliste, par les temps qui courent, pour votre job d'aujourd'hui ? »

Coé : « Qu'il faut être sélectif dans ses associations... Qu'il y a peut-être quelques perles rares sur lesquelles on pourrait compter, si on les choisit bien... »

Co : « OK ! Donc, nous pourrions dire qu'il faut que vous fassiez preuve de discernement pour vous associer à des personnes qui pourraient vous permettre d'atteindre vos objectifs ? »

Coé : « Oui, je peux progressivement me mettre à détecter des collaborateurs futurs, avec discernement... J'aime bien cette expression... Avec discernement... Oui. »

Co : « Et que vous arriverait-il si vous étiez maintenant doté en totalité de cette faculté de choisir avec discernement les personnes avec lesquelles vous voulez vous associer pour atteindre vos objectifs ? »

Coé : « Ça se passerait mieux... Je serais plus serein, plus calme... »

Co : « Vous pouvez vous imprégner de cette sérénité, ce calme ? Et, de plus en plus, vous savez choisir avec discernement vos associations... Y aurait-il déjà des circonstances que vous avez vécues où vous avez fait preuve de cette faculté de discernement très particulière ? »

Coé : « Justement, là, j'ai été contacté par un ex-stagiaire que j'avais accueilli il y a deux ans... Il me paraît bien... »

Co : « Vous allez vous mettre à l'affût de toutes les opportunités d'associations et vous allez aiguiser votre discernement... chaque fois que cela pourra se faire... Ce sera une manière d'accéder à cette nouvelle croyance et à de nouveaux comportements plus efficaces... »

Commentaires: *le coach utilise ici une façon naturelle d'amener le coaché à se soustraire progressivement à l'omnipotence de sa croyance ancienne.*

Il commence, dans un premier temps, à entamer le socle de certitude sur lequel est érigée la croyance de Bertrand. Le coach la met progressivement en doute, en posant certaines questions particulièrement troublantes pour son interlocuteur, parmi lesquelles nous pouvons noter: « En quoi cette croyance est-elle idiote, absurde ou incongrue? », « Si vous avez emprunté cette croyance à quelqu'un, est-ce que vous considérez encore aujourd'hui cette personne comme un modèle valable et respectable, sur ce sujet précis? », « Quel est le prix à payer, si vous persistez à vous cramponner à tout prix à cette croyance? », « D'un point de vue de votre santé? », « De votre réputation? », « De votre situation financière? », « De votre position professionnelle? », « De vos proches? » Etc.

Dans un deuxième temps, le coach associe l'énoncé de cette croyance à une grande souffrance, un grand dégoût, une grande déception. Pour obtenir cette association, il propose au coaché de visualiser les conséquences d'une application dramatisée de cette croyance limitante. Quand cette image est bien installée en lui, il superpose les sentiments et les sensations corporelles indésirables et insoutenables qui accompagnent ces actions. Ce chevauchement d'éléments devient un ancrage associé à une croyance désuète.

Dans un troisième temps, il formule une croyance nouvelle, qui se substitue à l'ancienne. Il faut, en effet, que Bertrand se débarrasse d'un modèle obsolète, mais en n'oubliant pas de le remplacer par un autre, plus actif. La nouvelle formulation est ici une sorte d'antithèse de la croyance en cours d'abandon. Exemple: « De plus en plus, je fais preuve de discernement pour m'associer aux personnes utiles à l'atteinte de mon objectif » vient remplacer la croyance limitante: « On ne peut faire confiance à personne pour atteindre ses objectifs. »

Dans un quatrième temps, il pratique un nouveau chevauchement, pour associer l'énoncé de la nouvelle croyance à un grand intérêt, une forte émotion dynamisante.

Dans une dernière étape, qui dure un certain temps, le coach fait chercher à Bertrand toutes les références, les exemples, les anecdotes... de nature à renforcer sa nouvelle croyance. Au fur et à mesure que des éléments significatifs et probants ancrent la certitude nouvelle, la croyance libérante pilote progressivement et de façon dynamique les comportements du coaché.

Quand vous avez l'envie d'adopter une croyance libérante, il vous suffit de vous immerger dans le contexte imaginaire de sa réalisation, conçu avec un luxe énorme de détails et de véracité. Comme le cerveau, nous l'avons vu, ne fait pas la différence entre une situation imaginée avec précision et une situation réelle, votre système nerveux vit cette situation comme étant vraie, même si ce n'est pas encore le cas, en réalité. Si vous y associez une émotion et un ressenti intense, et si vous répétez systématiquement l'expérience de cette anticipation imaginée, vous créez en vous des références qui n'ont encore jamais existé et qui installent un **sentiment de certitude**.

▶ Pour aller confortablement vers son objectif ou plus généralement pour bien négocier le changement, le coaché revisite, en toute conscience, avec l'appui du coach, toutes les croyances, glanées au fil du temps, concernant notamment ses capacités, son potentiel de réussite, son accès au succès... Il s'agit de reconsidérer chacune d'elles, d'en vérifier l'utilité et l'efficacité pour aujourd'hui, ou alors d'en identifier le côté limitant pour s'y soustraire, ou alors encore d'en détecter le caractère ambivalent; en effet, certaines croyances peuvent être, selon le moment et le contexte, productives ou inefficaces.

Dur à convaincre

On rapporte l'histoire de cet homme qui croit qu'il est un cadavre. Bien sûr, il ne veut pas boire, pas manger, ne veut rien faire, simplement rester assis là où il est et déclarer qu'il est un cadavre. Le psychiatre a de longues et nombreuses discussions avec lui pour tenter, mais sans grand succès, de le convaincre qu'il n'est pas un cadavre. À la fin, le psychiatre lui dit : « Un cadavre, est-ce que ça saigne ? » Le patient réfléchit et répond : « Non, toutes les fonctions corporelles sont arrêtées, donc un cadavre ne peut pas saigner, non un cadavre ne saigne pas. » Alors le psychiatre dit : « Très bien, alors faisons une expérience. » Il prend un vaccinostyle et pique le doigt du patient. « C'est pour voir si vous saignez. » Bien sûr le patient commence à saigner. Il regarde son doigt éberlué et dit : « Ça alors ! J'aurais jamais cru qu'un cadavre pouvait saigner ! »

Exemple : « Pour atteindre son objectif, il faut rester concentré. » Cela est certainement vrai dans de nombreux cas, mais peut devenir inopérant dans bien d'autres situations où, pour atteindre son but, il importe de rester en éveil, en curiosité flottante. La désactivation de croyances limitantes, l'installation de croyances libérantes constituent deux éléments indispensables et essentiels dans la conduite du changement.

2. Mettre en évidence vos intentions positives

L'intention positive est au comportement ce que la graine est à la plante. Celle-ci n'existerait pas si la graine ne portait en elle toute la structure future du végétal auquel elle donne naissance. De la même manière, un comportement ou une attitude trouvent leur fondement dans un « but positif » qui leur donne un sens. Au départ, l'intention positive met en place un comportement qui est, à ce moment-là, complètement adapté au contexte où il s'exprime. Puis, sans vous en rendre compte, le contexte change, évolue...

Si vous continuez à utiliser le même comportement pour répondre à des situations qui ont changé, parce que vous ne savez pas comment faire ou quoi faire d'autre, votre façon d'agir se trouve très rapidement inadaptée et occasionne alors malaise ou échec. Quand vous exprimez **des résistances ou des objections, vous pouvez conclure de la même manière qu'une intention positive les justifie.**

Par exemple, le but positif qui sous-tend l'objection : « Il est indécent ou impossible de réussir » est probablement de préserver celui qui la proclame d'un revers ou d'une désillusion. L'intention positive derrière une résistance telle que « il est difficile ou impossible de changer » consiste vraisemblablement à se défier de faux espoirs ou à éviter des efforts inutiles. Lorsque l'intention positive d'un comportement inadapté est mise à jour et clairement identifiée, il suffit, pour aller de l'avant, de chercher de nouveaux comportements alternatifs ou substitutifs, qui la respectent voire la renforcent.

Extraits d'une séance de coaching :

Aurélien, 36 ans, bibliothécaire, célibataire.

Coé : « Ce foutu temps qui file entre les doigts... Je remets trop de choses à plus tard... et je suis complètement débordé. »

Co : « Cette partie de vous-même qui remet trop de choses à plus tard... quelle serait son intention positive pour vous quand elle agit ainsi ? »

Coé : « Que je puisse tout contrôler, que je ne rate rien... »

Co : « Très bien... Considérons maintenant que cette partie vous permet complètement et totalement de tout contrôler, de ne rien rater... En obtenant cela pour vous, qu'est-ce que cette partie souhaite encore de plus important pour vous ? »

Coé : « Que je m'enrichisse, que je me cultive, que j'aie accès à toutes les opportunités. »

Co : « Et quand cette partie obtient ainsi que vous vous enrichissiez, vous vous cultiviez, vous ayez accès à toutes les opportunités, qu'est-ce qu'elle veut encore de plus essentiel pour vous ? »

Coé : « Le partage... J'aime partager tout ce que je sais... (soulagement physique, profonde inspiration/expiration)... »

Co : « Et alors... ? »

Coé : « C'est aberrant... Je ne partage rien, finalement, quand je laisse tout en plan... Mais je vois maintenant vers où orienter mes efforts ! »

Co : « C'est-à-dire ? »

Coé : « Déjà, au lieu de tout contrôler, je vais partager le travail en retard. Beaucoup de personnes sont prêtes à m'aider pour ce faire... »

Commentaires: *le coach aide Aurélien, question après question, à dégager son intention positive qui pilote son habitude de remettre trop de choses à plus tard. Dès que l'intention de partage est mise à jour, le coaché trouve par lui-même de nouveaux comportements plus adaptés.*

▶ Tout doute ou hésitation qui se présente est piloté par une intention positive cachée. Il s'agit d'ailleurs d'un signal d'alarme vous donnant des informations pour remonter à la source véritable du problème. À partir du moment où l'intention positive est respectée, de nouveaux comportements acceptables et acceptés peuvent être mis en place, la difficulté ou le problème disparaissent.

Intention positive et comportement

Combien de fois vous êtes-vous dit ou avez-vous entendu : *« Et pourtant, cela partait d'une bonne intention... »* ?

L'intention positive est un objectif qui, d'un certain point de vue, est bon pour la personne qui le met en œuvre.

Un comportement inadapté est une intention positive confrontée à une absence de choix ou de ressources.

Veillez toujours, avec les enfants, à souligner l'intention positive et non le geste maladroit.

CONCLUSION

Ce chapitre vous fait prendre conscience de ce que vous savez faire naturellement. Les démarches décrites vous permettent, parmi d'autres, de vous réapproprier des compétences que non seulement votre cerveau connaît, mais qu'il a déjà utilisées : il apprend en outre à les mobiliser à tout moment, dans n'importe quel domaine de progression vers vos objectifs. À cette condition, vous pouvez installer le changement avec constance et progressivité.

▶ **Le coach oriente l'action afin qu'elle débute par de petites choses, facilement accessibles au coaché ; il lui laisse choisir les étapes de sa mise en acte et ne passe à un autre comportement qu'une fois le précédent acquis et intégré. Il vérifie toujours que ces changements s'opèrent avec le plus de confort possible pour toutes les parties prenantes, chez le coaché et dans son environnement.**

« Je me souviens... Je pensais vivre les prémices du bonheur... mais c'était en réalité LE bonheur, rien n'a ensuite jamais été aussi fort... »
(Extrait de *Mrs Dalloway*, Virginia Woolf, romancière anglaise)

AUTOCOACHING : MESUREZ VOTRE MANIÈRE DE VIVRE LES ÉVÉNEMENTS ET LES ÉMOTIONS ASSOCIÉES

Exercice 1 : À la recherche de votre flexibilité/rigidité par rapport aux événements

Prenez du temps pour comprendre vos modes de fonctionnement préférentiels par rapport aux situations. Rappelez-vous que l'état associé s'exprime par une conscience de vivre l'instant présent en y baignant, en s'en nourrissant. En revanche, l'état dissocié se manifeste par une distance par rapport à nos actions, une vision, étape par étape, de ce qui est à faire.

Prévoyez deux échelles, étalonnées de 0 à 10, l'une pour l'état associé, l'autre pour l'état dissocié : « 0 » équivaut à une tendance nulle, « 10 » marque une tendance totalement exprimée (habitude). Vous pouvez également utiliser des notes intermédiaires. Les deux échelles fonctionnent en parallèle, à la manière de vases communicants, de manière à ce que leur total ne dépasse pas 10.

Passez en revue les domaines importants de votre vie et notez les préférences ou même les habitudes que vous manifestez dans chacun de ces contextes.

Exemple : dans mon métier, j'ai le sentiment que je suis dissocié environ 10 % de mon temps et tout le reste, je suis associé, car je vis mon travail de l'intérieur sans trop lever le nez. On me reproche parfois de travailler sans trop réfléchir... Je me cote : associé = 9/dissocié = 1. Autre exemple : dans mon activité sportive de tennis, je suis plutôt dissocié, car je reste en observation de ma technique et je ne m'implique que très peu dans l'issue du jeu. Je me cote : associé = 3/dissocié = 7.

Vous avez la possibilité d'ajouter les catégories qui vous semblent utiles pour votre introspection.

À l'issue de cette réflexion, vous avez certainement une meilleure idée de vos préférences et vos habitudes, et de ce qu'elles engendrent dans votre manière de vivre.

À vous, à présent...

Votre activité professionnelle (différenciez, si nécessaire, selon les contextes) : A: ___ / D: ___

Vos activités de loisirs (différenciez-les, si nécessaire) : A: ___ / D: ___

Vos activités associatives, bénévoles (différenciez-les, si nécessaire) : A: ___ / D: ___

Vos activités culturelles, religieuses, de développement (différenciez-les, si nécessaire) :

A: ___ / D: ___

Vos moments de vie familiale (différenciez-les, si nécessaire) : A: ___ / D: ___

Vos centres d'intérêts, vos hobbies (différenciez-les, si nécessaire) : A: ___ / D: ___

Vos moments de retrait sur vous-même et d'isolement personnel (différenciez-les, si nécessaire) :

A: ___ / D: ___

Vos passe-temps et moments « gratuits » (différenciez-les, si nécessaire) : A: ___ / D: ___

Vos moments d'intimité (différenciez-les, si nécessaire) : A: ___ / D: ___

Vivre ou se regarder vivre ?

Il existe 2 modalités de visualisation mentale:
- Associée = *« je suis acteur dans ma vie mentale »*. Elle sert à stocker, mémoriser, programmer un comportement ou un apprentissage, anticiper l'action ou préparer son démarrage.
- Dissociée = *« je me vois de l'extérieur, je suis l'observateur privilégié de moi-même »*. Elle est utilisée pour traiter de l'information, analyser une situation ou une expérience, corriger, ajuster ou changer un comportement, modifier un apprentissage.

Exercice 2: Dissociation salutaire...

Vous êtes certainement confronté à des émotions négatives, face au temps que vous maîtrisez mal: le stress des échéances rapprochées, l'anxiété ou le trac face aux actions qui arrivent à grandes enjambées, la culpabilité d'avoir perdu ou gaspillé du temps...
Fermez vos yeux, si cela est nécessaire, et imaginez une situation à venir où vous risquez de ressentir de l'anxiété. Visualisez cette scène du début jusqu'à la fin. Dès qu'un ressenti inconfortable s'exprime, vous en prenez simplement conscience, le temps d'aller à la fin de votre représentation. Puis, visualisez cette même scène en vous y voyant, comme sur un écran de cinéma. Imaginez vraiment cette situation comme s'il s'agissait d'un film sur l'événement, mais dans lequel vous vous voyez évoluer. Recommencez l'expérience autant de fois qu'il le faut, jusqu'à ce que vous soyez capable d'en imaginer le déroulement en accédant à un état de calme ou de neutralité. Arrivé à ce point, vous pouvez considérer que vous êtes dissocié de cette scène et vous pouvez l'aborder avec plus de distance et de sang-froid.

Faites en sorte, quand vous aurez expérimenté cette façon de faire sur vous-même, de l'appliquer autour de vous chaque fois que nécessaire (enfant en pleurs, ami triste ou déprimé, personne tétanisée ou paniquée).

COACHER LES AUTRES: OPÉRER DES RECADRAGES SALUTAIRES

Exercice 1 : Faites des recadrages instantanés...

Ces recadrages, que vous pouvez installer dans vos relations au jour le jour, ont pour objet de changer le vocabulaire de vos échanges. Vous remplacez les mots négatifs par des mots « antinégatifs » ou déjà positifs.
Exercez-vous progressivement à articuler vos propositions en introduisant des éléments positifs dans votre formulation. Vous mettez l'évocation des problèmes et des difficultés au passé, et celle des solutions au présent ou au futur. Et n'oubliez jamais l'objectif de votre relation. Que voulez-vous obtenir réellement dans l'interaction?

Exemples:

1. Un enfant à son père, au moment de l'apprentissage en soirée, de la leçon du lendemain: « Je n'ai rien compris... » « Bon... tu n'as pas encore tout compris, mais dis-moi déjà la plus petite chose que tu as déjà comprise... » Objectif: vous souhaitez avancer dans l'apprentissage, quoi qu'il arrive...

2. Un collègue de travail, au moment d'une forte pression au travail... « Tout ça à cause des délais insupportables... » « Oui c'est vrai, les délais se sont exceptionnellement raccourcis, mais... » Objectif: vous entendez maintenir la motivation de votre collègue...

3. Votre épouse vous tient au courant des mauvais résultats du 1er trimestre de votre enfant: « Il va avoir du mal à suivre dans cette classe » « Il nous faut voir comment le mettre plus à l'aise le trimestre prochain… » Objectif: vous souhaitez que votre fils puisse progresser au mieux à l'avenir…

4. Votre amie vous précise qu'elle ne pourra pas vous remplacer à votre permanence de l'association: « Je suis désolée, ça m'embête… » « Ça n'est rien, tu pourras montrer ta disponibilité une prochaine fois… ». Objectif: vous souhaitez valider l'esprit de contribution de votre amie…

Exercice 2 - Faites des recadrages de comportements

Il existe une technique de recadrage particulièrement efficace, qui propose à votre interlocuteur de donner la parole à la « partie » qui, en lui, pilote son comportement indésirable. Il vous revient de guider la personne jusqu'à ce qu'elle puisse se rendre compte de l'intention positive qui se cache derrière ce comportement. Et alors, vous la guidez pour qu'elle trouve de nouveaux comportements alternatifs qui nourrissent cette intention positive. Ainsi votre interlocuteur peut se détacher de son comportement compulsif.

Vous expliquez à votre interlocuteur, avant d'entamer cet exercice, que vous allez le considérer comme un chef qui dispose de plusieurs parties d'orchestre. Chacune peut exprimer, à sa manière et avec des intentions particulières, son refus de jouer la même partition. Vous allez dans ce cas-là vous adresser à elle et tâcher de comprendre les bonnes raisons de son attitude.

Voici les questions successives et la façon de procéder avec une personne qui souhaite changer un comportement indésirable:

1. « Identifiez le comportement à acquérir ("Je voudrais faire ceci et je n'y arrive pas") ou à arrêter ("Je voudrais arrêter de me ronger les ongles"). Considérez que le comportement indésirable est piloté par une "partie" de vous-même, de votre personnalité, que nous appellerons P. »

2. « Demandez à cette partie (P) quelle est son intention positive lorsqu'elle commande ainsi le comportement indésirable. »

3. « Interrogez une autre partie de vous-même, qui elle, a pour fonction de trouver toutes les solutions nécessaires à votre vie; nous l'appellerons votre partie créative (inventive, imaginative); demandez-lui de vous proposer d'autres comportements alternatifs qui pourraient satisfaire l'intention positive de votre partie (P). »

4. « Interrogez votre partie (P) à propos des solutions proposées par la partie créative et demandez-lui de choisir quel nouveau comportement pourrait être mis en œuvre à la place de l'ancien. »

5. « Interrogez-vous, en votre for intérieur, et soyez à l'écoute d'autres parties en vous qui pourraient être gênées par la mise en œuvre de ce nouveau comportement. »

6. « Dans l'affirmative, interrogez les différentes parties sur leurs intentions positives respectives. »

Vous revenez avec votre interlocuteur aux étapes 3 à 6 autant de fois qu'il le faudra, jusqu'à ce que le concert de toutes les parties concernées soit harmonieux et que la personne se sente unifiée.

Chapitre 5

TENIR LE CAP

Inscrire l'action dans le temps

« Plus tard n'existe pas,
car il sera alors trop tard. »
(Marguerite Duras, romancière française)

LES GRANDES LIGNES DU CHAPITRE

Le temps est intimement lié au changement. Le temps est le changement. Si le temps s'arrêtait, la persistance ou la permanence des choses s'installerait.

Revenons à la démarche du coaching. Le coach accompagne le changement du coaché. Tous deux utilisent donc d'abord du temps, de la durée, pour réfléchir. Ensuite, le coaché mobilise une autre tranche de temps pour agir. Puis enfin, ensemble, ils évaluent les progrès et les résultats, tirent les enseignements et relancent d'autres actions pour un temps futur, si nécessaire.

◗ Un temps de dialogue et de réflexion, pour l'accompagnement. Un temps pour l'action et son suivi. Un temps pour l'évaluation, le bilan et les leçons de l'expérience. Le coaching est particulièrement attentif à cette variable « temps », la manière dont le coaché se la représente en interne et dont il la met à profit de façon opérationnelle.

LE TEMPS DE LA RÉFLEXION

Pour que le changement s'installe et s'opère avec succès, il est nécessaire de rester attentif à la manière dont vous allez programmer mentalement votre action dans le temps. Il vous faut notamment comprendre comment le temps est installé dans votre imaginaire et la façon dont vous vous représentez son déroulement. Sans cette attention portée à un temps bien ajusté et calibré pour que votre parcours se déroule harmonieusement, vous risquez de brûler les étapes ou alors de flâner, temporiser, voire carrément abandonner.

La ligne du temps

La ligne du temps est la représentation que vous vous faites de votre évolution, depuis votre naissance jusqu'à maintenant, et d'aujourd'hui vers demain. Elle vous permet de situer mentalement vos souvenirs (le passé) et vos prévisions(le futur), mais aussi ce que vous vivez ici et maintenant (le présent).

Extrait d'une séance de coaching :

Betty, 48 ans, célibataire, professeur d'éducation physique.

Coé : « J'ai passé d'excellents moments avec mon compagnon… Je regrette simplement que ça se soit arrêté… C'est fini… (geste du revers de la main droite, vers la droite)… »

Co : « Et maintenant ? »

Coé : « Là ?… (mains ouvertes devant elle, pointées à 20 cm devant elles)… Je me demande si ce n'est pas fichu… Je vais avoir 50 ans… »

Co : « Si vous deviez me montrer, avec votre doigt, dans l'espace, où se situe le jour anniversaire de vos 50 ans, où le placeriez-vous ? »

Coé : « Là… (elle désigne un point avec son index gauche, à 20 cm sur sa gauche, à la hauteur et en face de son épaule gauche)… »

Co : « Bien… Dites-moi, puisque nous sommes dans les anniversaires… vous pourriez me montrer, de la même façon, où vous feriez figurer l'anniversaire de vos 75 ans ? »

Coé : « Oh, ça… j'aime pas trop y penser… je serai une vielle carne ! (rires forcés, hochement de tête) Je crois que c'est là, oui… c'est là ! (elle désigne, toujours avec son index gauche, et à la même hauteur que le point précédent, un point légèrement déplacé un peu plus vers la gauche, à 5 cm plus loin) »

Co : « Vous voyez, nous passons ainsi d'anniversaire en anniversaire… Et si je vous demande de vous souvenir du jour de vos 20 ans, vous pouvez me dire où se situe, dans l'espace, votre souvenir ? »

Coé : (Elle hésite un instant, regarde sur sa droite, étend son bras et pointe l'index…) « C'est loin, là-bas, à deux mètres environ du bout de mon doigt, vous voyez ? »

Co : « Fixez bien le point et levez-vous pour me montrer l'emplacement exact… »

Coé : (Se lève, se déplace, et désigne un point dans l'espace, à 1,50 m du sol) « Là. »

Co : « Dites-moi, puisque vous êtes debout, pouvez-vous m'indiquer où se situe le jour de votre naissance ? »
Coé : « Oh là ! Il faudrait que je traverse le mur… c'est à deux mètres derrière ce mur-là. »
Co : « OK, vous pouvez revenir vous asseoir… Je vous remercie… Nous allons récapituler… »
Commentaires : *Betty a maintenant une conscience interne de la manière dont elle localise dans l'espace (imaginaire de son mental) ses souvenirs ou ses projections dans le futur, ainsi que sa position dans le présent. Pour elle, le passé se situe sur sa droite, le présent est devant elle, tout proche, et le futur sur sa gauche. C'est sa représentation propre, que le coach respecte. Celui-ci constate aussi que son passé s'étend largement vers la droite, alors que son futur reste très concentré sur sa gauche. L'espace qui représente la tranche d'âge 50-75 ans ne représente, en termes de localisation, que quelques centimètres, alors que la distance entre sa naissance et le présent fait plusieurs mètres… Le passé est certainement très pesant dans la vie de Betty, alors que le futur semble peu mobilisateur…*

Nous avons tous conscience du temps qui passe… On appelle cette représentation, propre à chacun, la « ligne du temps ». Souvent, il nous arrive de dire : « Il a tout l'avenir devant lui », ou bien « D'où sort-il tout ça ? », ou encore « Je laisse toute cette affaire derrière moi ». Nous voyons bien comment nous transformons le temps en localisation spatiale.
Cette façon de fonctionner de notre cerveau est très utile pour le coaching. Certains installent mentalement le futur devant eux et le passé derrière eux. D'autres mettent le futur à droite et le passé sur leur gauche, ou vice versa. D'autres encore se représentent le passé sous eux et le futur au-dessus… Bien d'autres représentations sont évidemment possibles.

Lorsque le coach installe un objectif dans le futur, il peut utiliser cette façon mentale de localiser spatialement les événements pour obtenir du coaché une représentation physique de son parcours vers l'objectif.

Extrait d'une séance de coaching :
Germain, 26 ans, célibataire, étudiant.
Co : « Pouvez-vous m'indiquer comment vous tracez, sur le sol, de façon imaginaire, votre futur ? »
Coé : « Là… Il part de moi… (il désigne l'espace devant lui) et il va là-bas, très loin… »
Co : « Très bien… Est-ce que vous pouvez aller, en progressant sur votre ligne vers le futur, jusqu'au moment précis de votre oral d'examen ? Vous m'avez parlé du 13 juin… C'est bien cela ? »
Coé : « Oui, c'est ça… (Il avance en marchant lentement, tête baissée, attentif à ses pas)… C'est là, le 13 juin ! »
Co : « Et là, maintenant que vous êtes au 13 juin ? Qu'est-ce qui se passe ? »
Coé : « Je suis devant le jury… C'est impressionnant… C'est là que je panique, je vous l'ai dit, c'est ce qui me fait peur !… » (pâleur du visage)
Co : « J'aimerais que vous alliez plus loin dans le futur, jusqu'au jour de vos résultats… Vous connaissez la date ? »
Coé : « … Oui, je crois… le 4 juillet… Ça va être long d'attendre… »
Co : « Allez au 4 juillet… (le coaché avance et s'arrête) C'est bien… Imaginez-vous devant les résultats, qui sont positifs… Vous voyez-vous ? »
Coé : (Prend une profonde inspiration, sourit, pommettes roses) « Oui, j'y suis… C'est agréable… Je m'en doute un peu, je ne sais pas pourquoi… Je félicite les autres aussi, mes copains… »

Co : « Pouvez-vous regarder encore plus loin, dans le futur, et me dire un moment précis qui se produit, parce que vous avez réussi cet oral et votre examen ? Dès que vous l'aurez trouvé, je vous invite à avancer et à vous y rendre. »
Coé : « Oui, c'est la possibilité de retourner dans la société qui m'a accueilli en stagiaire... Ils ont proposé de m'embaucher si j'avais mon diplôme... (il avance et s'arrête)... C'est là, je signe mon contrat d'embauche... »
Co : « C'est quand exactement ? »
Coé : « Début septembre... Je suis attendu... Ils me prennent... C'est bien ! »
Co : « Bravo... À présent, toujours en restant là, à ce jour de début septembre où vous êtes embauché, je voudrais que vous vous tourniez vers le présent d'aujourd'hui... là-bas, vous voyez ? (le coaché se retourne) Voilà, c'est bien. De là où vous êtes, ce jour de début septembre, je voudrais que vous disiez quelque chose de très important à Germain qui est là-bas et qui s'inquiète d'aller à cet examen. Que pouvez-vous lui dire, de la place que vous occupez là ? »
Coé : « Vas-y... Tu sais bien au fond de toi-même que tu as toujours bien réussi les oraux... celui-là encore plus que les autres, car ce n'est qu'une formalité, avec tout le travail que tu as fourni !... »
Co : « Très bien... Je vous invite à revenir maintenant au présent d'aujourd'hui... (le coaché se déplace)... Et là, je vous invite à recevoir ce conseil de Germain qu'il vous a envoyé de ce jour de début septembre, là-bas. Comment ça se passe ? »
Coé : « Il a raison, je me demande pourquoi je balise tellement... C'est juste une formalité... Le diplôme, je l'ai déjà quasiment dans la poche... Mais... »
Co : « Mais... ? »
Coé : « J'aimerais avoir mon diplôme avec mention ! »
Co : « Eh ben voilà... C'est donc cela que nous allons à présent travailler... »

Commentaires : *le coach a utilisé la représentation imaginaire du temps pour faire circuler Germain du présent vers le futur et ensuite pour le faire revenir. Ce faisant, Germain s'est dissocié de ses émotions du présent et du jour de l'examen, s'est associé à des émotions plus confortables des jours de la réussite et de l'embauche. Il a déjà installé de nouveaux chemins neuronaux qui programment automatiquement plus de bien-être et d'assurance au fur et à mesure que les jours vont passer, jusqu'à ce fameux jour d'oral.*

La ligne du temps, adroitement installée et utilisée par le coach, vous permet d'aller contacter des moments du passé et d'en désensibiliser les facteurs limitants et les émotions lourdes, mais elle vous donne également l'occasion de créer votre futur comme vous le voulez, en utilisant les vertus du même processus.

> *«... Il remettait toujours tout au lendemain parce qu'il était sûr du lendemain, il ne faut pas être trop sûr du lendemain, c'est mauvais... »*
> (Extrait de la pièce *Le nouveau testament*, Sacha Guitry)

Votre orientation et vos émotions liées au temps

Nous allons, à travers l'œil du coach, nous intéresser à un cas réel qui, sous une forme qu'il vous appartient de choisir, pourrait se transposer à votre vie...

Extrait de séance de coaching :
Bernard, 48 ans, marié, 1 enfant, commerçant.
Co : « Si je résume déjà ce que vous me dites, vous souhaitez revoir votre façon de travailler et votre manière de mieux gérer votre temps... C'est bien cela ? »
Coé : « Oui... J'ai déjà suivi des séminaires

pour mieux gagner du temps... Mais ça ne marche pas pour moi... Je sais gérer un agenda, je sais classer mes documents, je sais déléguer, comme ils disent... »

Co : « Alors, où voyez-vous que vous avez envie de progresser encore ? »

Coé : « J'ai l'impression que je vis mes journées de façon trop pleine... J'ai tout le temps la tête dans le guidon... Mais tout ça ne me convient plus... Je pense tout réorganiser, et j'ai besoin de vous... »

Co : « Tout réorganiser... Vous pouvez m'expliquer un peu plus ? »

Coé : « Oui, le moment est venu pour moi de changer ma vie, ou plutôt de changer ma façon de vivre... Je n'en peux plus... Je ne veux plus être forcé de passer mes dimanches à faire mes comptes... Je ne supporte plus de devoir souscrire des crédits supplémentaires pour mon foyer... Vous voyez, ça ne va pas bien du tout ! »

Co : « Dites-moi, pour que je comprenne mieux... Pour quelles raisons précises n'avez-vous plus envie de passer vos dimanches à faire des comptes ? »

Coé : « Parce que je ne vois plus ma femme et mon gosse... Je m'éloigne d'eux au fur et à mesure que le temps passe... Et surtout, on ne s'amuse plus dans la maison... Ça, c'est mon fils qui me l'a balancé dans la figure l'autre jour ! Je vois la vie devenir austère, sans âme... C'est très stressant ! »

Co : « Et en ce qui concerne les crédits supplémentaires ? »

Coé : « Attendez... Je me débats en permanence pour rembourser mes dettes... Celles du commerce et celles de la maison... On achète, on achète, pour faire bien, pour faire mieux, pour être plus confortable... Non, je crois que mon fils a mis le doigt dessus... À quoi ça sert tout ça ? Il m'a dit qu'il ne voulait pas de mon luxe, mes foutaises, mon fric... Je me vois inutile, et demain, je crains de ne vraiment plus servir à rien... »

Co : « Et vous, que pensez-vous personnellement, de ces achats et de cet endettement ? »

Coé : « Moi, je me vois y laisser ma peau... Imaginez que je tombe gravement malade... Je m'en veux de ne pas dormir et manger normalement... Et je vois ma femme devenir de plus en plus malheureuse de tout ça ! »

Co : « Et alors ? Que voulez-vous exactement ? »

Coé : « Vivre, dorénavant... Enfin rendre mon épouse heureuse... autrement qu'avec l'argent... Que mon fils me connaisse comme je suis et comme j'ai toujours été au fond de moi-même... Vivre, quoi ! »

Commentaires : *ce dialogue est significatif de la problématique de gestion du temps... Derrière des dysfonctionnements de la vie apparaît le malaise interne. En quelques échanges, Bernard nous indique que sa frénésie de travail et d'action l'ont déconnecté de ses finalités profondes. Nous remarquons aussi, dans la seconde partie de cet extrait, que Bernard commence par dire naturellement ce dont il ne veut plus. Il faut alors user de la question « Pourquoi ? » pour accéder à ce qu'il désire vraiment. C'est son expérience vécue qui lui révèle la raison de son mal-être, notamment lorsqu'il évoque les relations avec son fils ou son épouse. Le coach est à présent en mesure de mieux diriger Bernard vers son objectif. Il sait notamment que, dans son malaise, il est souvent associé au temps, complètement « la tête dans le guidon » alors que lorsqu'il fait un bilan de sa vie, il est dissocié du temps, envisage les conséquences futures avec recul... Le travail consiste à rester dans cette posture dissociée, pour mettre au point un nouveau scénario auquel il puisse adhérer.*

Nous n'avons pas tous la même relation au temps. Nos représentations peuvent être très différentes d'une personne et d'un contexte à l'autre...

1. Associé au temps ? Dissocié du temps ?

- À certains moments, nous sommes complètement **associés à nos actions**, nos expériences. Nous **vivons complètement le temps présent**, sans trop nous préoccuper du passé ou de ce qui risque de se produire dans le futur. Dans ces moments-là, nous ne voyons pas forcément le temps passer, nous manquons de recul.

Cela peut devenir une attitude systématique, dont nous souffrons, car nous sommes souvent en retard, nous n'aimons pas planifier, nous ne tenons pas forcément nos engagements à l'heure et, de surcroît, nous avons tendance à attendre le dernier moment pour agir, dans l'urgence[1].

- À d'autres moments, nous sommes **dissociés de nos actions**, nous **prenons du recul**, et nous nous imaginons le temps comme une ligne, une route, un parcours, sur lesquels nous sommes capables de visionner naturellement ce qui va se passer.

Dans ces cas-là, nous savons prévoir le futur, les étapes de l'action, et même les obstacles éventuels... Si nous prenons trop l'habitude de rester dissociés du temps, nous avons toujours « tout ce qu'il y a à faire sous les yeux », et cela peut nous submerger, nous rendre pessimistes ou irascibles.

◗ L'idéal serait que nous soyons alternativement en état d'association ou de dissociation, selon les cas. Par exemple, quand nous faisons l'amour avec notre partenaire, il vaudrait mieux que nous soyons associés au temps. Par contre, avant de décider d'avoir un enfant, il convient, dans une certaine mesure, d'être dissocié du temps.

◗ Si vous avez une tendance naturelle à être plutôt systématiquement associé, ou dissocié du temps, vous risquez de ne pas pouvoir introduire dans votre vie les avantages de l'attitude que vous délaissez. Rappelons que l'association vous fait vivre pleinement et de façon focalisée le temps présent et que la dissociation vous permet de prendre de la distance et de tout considérer sur un plan large.

Autres commentaires à propos de Bernard : *il nous indique bien deux orientations. Quand il évoque son travail, son endettement, il est associé au temps : « Je vis mes journées de façon complète... J'ai tout le temps la tête dans le guidon... Je me débats en permanence pour rembourser mes dettes... On achète, on achète... » En revanche, quand il parle de sa vie en famille, de façon étonnante, il se voit et voit les autres, la plupart du temps, dans le futur ; il est dissocié du temps : « Je me vois inutile, et demain, je crains de ne plus servir à rien... Je vois la vie devenir austère, comme sans âme... Et je vois ma femme devenir de plus en plus malheureuse de tout ça ! Etc. » Cette constatation est intéressante. Nous savons à présent que Bernard a en lui les deux aptitudes à être dissocié et associé au temps. Il a juste interverti les contextes où cette aptitude serait bénéfique... Ne vaudrait-il pas mieux en effet qu'il prenne aussi du recul par rapport à ses activités et qu'il vive pleinement la compagnie de son épouse et de son fils ?*

2. Attention orientée vers le passé ? le présent ? ou le futur ?

- Nous pouvons avoir une tendance à comparer assez systématiquement ce qui nous arrive maintenant (ou qui risque de se produire demain) avec un événement équivalent déjà

[1] Cette habitude s'appelle la procrastination.

vécu **dans le passé**. Nous sommes alors plutôt attentifs à la **continuité**. La référence au passé se repère dans les mots, les gestes, les attitudes. Nous développons alors des capacités de pondération, réflexion, mise en sécurité ou recours à la sûreté.

- Nous pouvons aussi exprimer une tendance naturelle à créer et faire advenir les choses, **dans l'instant**. Nous sommes alors attentifs à **l'efficacité**. Nous développons des capacités de réaction, adaptation, souplesse, travail sous tension.

- Nous pouvons enfin affirmer une tendance à être orienté **vers le futur**. Nous vivons en fonction d'extrapolations, de projets ou d'évolutions qui préfigurent nos représentations. Nous sommes alors attentifs aux **conséquences**, favorables ou défavorables.

> *« Considérez l'avenir comme une chose qui est à nous, et qui cependant n'est pas à nous; comme une chose que nous pouvons espérer, mais sur laquelle il ne faut pas trop compter. »*
> (Épicure, philosophe grec)

Évidemment, vous avez tout intérêt à augmenter la palette des choix qui s'offrent à vous. Chaque subordination trop marquée au temps vous enferme dans des schémas stéréotypés. Pouvoir exploiter la gamme des trois dimensions du temps vous donne plus d'ouverture et de richesse de points de vue. Il existe obligatoirement des ressources disponibles dans le passé.

Autres commentaires à propos de Bernard : *dans son propos, il est très orienté vers le présent, qui lui pèse, et le futur, qu'il redoute. Ce dernier devient progressivement son centre de focalisation. Il est intéressant de cerner plus précisément les raisons qui autorisent à ce point la mise en place de cette dictature du futur… Mais quelque chose nous est révélé, en contrepoint: l'absence notoire du passé. Pour le coach, c'est tout aussi primordial: n'existe-t-il pas une forme de « pilotage inconscient du passé », qui amène Bernard à agir comme il le fait? Nous pouvons en tout cas faire l'hypothèse d'une posture de sacrifice qu'il a adoptée jusqu'ici; des expressions telles que: « Je ne veux plus être forcé de passer mes dimanches à faire… Je ne supporte plus de devoir souscrire des crédits supplémentaires pour mon foyer… » nous orientent vers une attitude de victimisation. Pour quoi et au nom de quoi opère-t-il de la sorte aujourd'hui? La seule référence qui soit, de façon plus ou moins explicite, une référence au passé est: « Que mon fils me connaisse comme je suis et comme j'ai toujours été au fond de moi-même… Vivre, quoi! » Il convient certainement de raccorder Bernard à certains moments clés des années antérieures, non pas pour qu'il reproduise des schémas du passé, mais pour qu'il retrouve des ressources déjà expérimentées.*

Le coach est attentif à ce qui se dit mais également à ce qui n'est pas exprimé. Derrière chaque mot et chaque émotion se cachent des clés qu'il faut authentifier dans l'intérêt du coaché et de sa démarche.

Il serait illusoire de pouvoir faire progresser Bernard sur la simple base des informations à notre disposition… Il est plus judicieux de continuer à prendre de l'information…

> **Chacun son petit truc**
> *« Quand mon cahier de rendez-vous a été archi-plein, j'ai ressenti une grande angoisse et j'ai brutalement étouffé… Je me suis trouvée bouffée car n'apparaissaient pas les moments de plaisir… J'ai commencé par acheter un cahier plus grand, ce qui m'a donné un peu d'air… »*

Extrait de séance de coaching (Bernard suite) :

Co : « Dites-moi, Bernard, quand vous parlez de ce que vous êtes et que vous avez toujours été au fond de vous-même, vous vous représentez, ce Bernard, comment exactement ? »

Coé : « Celui que j'étais à notre mariage... Je suis quelqu'un de très généreux et très ambitieux, je le reconnais... Le commerce, je l'ai acheté pour mon épouse... Je sentais qu'elle avait besoin de travailler et d'être en contact avec les gens... Et puis moi, petit à petit, j'ai racheté un deuxième fonds, où j'ai placé un gérant, et un troisième, que j'ai pris personnellement en main... J'espère toujours que mon fils va reprendre cette affaire... mais je commence à en douter, et ça me fait mal... »

Co : « Et donc, qui est, au fond, ce Bernard que vous me décrivez, à son travail ? »

Coé : « Un fou de travail, qui se dit qu'il a envie de léguer un bel héritage à son fils... et de donner beaucoup de confort et de bonheur à sa femme... Mais je crois que je suis en train de tout foirer... »

Co : « En quoi tout ceci est important, pour ce fou de travail, que vous voyez là ? » (geste à l'appui).

Coé : « Il veut avoir le sentiment d'avoir servi à quelque chose... Son père lui a toujours dit que c'était un bon à rien... Alors... »

Co : « Dites-moi, ce père, il pouvait avoir le souci, comme l'expriment souvent beaucoup de parents, de voir son fils faire mieux que lui ? D'avoir une vie plus heureuse ? »

Coé : « Oui, parce qu'il était maçon immigré... »

Co : « Oui, c'est donc naturel qu'il ait eu cette préoccupation pour vous... Et sur ce point, avez-vous le sentiment d'avoir répondu à ses attentes ? Avez-vous une sensation particulière quand vous pensez à tout ce chemin parcouru ? »

Coé : « Oui, évidemment, je suis fier... mais c'est mon fils, maintenant, qui me décourage... »

Co : « Vous êtes fier... Et avez-vous déjà vraiment partagé cette fierté avec votre femme et votre fils ? »

Coé : « Ben... Ils ont tout ce qu'ils veulent... Mais c'est vrai que je n'ai jamais vraiment profité de tout cela avec eux... C'est ça que le gamin me reproche... »

Co : « Pensez-vous qu'il est attirant, pour un jeune, de voir un père à la tête d'une belle affaire mais qui manque de bonheur, de présence, d'affection pour ses proches ? »

Coé : « Oui, ça y est ! Je vais vivre, tout simplement, mais avec eux... Quel boulot ! Ils vont se demander ce qui m'arrive... Le gamin va se méfier... Mais c'est ça qu'il faut que je fasse... Je me sentirai enfin serein ! »

Commentaires : *l'appel au passé s'est effectué sur le seul indice laissé par Bernard, à savoir : « Comme je suis et comme j'ai toujours été au fond de moi-même... » et très progressivement est apparue une considération sur la relation « père-enfant ». Notons au passage qu'une partie du questionnement a été menée en vision dissociée, pour éviter de voir Bernard ressasser son mal-être... et, à un moment opportun, le propos l'a invité à s'associer à ce qu'il ressent pour sa famille (après la réponse « maçon immigré »). Il a fait la preuve, sous la conduite du coach, qu'il pouvait être dissocié (prise de recul) en parlant de son travail et associé en évoquant sa famille. Il s'est opéré, tout naturellement, un transfert, qui servira ultérieurement de modèle pour certaines démarches à venir.*

Ce premier objectif atteint, il en reste un second : permettre à Bernard d'accéder à une vision nouvelle de la situation qu'il vit, afin de lui donner un sens différent, beaucoup plus porteur dans le futur... C'est la relation « parent-enfant » qui a servi de fil conducteur pour accéder à cette nouvelle ressource. Notons que le coach vit authentiquement, en son for intérieur, la situation de Bernard, face au reproche de son père… Mais le coach sait aussi que, derrière la remontrance du père, existe une intention positive qu'il soumet à Bernard en guise d'hypothèse de travail, en la généralisant suffisamment de surcroît, comme l'expriment souvent beaucoup de parents. De cette manière, le chemin d'une nouvelle compréhension s'ouvre, et il suffit ensuite d'appliquer le même processus à la relation « Bernard-fils ».

Notons qu'à la fin de cet extrait apparaissent quelques remarques auxquelles nous devons accorder toute l'importance qu'elles revêtent : « Quel boulot ! Ils vont se demander ce qui m'arrive… Le gamin va se méfier… Mais c'est ça qu'il faut que je fasse. » Elles nous donnent accès, en un concentré exceptionnel, aux premières barrières que Bernard pressent déjà pour aller vers son objectif : « Quel boulot » annonce une montagne à gravir… « Ils vont se demander… se méfier… » exprime les réserves de Bernard pour convaincre sa famille du bien-fondé de sa démarche… « Qu'il faut que… » indique qu'il est dans le devoir, l'obligation… Il y a des parties en lui qui objectent encore… Tous ces éléments se rangent sous le traitement de l'écologie, au sens que nous lui accordons en coaching.

Comme nous le pressentions déjà à l'issue du premier extrait, la demande de départ : « Vous souhaitez revoir votre façon de travailler et votre manière de gérer mieux votre temps… » s'est profondément modifiée… Bernard veut vivre ! Et partager sa satisfaction avec ses êtres chers, son épouse et son fils… C'est souvent le cas en coaching d'accompagnement.

> *« Toute ma jeunesse, on me disait : "Vous verrez, quand vous aurez cinquante ans !" J'ai cinquante ans et je n'ai rien vu. »*
> (Erik Satie, musicien, compositeur)

LE TEMPS DE L'ACTION

Le temps est une chose mystérieuse… En tout cas, l'idée qu'on pourrait gérer son temps ressemble fort à un piège. Pourquoi ? Parce qu'on parle souvent du temps comme d'une ressource. Et qui dit ressource dit aussi gestion de cette ressource. Or, cela semble plutôt vain.

En effet, le temps est immuable. ne s'accumule, ne se stocke, ne se multiplie, ne se transmet pas… Le temps s'écoule régulièrement et irrévocablement. Les quelques secondes que vous consacrez à lire ces lignes sont à présent passées… et ne sont plus disponibles… Le temps est la seule ressource qui doit être utilisée au moment où elle est à votre disposition.

Dès lors, la seule possibilité qui vous est ouverte, c'est de vous gérer vous-même par rapport au temps ! Le temps, c'est une réflexion sur soi : « Montre-moi ton agenda, je te dirai qui tu es ! » Le coaching aborde cette introspection et sait mobiliser vos ressources en ce sens.

Les clés du changement efficace dans le temps

Au fil de nos premiers chapitres, vous avez certainement retenu certaines idées forces, qu'il nous paraît utile de positionner au début de cet important sujet de l'utilisation performante de votre temps.

Clé n° 1 – Le pouvoir de vos objectifs

Si vous ne savez pas où vous voulez aller ou avez quelque peu perdu la direction que vous voulez donner à votre vie, peu importe le chemin que vous empruntez, et aussi et surtout le temps nécessaire pour y arriver. Si vous n'avez pas d'objectif dans la vie, vous offrez carrément le contrôle et la maîtrise de votre existence aux autres !

Par contre, si vous avez un but majeur dans votre existence, vous donnez un sens à votre vie. Si vous avez formulé des objectifs concrets qui s'alignent avec ce but, vous savez quelles directions prendre.

En réalité, il n'y a pas d'art de mieux vivre son temps sans stratégie d'objectif bien formulée. Quel que soit votre âge, il n'est jamais trop tard pour réfléchir aux objectifs véritables que vous voulez atteindre au cours de votre existence.

Clé n° 2 – La conscience de vos ressentis

Deux choses sont importantes pour comprendre votre relation au temps.

- **Le temps existe par le contenu de vos actions.** En effet, chaque fois que vous faites quelque chose, le temps passe, et non pas le temps passe parce que vous faites quelque chose. Ceci peut paraître quelque peu compliqué, mais il est nécessaire que vous en saisissiez toute la portée. C'est là que réside quasiment le secret de ce concept du temps: celui-ci acquiert un contenu chaque fois que vous faites, expérimentez ou apprenez quelque chose, bref, chaque fois que vous avez conscience que vous vous êtes élevé, amélioré, enrichi.

Pourquoi croyez-vous que le temps de l'enfance s'écoule si lentement? Parce qu'il y a tout à apprendre et à comprendre, à cet âge... Et pourquoi, les années passant, avez-vous l'impression que le temps s'accélère? Peut-être parce que vous avez une conscience confuse que plus rien de profondément nouveau ne vient vous interpeller... Vous pensez ne plus rien avoir à apprendre.

Votre compréhension du temps correspond à la conscience de votre richesse déjà acquise (le passé), votre ouverture à l'expérience de tout instant (le présent) et votre ignorance encore à combler (le futur).

> *« L'opposition entre le passé et le futur est absurde. L'avenir ne nous apporte rien, ne nous donne rien; c'est nous qui, pour le construire, devons tout lui donner, et même notre vie. Mais pour donner, il faut posséder, et nous ne possédons d'autre vie, d'autre sève, que les trésors hérités du passé et digérés, assimilés, recréés par nous. De tous les besoins de l'âme humaine, il n'y en a pas de plus vital que le passé. »*
> (Simone Weil, ancien ministre)

- **Le contenu de vos actions a le sens que vous lui donnez.** Il correspond à deux perceptions distinctes, celles du temps de l'action d'une part (« Qu'est-ce que je fais? ») et celle du temps du ressenti émotionnel d'autre part (« Qu'est-ce que je ressens? »).

Il est indispensable que vous soyez conscient de ce que vous ressentez au moment où vous expérimentez quelque chose. Car c'est précisément ce ressenti, heureux ou confortable, ou, au contraire, en souffrance ou inconfortable, qui détermine le sens que vous accordez à ce que vous faites. Cette conscience plus accrue de ce que vous faites et de l'état dans lequel vous vous trouvez, ce que certains appellent la « conscience de l'état présent », est certainement une des voies ouvertes vers plus de réussite et de sérénité dans la vie.

Ainsi comprenez-vous mieux pourquoi, à certains moments, vous avez le sentiment de gaspiller votre temps alors qu'à d'autres, vous ne le voyez pas passer... Cette conscience des actions improductives ou productives est en liaison directe avec les critères d'évaluation de votre vécu. C'est ce qui vous fait dire que vous êtes maître de vos actions, de vos émotions, de vos ressentis.

◗ Vous devez agir comme un chef d'orchestre qui dirige les musiciens (vos actions et les événements que vous vivez), bat la mesure (avec le choix du tempo et de ses variations), guide l'interprétation (les silences, les montées en puissance et les points d'orgue), ceci avec sa sensibilité et sa culture musicale (vos sensations et votre style de vie).

Clé n° 3 – Votre cohérence interne

Occuper utilement votre temps, c'est opérer des choix qui façonnent les étapes de votre vie. Or quel est votre réel libre arbitre dans les décisions que vous prenez? Quand les options se présentent à vous, votre caractère, votre personnalité, les influences conjuguées de votre entourage proche ou de vos relations, sans oublier votre culture, votre éducation, votre spiritualité, sont autant de paramètres qui guident vos choix... sans que vous y trouviez forcément votre propre compte.

Ainsi suivez-vous, par loyauté, reconnaissance, ou imitation, des modèles existants. Ainsi pouvez-vous également prendre le contre-pied de ces voies toutes tracées, en jouant aux marginaux, aux anticonformistes et autres déviants ou originaux... Ce n'est qu'une autre manière de rester encore et toujours dépendant de ces modèles.

Or, pour avoir la conscience d'un temps vécu sous votre responsabilité propre (qui ne serait plus guidée de l'extérieur), il vous revient de pratiquer des choix qui permettent la remise en cause des modèles surannés et la construction d'une nouvelle vision de votre vie future.

◗ Il s'agit d'un acte d'indépendance d'esprit et de cohérence interne. Il vous permet de maîtriser dorénavant les événements, d'établir votre volonté, d'acquérir plus de confiance et d'affirmation dans les contextes que vous avez choisi d'explorer.

Les outils opérationnels de votre efficacité dans le temps

Deux outils sont à votre disposition.

Outil n° 1 – L'art de gérer les séquences d'action

Vous êtes souvent confrontés à des chambres ou des bureaux en b... c'est-à-dire mal rangés. Vous savez également combien il est paralysant d'avoir du courrier à terminer qui traîne, des réponses à donner que vous reportez, des choses à faire que vous laissez croupir... Tout ceci est en rapport avec les séquences d'action. **Une action complète est une action qui commence, dure, se développe et prend fin.** Elle est simplement constituée de trois phases, du point de vue de celui qui agit : **Commencer – Continuer – Finir.**

Chaque fois que vous interrompez la séquence d'action, ou que vous oubliez de la mener à son terme, elle provoque en vous une représentation mentale de tout ce qui reste à faire... associée au ressenti désagréable de la charge de travail correspondante à fournir pour l'achever. On appelle cette sensation **le symptôme de séquence bloquée**, qui génère en vous une fatigue mentale, en attente de sa résolution définitive. Si vous êtes environné de séquences d'action non terminées, vous pouvez ployer sous le joug d'une immense fatigue, fruit de tous ces blocages d'énergie mentale.

◗ Souvent, le coaching du temps consiste à libérer des quantités extraordinaires de ressources par la gestion de ces séquences bloquées. Le coaché se trouve ainsi disponible pour aller vers son objectif de gestion du temps et de la vie.

> *« Ceux qui emploient mal leur temps sont les premiers à se plaindre de sa brièveté. »*
> (Jean de La Bruyère, écrivain français)

Outil n° 2 – L'art d'installer des priorités dans votre vie

Raisonner en termes de priorités consiste à jeter un regard nouveau sur chaque acte de votre vie. De façon classique, vos actions peuvent se répartir en deux catégories, selon **l'importance** que vous leur accordez ou **l'urgence** avec laquelle elles doivent être traitées et résolues.

Ce qui est important contribue à vous faire atteindre vos objectifs et concrétiser votre mission de vie.
Ce qui est urgent requiert une attention immédiate.

Alors que vous réagissez immédiatement aux choses urgentes, les séquences importantes devraient obtenir de votre part plus d'engagement, d'attention et de vigilance. En effet, si vous n'avez pas installé l'importance dans votre vie, c'est l'urgence qui prend les rênes de votre quotidien.
Pour hiérarchiser vos actions de changement, vous pouvez analyser votre vie de quatre manières différentes, qui correspondent en fait à quatre catégories d'utilisation de votre temps:

Quand vous jetez un regard sur l'utilisation de vos journées ou vos semaines, vous constatez que la catégorie « A » concerne des questions importantes qui exigent une attention immédiate. Plus vous vous consacrez à ce type de séquences, plus cette catégorie vous envahit et consomme une large partie de votre temps, en vous épuisant et en renouvelant en permanence le lot de nouveaux problèmes à résoudre et de nouvelles crises à gérer. À tel point qu'une fois la journée terminée, il ne vous reste généralement que la possibilité d'aller vous réfugier dans la catégorie « D », la moins productive. Votre vie est alors souvent gouvernée par l'incessante alternance entre l'« important/urgent » qui vous épuise et le « non-important/non-urgent » qui vous achève.

◗ **Le coaching doit toujours veiller à installer le changement dans un contexte général d'utilisation rationnelle de votre temps. S'il ne le fait pas, vous avez tôt fait, malgré toute votre bonne volonté et votre préparation, de vous faire happer par le quotidien de votre agenda, de votre dispersion et de votre stress, qui deviennent ou restent les « dictateurs » de vos actes.**

Catégorie A – Tout ce qui est Important et Urgent: les crises, les problèmes pressants, les projets soumis à des délais impératifs…

Catégorie B – Ce qui est Important, mais pas urgent: acquérir et développer ses capacités, rechercher de nouvelles opportunités, élargir ses relations, planifier les rendez-vous importants, se détendre, se ressourcer…

Catégorie C – Ce qui n'est pas important, mais reste Urgent: les questions à régler rapidement, les interruptions, les appels téléphoniques et courriers quelconques, les activités en vogue…

Catégorie D – Ce qui est ni important, ni urgent: les activités futiles, les travaux de détente, les passe-temps et autres gaspillages de temps…

L'idéal, en matière de coaching du temps, consiste, si possible, à privilégier les tâches et projets de la catégorie « B », c'est-à-dire **ces choses non urgentes mais si importantes qui améliorent la qualité de votre vie. Gérer votre temps par les priorités** consiste à consacrer la majorité de votre énergie aux activités de prévision, planification et organisation, pour empêcher que les séquences d'action non terminées ne viennent vous surprendre avec vigueur quand vous ne vous y attendez pas.

Quand vous vous occupez des choses importantes et urgentes, **vous consommez sans cesse votre énergie de production**; et vous risquez de vous éreinter au travail. En revanche, quand vous vous consacrez aux choses importantes mais non urgentes, **vous fabriquez vos moyens de production** et vous vous élevez vers plus d'efficacité et d'estime de vous-même. Vous voilà ramené à la métaphore du pêcheur que vous voulez aider à mieux vivre: vaut-il mieux lui apprendre à pêcher au lancer ou à fabriquer un filet?

▸ Le coaching, en d'autres termes, vous amène à restreindre progressivement les actions qui épuisent votre énergie physique; en revanche, il vous propose d'installer tout aussi progressivement des priorités claires et puissantes qui aident à préserver votre énergie vitale, mentale et émotionnelle.

> **Vie privée… de tout**
> *« Je viens vous voir car mon couple va très mal! J'aimerais trouver une solution… » « Combien de temps consacrez-vous à votre activité professionnelle, par rapport à votre vie privée? » « 75 % ! » « Et si vous y passiez moins de temps? » « Ce serait la catastrophe! »*

CONCLUSION

Attention à la tyrannie de la course contre la montre en raison du culte de l'urgence et de l'instantanéité (portable, mail, Internet…). Votre rapport au temps provoque du stress… Le temps perdu ou gaspillé provoque des regrets…

La démarche certainement la plus performante en matière de gestion de vos activités concerne votre capacité à mettre en place vos priorités. Or celles-ci dépendent de votre cohérence intérieure, comme vous l'a parfaitement montré l'exemple de Bernard…

Il existe des centaines d'ouvrages à votre disposition, qui vous proposent toutes les méthodes, recettes, outils… nécessaires pour mieux occuper ou gérer votre temps.

L'essentiel réside, nous l'avons à présent bien compris, dans un emploi du temps en accord avec les priorités, valeurs et surtout la conscience profonde d'être en accord avec chacun de ces éléments.

> **Les éléments de base d'une bonne gestion du remps**
> Elle doit vous libérer et non vous aliéner; elle nécessite 5 éléments principaux:
> - Une écoute attentive à vos aspirations et vos propres besoins.
> - Les priorités bien placées au centre de vos activités.
> - Des séquences d'action maîtrisées en permanence.
> - Pas ou peu de gaspillage, sans négliger les phases de repos et de loisirs.
> - Un environnement extérieur formaté pour faciliter la tâche.

AUTOCOACHING : TRAITEZ VOS SÉQUENCES D'ACTION NON TERMINÉES

Quand il s'agit de vous débarrasser de la lourde chape des effets désastreux de vos séquences d'action non terminées, la mesure primordiale à adopter consiste à vous extraire de vos sentiments de culpabilité ou de colère contre vous-même et les autres, vous affranchir de vos habitudes de fuite ou de justification de votre impéritie[1].

Exercice

Installez-vous devant plusieurs feuilles de papier et faites la liste de toutes les séquences d'actions non terminées : de la plus futile (remercier Untel pour ses félicitations) à la plus importante (arrêter de me plaindre de mal vivre mon travail actuel – ce que je fais depuis dix ans – et changer de métier).

Au départ, quelque 10 à 15 séquences vous viendront spontanément à l'esprit. Puis, la source se tarira. Mais continuez à persévérer car c'est par brouettes entières qu'elles vous reviendront en mémoire si vous persistez.
Pensez à interroger vos proches sur les promesses faites et non honorées. Pensez aux engagements vis-à-vis de vous-même que vous ne tenez pas ! Tout désordre, tout retard, tout conflit latent provient généralement d'une séquence d'action non terminée. Quelque chose a été commencé, et dure... et dure encore. Un travail a été initié, avancé... mais attend toujours son point final... Allez également à la chasse aux choses qui ont été commencées par quelqu'un d'autre, mais que vous avez pris implicitement ou explicitement la responsabilité de finaliser... sans y arriver ou sans vous y affairer. Pensez aussi, en retour, aux actions que vous avez vous-même lancées, mais dont vous laissez aux autres, ou au petit bonheur la chance, le soin de terminer.

Ce travail écrit de mise à plat vous oblige à vous dissocier de toutes ces émotions inconfortables et des ressentis lourds qui s'y relient, afin de vous sentir plus libre dans vos mouvements et vos pensées.

Une fois que toutes vos séquences bloquées, de la plus insignifiante à la plus lourde, sont répertoriées, vous allez, pour chacune d'elles, écrire :
- les émotions, les pensées et les ressentis associés à cette séquence (colère, honte, anxiété, culpabilité, doute, faux-fuyants, tergiversation, sensations physiques...) ;
- l'intention positive qui œuvre, en votre for intérieur, et qui vous a fait abandonner la séquence, ou a provoqué l'atermoiement, l'hésitation, la mise en quarantaine. Rappelez-vous que tout comportement est piloté, au fond de vous-même, par une très bonne raison tout à fait légitime, qui veut garantir votre survie, votre protection et votre confort... même si ce comportement vous apparaît comme désolant ou aberrant... Il s'agit de mettre cet enseignement en évidence pour l'utiliser par la suite.

Sur la foi de ces informations, que vous traitez de façon dissociée, vous allez décider soit de terminer la séquence, soit de l'abandonner. Les décisions sont prises en tenant compte des intérêts de toutes les parties concernées par votre choix.

Quand vous abandonnez une séquence ou quand vous la gérez jusqu'à la fin, cette action a pour effet de vous restituer toute l'énergie jusque-là enkystée dans vos cellules.

[1] Manque d'aptitude ou d'habileté dans la réalisation d'une action ou dans l'exercice d'une profession.

COACHER LES AUTRES : MIEUX ORGANISER LE TEMPS

Un agenda comporte plusieurs séquences de temps. Vous pouvez les classer selon les trois catégories d'état de la matière : état solide, liquide ou gazeux.

- Le **temps solide** correspond au temps incontournable et précieux, qu'il ne s'agit pas de bouger ou de court-circuiter. Les actions qui s'y déroulent sont considérées de la plus haute importance.
- Le **temps liquide** concerne les actions qui se coulent dans les espaces de temps disponibles. Ce temps-là est occupé par des réunions, des travaux avec d'autres, etc.
- Le **temps gazeux** concerne, quant à lui, les activités sans réelle utilité, les improvisations, les gaspillages, etc.

Exercice 1 : Aidez un proche à prendre conscience de son utilisation du temps.

Installez-vous en face de lui et passez en revue, heure par heure, pendant un mois, son agenda.

Pour chaque séquence identifiée, faites-lui repérer la forme de temps utilisée (solide, liquide, gazeuse). À l'issue de ce travail, calculez avec lui les parts respectives de chaque catégorie de temps.

Enfin, faites-le réfléchir à la manière dont il pourrait :

- éliminer progressivement les temps gazeux, ou alors comment il pourrait les comprimer, pour les rendre liquides,
- neutraliser ou canaliser certains temps liquides pour les rendre plus solides.

Cela s'appelle éliminer les gaspillages et institutionnaliser les temps utiles. Tous ces choix se feront évidemment en fonction des valeurs jugées essentielles pour votre interlocuteur, et en respectant l'écologie de tout son entourage.

Exercice 2 : Aidez un proche à organiser son emploi du temps selon des priorités en cohérence avec ses valeurs.

Dans un premier temps, vous déterminez sa hiérarchie de valeurs. Vous pouvez vous référer à la séance de coaching de Cédric, page 139.

Dans un deuxième temps, vous identifiez, pour chacune des valeurs retenues, quels engagements, comportements, activités et habitudes, s'y rapportent aujourd'hui. Exemple : respect de sa santé -> activités sportives, exercices physiques, mesures hygiéno-dététiques...

Dans un troisième temps, vous identifiez, pour chacune des valeurs, quels engagements, comportements..., négligés pour le moment, devraient être installés dans sa vie, sans tarder. Exemple : respect de sa santé -> bilans médicaux réguliers, nouvelles habitudes de consommation, temps de loisirs et/ou de décompression...

Faites en sorte que le coaché puisse vraiment prendre conscience de ce que la mise en place de ces priorités implique dans son organisation du temps. Ne négligez surtout pas l'écologie de ses choix.

> *« Le temps qui sans repos, va d'un pas si léger,*
> *Emporte avecque lui toutes les belles choses :*
> *C'est pour nous avertir de le bien ménager*
> *Et faire des bouquets en la saison des roses. »*
> (Tristan l'Hermite, diplomate, conseiller de Louis XI)

Partie III

Les trois ressources de l'action réussie

LES FORCES DE VOTRE IMPACT

■ Chapitre 1
LE TRIO MAJEUR
DE VOS RESSOURCES DE CHANGEMENT
Estime-Affirmation-Confiance

■ Chapitre 2
L'ESTIME DE SOI
Les bonnes relations entre vous et vous

■ Chapitre 3
L'AFFIRMATION DE SOI
La qualité de vos relations
avec les autres

■ Chapitre 4
LA CONFIANCE EN SOI
La puissance de vos réalisations

Pour aller confortablement vers votre objectif, vous préparer activement à un moment déterminant de votre vie, vous rendre opérationnel un jour « J » donné, vous devez être totalement sûr de réussir. C'est cette certitude qui permet à votre cerveau de tout mettre en place, dans vos pensées, vos émotions et votre physiologie, pour que la voie mentale de votre performance programme positivement vos comportements.

Cette certitude s'installe en trois étapes: le premier temps est celui de notre relation à vous-même, à votre identité; le deuxième, celui de vos relations aux autres; le troisième, celui de vos relations à vos projets et vos réalisations.

Cette installation s'opère de façon circulaire et auto-entretenue, chaque étape préparant la suivante d'autant plus efficacement qu'elle est soutenue et amplifiée par la précédente.

Chapitre 1

LE TRIO MAJEUR DE VOS RESSOURCES DE CHANGEMENT

La synergie : Estime - Affirmation - Confiance

« Je suis arrivé à Sydney avec un désir immense de goûter chaque instant de tout mon être. Je voulais que ces six derniers jours de ma carrière sportive soient du bonheur pur. Dans ma tête, je ne pensais pas au résultat, non, je voulais toucher, sentir, profiter, m'imprégner… »
(David Douillet, double champion olympique de judo)

LES GRANDES LIGNES DU CHAPITRE

■ LA CONSISTANCE PERSONNELLE : TROIS DIMENSIONS POUR UNE PERSONNALITÉ UNIQUE
Être
Faire
Avoir

■ LE TRIO MAJEUR EN INTERACTION
L'estime, l'affirmation, la confiance

Quand il s'agit de vous engager dans le changement, il vous faut impérativement avoir accès à trois ressources primaires essentielles, qui généralement suffisent déjà à elles seules, à installer en vous le levier capable de mobiliser toutes les autres.
Il s'agit du trio **« Estime de soi - Affirmation de soi - Confiance en soi »**. Ces trois mots figurent parmi les plaintes et les demandes le plus souvent véhiculées dans nos séminaires, nos cabinets et dans le courrier reçu. Nos contemporains manquent régulièrement de l'une ou plusieurs de ces trois ressources principales.
- Chez les jeunes, soumis au stress scolaire et à celui des examens, des concours, des sélections successives de la vie, c'est la **confiance** qui manque le plus cruellement. Du moins, est-ce l'expression qu'ils utilisent pour désigner leur sensation de vide intérieur et leur difficulté à mobiliser l'énergie qui les habite pourtant.
- Chez les adultes, c'est surtout **l'affirmation** qui fait défaut: le milieu professionnel est tellement exigeant, les relations de pouvoir si puissamment installées, que toute velléité d'initiative, d'expression authentique et de sensibilité est vouée à la portion congrue. Et souvent, dans ce milieu, la forme la plus usitée d'affirmation est la relation d'influence, volontiers voilée ou souterraine, à la limite manipulatrice. Dans les relations de couple ou de famille, si l'affirmation est présente, elle prend des formes souvent fausses ou perverties (agressivité, inhibition ou mensonge) : il s'agit alors de revenir à des formes de relations plus équilibrées, plus harmonieuses, et surtout plus respectueuses de l'autre.
- Quant à **l'estime de soi**, vous la nourrissez tous au gré de vos succès ou vos déboires, vos fiertés ou vos culpabilités, votre sérénité ou vos troubles... Telle la colonne de mercure du baromètre, elle est l'indicateur de votre cohérence interne. Et par ces temps de changement accéléré et d'insécurité, elle fluctue souvent.

En revanche, lorsque ces trois ressources sont disponibles et accessibles à volonté, elles vous permettent d'être « consistant », elles interagissent l'une sur l'autre, s'auto-entretiennent et constituent les « boosters » de toutes vos autres qualités, aptitudes et/ou capacités.

LA CONSISTANCE PERSONNELLE: TROIS DIMENSIONS POUR UNE PERSONNALITÉ UNIQUE

Être consistant, c'est mettre en accord ce que vous êtes avec ce que vous faites et dites, en restant cohérent avec ce que vous possédez, de façon matérielle (biens) et/ou immatérielle (ressources). Ces trois dimensions sont chacune ancrées dans un centre spécifique de votre personnalité: l'« Être », le « Faire » et l'« Avoir ».

1. « ÊTRE » (l'identité) est cette conscience que vous avez de vous-même, cette « conscience d'être conscient » de tout ce qui vous arrive... Elle est différente de votre corps, de vos émotions, de votre mental, et fait de vous un être entièrement unique.
Votre conscience identitaire s'exprime à travers une large gamme de sentiments: ceux de votre propre valeur, votre existence, votre matérialité physique et organique, votre cohérence, votre intégrité, votre unicité, votre permanence dans le temps. L'identité n'est pas déterminée une fois pour toutes: elle s'affirme dans des contextes divers: au sein de votre famille, dans le milieu professionnel, parmi vos amis et relations... Grâce aux expériences vécues dans tous ces contextes, la conscience que vous avez de vous-même évolue selon une dynamique interne propre: c'est **l'estime de soi**.

2. « FAIRE » désigne la personne en action. Mener un projet, atteindre un objectif, accomplir des choses, réaliser des changements, devenir plus capable, développer ses compétences, utiliser ses capacités : toutes ces expressions relèvent du « faire », de l'« agir » et du « dire », avec, parmi et pour les autres. Agir, dire et oser faire, c'est donner corps à votre intention, lui donner un sens (une direction et une signification), la rendre concrète et opérationnelle, et surtout l'insérer dans l'environnement. Vous êtes en effet voué à l'interdépendance pour réussir. La qualité de vos relations avec les autres est déterminante pour votre réussite : elle est le résultat de votre **affirmation de soi**.

3. « AVOIR » renvoie au fait de jouir de vos résultats, engranger vos acquis, accéder aux bénéfices de l'action, à la satisfaction, au plaisir. Posséder des biens, recevoir de l'argent, tenir une position, obtenir la confiance ou le respect d'autrui, prendre en charge des objets, des biens ou des personnes, fédérer des énergies, disposer de moyens nouveaux, se voir accorder du temps, de l'attention, recevoir des signes de reconnaissance, etc. sont de nature à vous épanouir, à vous apporter des gratifications, car vous vous construisez à travers tous ces gains. Lorsque vous accumulez succès et réussites, et quand vous savez tirer profit de vos erreurs, vous consolidez le bilan de vos réalisations : c'est la **confiance en soi**.

C'est au niveau de l'« Être » et de l'« Estime de soi » que se situent les intentions fondamentales de la personne, le sens éthique et moral, le respect de soi.

C'est au niveau du « Faire » et de l'« Affirmation de soi » que se construisent les buts, se mobilisent les énergies actives (et se désactivent les énergies limitantes), s'opère le passage à l'acte et se déroule votre confrontation directe avec la réalité du contexte, des circonstances et de vos relations avec les autres.

C'est au niveau de l'« Avoir » et de la « Confiance en soi » que se situent les indicateurs de la satisfaction de vos besoins, des plus primaires ou essentiels, jusqu'aux plus élevés. Ces biens et éléments à votre disposition constituent vos sources d'énergie, de pouvoir et de partage.

La vie implique que chaque individu assume une identité (« être ») afin d'accomplir des actions (« faire ») en vue d'en retirer des satisfactions (« avoir »).

LE TRIO MAJEUR EN INTERACTION

Estime de soi, affirmation de soi et confiance en soi évoluent de façon concomitante, à la fois dans leur progression, mais également, si vous n'y prenez garde, dans leur dégradation. Il importe donc de bien connaître les processus en cause.

1. Tout commence par votre estime de soi…
L'estime de soi est un jugement de valeur sur vous-même. Chaque fois que vous décidez d'agir en respectant fondamentalement ce que vous êtes, vous bénéficiez immédiatement d'un résultat intérieur, dont vous pouvez être conscient si vous prenez le temps de vous y attarder. Vous constatez en effet une augmentation de votre valeur et de l'opinion positive que vous avez de vous-même ; c'est votre estime de soi, votre fierté, votre satisfaction intime.

- **Cette (més)estime de soi, récompense (ou punition) immédiate de votre cohérence (incohérence) interne, contribue dans une large mesure à l'évolution progressive des deux autres éléments : l'affirmation de soi et la confiance en soi.**

2. … ensuite, s'installe progressivement l'affirmation de soi…

L'affirmation de soi, qui s'alimente à votre sentiment de sécurité et d'assurance intérieure, vous permet d'oser dire et faire ouvertement et authentiquement ce que vous pensez profondément dans des domaines et sur des sujets qui vous importent par-dessus tout. Savoir dire « oui » et aussi « non », être capable de vous engager, avoir le courage de prendre position, être persévérant, vous ouvrir aux autres sans peur sont les effets induits de votre nouvel enracinement. Du fait de votre affirmation plus pertinente et plus assurée, vous perdez l'habitude de vous mettre en retrait, de vous cacher ou de dissimuler vos opinions, avis ou propositions. Cette ouverture vous fortifie dans votre réalité et votre vérité, même lorsque la situation est difficile.

◗ **Afficher clairement vos objectifs et vos projets, les défendre, mettre en œuvre les moyens appropriés vous confère une solidité intérieure, qui est communicative pour vos partenaires, et s'impose à vos contradicteurs, rivaux ou concurrents.**

3. … et petit à petit, se construit la confiance en soi…

La confiance en soi prend beaucoup plus de temps pour s'installer en vous. En effet, se faire confiance c'est faire, vis-à-vis de soi-même, le pari qu'on va réussir ce qu'on entreprend. Il vous faut donc accumuler un nombre suffisant d'actions réussies pour que, petit à petit, se consolide votre confiance. Et ce premier acquis vous projette vers de nouvelles anticipations de réussite et de nouvelles expériences, de plus en plus ouvertes, imprévisibles et peut-être risquées. Et ainsi de suite…

◗ **La confiance en soi s'appuie donc sur l'expérience et se bâtit domaine par domaine, dans votre vie. Vous êtes confiant dans certains registres de votre existence, et vous pouvez manquer de confiance dans d'autres secteurs. L'essentiel est que s'opère, par porosité ou par capillarité, une infiltration de doses de certitude, des uns vers les autres.**

4. … et tout se « reboucle » sur l'estime de soi.

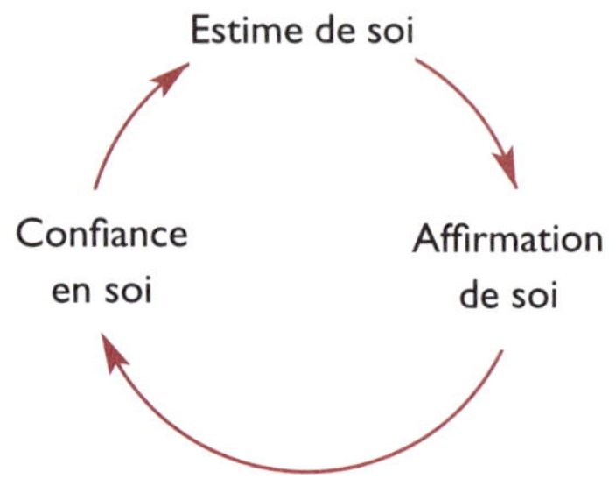

Au cœur de votre identité, il y a le sens de votre personne, votre détermination et votre confiance. Muni d'une direction, d'une volonté et d'une assurance, vous avez le sentiment de votre puissance, qui alimente votre estime, -> enrichit vos choix d'expériences nouvelles, -> vous fait prendre une place plus conséquente dans la vie, -> vous associe aux énergies des autres, qui vous confirment dans votre valeur, -> alimente votre ambition, -> justifie vos choix nouveaux. Etc.

Nous en resterons là, tant cette spirale de progression est évidente dans ses conséquences… Et nous nous abstiendrons volontairement de décrire la spirale dramatique de l'effondrement de soi, tant elle peut faire froid dans le dos.

◗ **Le coaching est là pour vous installer durablement dans la spirale vertueuse de vos progrès, après vous avoir soustrait, si nécessaire, au cercle vicieux de votre identité maltraitée.**

Chapitre 2

L'ESTIME DE SOI

Les bonnes relations entre vous et vous

« Quand je me regarde je me méprise, quand je me compare je m'admire. »
(Charles-Maurice de Talleyrand, homme politique français)

LES GRANDES LIGNES DU CHAPITRE

■ ÉDIFIER vOTRE ESTIME
Vos valeurs, vous y référer
Respect de soi, le rendre puissant

■ FAIRE GRANDIR VOTRE ESTIME
Vos croyances limitantes, vous en libérer
L'image de soi, la rendre fluide

■ AUTOCOACHING : DÉGAGEZ VOTRE SYSTÈME DE VALEURS

■ COACHER LES AUTRES :
RESTAURER L'ESTIME DE SOI DE JEUNES ET D'ADOLESCENTS

L'estime de soi se mesure à la conscience que vous avez de votre valeur en tant que personne. Quand vous naissez, vous disposez d'un capital de valeur propre, par le simple fait d'exister. Vos parents, votre entourage et le monde entier vous accueillent avec joie et bonheur pour ce que vous représentez: un miracle de la vie. À partir de ce moment intense, et pour toujours, vous êtes votre valeur.

Au fil des mois, et plus particulièrement lors de votre socialisation, quand vous expérimentez progressivement l'impact des relations et interactions qui vous lient aux autres, vous prenez certaines décisions qui sont souvent déterminantes pour votre estime de soi et le resteront souvent pour de nombreuses dizaines d'années plus tard.

Certains jeunes enfants décident de se conformer à l'image de ce qu'ils pensent que le monde attend d'eux et entrent peu à peu dans la peau du rôle dont ils se croient dorénavant investis: de ce fait, ils abandonnent une large part de ce qui fait leur originalité et leur spécificité.

D'autres optent pour une prise de distance par rapport à ce monde, en s'en méfiant, y cherchant des occasions de se protéger ou de se soustraire à ses dangers supposés. Eux aussi abandonnent au passage une grande partie de leur authenticité et leur singularité.

D'autres enfants encore choisissent un chemin médian, en affirmant leur volonté d'être eux-mêmes; ils tiennent à sauvegarder la spécificité et l'authenticité de leur personne, en établissant de nombreuses rencontres avec leurs semblables. Eux aussi font dépendre dorénavant leur accomplissement intérieur de la qualité du contrôle qu'ils vont être capables d'exercer sur ces relations.

Ces orientations majeures, que vous prenez au plus tard vers l'âge de 2/3 ans, conditionnent singulièrement votre estime de soi. Quelles que soient les nuances des options prises, **chacun de vous a, dans cette phase de sa vie, renié une partie de sa valeur propre en donnant aux autres le pouvoir de la lui restituer ou non**.

Les premiers ont dorénavant besoin de la reconnaissance des autres pour se sentir valables; les suivants attendent des garanties et des assurances des autres pour se retrouver eux-mêmes; les derniers trouvent dans leur ascendant et leur pouvoir sur les autres les moyens de leur unité profonde.

▸ Ainsi se trouve posée la problématique de l'estime de soi: vous avez, à une certaine période de votre vie, perdu la conscience de votre valeur intrinsèque et inaliénable, jusqu'à croire qu'il dépendra dorénavant des autres et des relations que vous allez établir avec eux de pouvoir retrouver la pleine mesure de votre amour-propre et votre respect de vous-même.

Revenir à une estime de soi opérationnelle consiste donc:

- d'une part, à raffermir le socle de votre valeur inaliénable d'être humain: c'est sa partie statique;
- d'autre part, à garder intacte votre estime, face aux aléas de la vie: c'est sa partie dynamique.

▸ En somme, pour bâtir, maintenir ou augmenter votre estime de soi, il vous faut exister comme personne à part entière et agir conformément à vos valeurs.

> *« L'estime de soi-même est le plus grand mobile des âmes fières. »*
> (Jean-Jacques Rousseau, écrivain et philosophe suisse)

ÉDIFIER VOTRE ESTIME

Votre estime de soi dépend du jugement que vous portez, à un moment donné, sur ce que vous valez, à vos propres yeux. Elle dépend de la concordance ou non de votre identité avec vos valeurs et vos orientations profondes.

Vos valeurs, vous y référer

Une valeur est un mot qui exprime ce qui, à un moment donné, est vraiment important et essentiel pour vous, donne un sens à votre vie et à vos agissements. Ce que nous appelons important ou essentiel dépend de critères personnels (internes) et sociaux (externes, fonction de la culture ambiante et de l'époque).

Parmi les valeurs qui peuvent vous servir de référence, vous trouvez la fidélité, l'amitié, la tolérance, l'efficacité, la responsabilité, l'amour, la générosité, l'optimisme, la réussite, la sécurité, la beauté, le courage, la combativité, et tant d'autres...

Extrait de séance de coaching:

Cédric, 19 ans, étudiant, célibataire.

Co : « Pouvez-vous choisir, dans votre vie, un moment banal... sans conséquence particulière... ? »

Coé : « Oui, quand je me brosse les dents... Ce matin, par exemple, il est 7 h, au lever... Je me trouve dans ma salle de bains... J'écoute la radio... pour les nouvelles... »

Co : « Que faites-vous exactement, que ressentez-vous, en vous brossant les dents, à ce moment-là ? »

Coé : « Je passe ma brosse sur les dents et les gencives, je sens des restes de mauvaise haleine qui disparaissent, je crache la mousse du dentifrice, je me rince la bouche, je me regarde dans la glace... »

Co : « Quelles sont les capacités que vous mettez en œuvre, pour bien faire cela ? »

Coé : « Je dose bien mon dentifrice, je me brosse les dents consciencieusement, je repère des douleurs ou un saignement dans la bouche... »

Co : « Bien... Avez-vous des façons particulières ou une astuce pour vous brosser les dents comme vous pensez devoir le faire ? »

Coé : « Je procède avec méthode, je privilégie particulièrement les gencives, je fais d'abord l'arrière de la dentition et puis l'avant, en commençant par le haut... Je travaille aussi l'interstice des dents... »

Co : « Et que pensez-vous à ce moment-là, sur vous-même, les autres, la vie et le monde en général ? »

Coé : « Eh bien... Je m'étonne d'être si régulier tous les matins dans le brossage... Je pense que je devrais aussi le faire après chaque repas, mais c'est difficile à l'université... Et le soir, je le fais parfois, et parfois pas... Le soir est fait pour vivre... pas pour s'emmerder... C'est pas bien, je sais... Cette habitude, je la dois à ma mère, qui m'a inculqué ça depuis que je suis tout petit... Pour le reste, j'écoute la radio... La vie est belle, la matinée commence bien... Voilà ! »

Co : « Merci... Et qui êtes-vous, à ce moment-là ? »

Coé : «... (Silence)... Ben... Moi, Cédric... »

Co : « Et pour qui d'autre que vous êtes-vous à ce moment-là, "Moi, Cédric ?" »

Coé : « Pour qui d'autre que moi ?... (Silence)... Je l'ai déjà dit, pour ma mère... Ah oui, pour ma petite sœur aussi... et pour ma copine, oui, évidemment... (Silence)... et mon père, j'allais l'oublier ! »

Co : « Très bien... Que voulez-vous apporter de positif à votre mère, à ce moment-là ? »

Coé : « De la fierté... Elle peut estimer qu'elle a bien fait son travail d'éducation... Oui, le sentiment du devoir accompli... »

Co : « Et que voulez-vous apporter de positif à votre petite sœur, à ce moment-là ? »

Coé : « Un exemple... Je veux qu'elle m'imite, pour son bien ! »
Co : « Et quand elle vous imite, qu'est-ce que cela lui apporte de positif, à elle ? »
Coé : « Une bonne santé des dents... De la santé... De la beauté aussi... C'est important d'avoir de belles dents ! »
Co : « Et que voulez-vous apporter de positif à votre copine, à ce moment-là ? »
Coé : « Une bonne haleine... pour le bisou ! »
Co : « Et quand vous vous présentez devant elle avec une bonne haleine, qu'est-ce qu'elle en retire de positif, pour elle ? »
Coé : « Elle se sent respectée... Le respect ! »
Co : « Et que voulez-vous apporter de positif à votre père, à ce moment-là ? »
Coé : « Attendez, mon père, c'est pas du positif... Sa bouche est un cendrier ambulant, tellement il fume ! Alors je voudrais juste qu'il comprenne qu'il faut qu'il ait des dents plus propres ! »
Co : « Et quand il comprendra qu'il lui faut des dents plus propres, qu'est-ce que cela lui apportera de positif ? »
Coé : « Une meilleure santé, une meilleure hygiène... Oui, de l'hygiène... »

Commentaires : *ce dialogue avec Cédric démarre sur un thème banal : se brosser les dents. Pourtant, par la vertu de la « montée des niveaux logiques d'expérience[1] », nous arrivons néanmoins au niveau supérieur (celui de la « mission ») : Cédric, dans cet acte routinier de la vie, a accès, au plus profond de lui-même, à des valeurs importantes (fierté, santé, beauté, respect, hygiène) qu'il souhaite faire partager à des personnes importantes pour lui à ce moment-là. Le coach pourrait pratiquer cet exercice à partir de quelques autres moments sans importance pour accéder à d'autres valeurs encore. Mais l'expérience montre que, généralement, une personne peut en toute conscience mettre en évidence quelque dix à vingt valeurs, qui sont dès lors ses références pour guider, à un moment donné, sa vie.*
Notons que l'exercice consiste à trouver ce que l'autre personne retire de positif pour elle. Il ne s'agit pas de s'arrêter à ce que Cédric apporte à l'autre, mais à ce que l'autre pourrait en retirer, dans sa propre vision des choses. Lorsqu'une personne s'invite mentalement dans l'évocation des faits, c'est le cas ici du père de Cédric, elle enrichit notablement l'expérience du coaché.

Consciemment ou inconsciemment, vos valeurs pilotent vos actions et fonctionnent comme des révélateurs de votre cohérence ou de votre non-cohérence interne. Lorsque vous agissez sans être en concordance avec une ou plusieurs de vos valeurs fondamentales, vous éprouvez un malaise et vous vous en faites le reproche. Vous vivez un conflit interne. Lorsque d'autres ont des comportements qui heurtent vos valeurs fondamentales, vous pouvez également en être profondément affecté.

Autres commentaires : *notons comment Cédric se reproche de ne pas se brosser les dents systématiquement le soir. Et relevons également l'énervement de Cédric quand il parle de son père. Santé et hygiène sont certainement, dans ces circonstances-là, des valeurs altérées ou bafouées aux yeux de Cédric, ce qui explique son malaise.*

▶ Il est important que vous puissiez vous appuyer sur des valeurs soigneusement sélectionnées et correctement hiérarchisées pour qu'elles guident votre vie de façon harmonieuse.

[1] Voir définition dans le chapitre « Noblesse du coaching » page 32.

Extrait de séance de coaching (suite): *Cédric, 19 ans, étudiant, célibataire.*

Co : « Je vous propose d'établir la hiérarchie des premières valeurs que vous avez trouvées... Nous avons donc à classer: fierté, santé, beauté, respect, hygiène... Dites-moi, qu'est-ce qui est plus important pour vous: fierté ou santé? »

Coé : « La santé. »

Co : « Et entre santé et beauté? »

Coé : « La santé. »

Co : « Et entre santé et respect? »

Coé : « Euh... je ne sais pas... »

Co : « Bien... Si vous aviez à choisir entre une vie pleine de santé et une vie pleine de beauté, vous opteriez pour quoi, de façon préférentielle? »

Coé : « La santé, quand même... »

Co : « Et entre santé et hygiène? »

Coé : « Encore la santé. »

Co : « Parfait, nous allons mettre la santé de côté et recommencer le même travail pour les valeurs qui restent. Qu'est-ce qui est plus important pour vous: fierté ou beauté? »

Coé : « La fierté! »

Co : « Et entre fierté et respect? »

Coé : « Le respect. »

Co : « Bien... et entre respect et hygiène? »

Coé : « Le respect. »

Co : « Et entre respect et fierté? »

Coé « Le respect toujours... »

Co : « Et entre respect et beauté? »

Coé « Le respect! »

Co : « Nous mettons le respect de côté et il nous reste trois valeurs... »

Coé : « Oh, je vois l'ordre, c'est la fierté, ensuite la beauté et pour terminer l'hygiène... »

Co : « Bon, ce qui nous donne la hiérarchie de valeurs suivante: 1) santé, 2) respect, 3) fierté, 4) beauté, 5) hygiène... Avez-vous des commentaires sur cette rapide hiérarchisation? »

Coé : « Je me rends compte que la santé vient très haut... Mais vous comprenez maintenant pourquoi je veux m'orienter vers des études médicales?... Et le respect, ça a à voir avec l'importance que j'accorde au respect de la personne humaine... Oui, ça me convient bien! Étonnant! Et la fierté... Je ne sais pas si cela correspond et si un jour je le ferai, mais les ONG[1] m'attirent beaucoup... Je serais fier quelque part d'en faire partie... Oui, oui! »

Commentaires: *le coach propose à Cédric un travail de comparaison, une à une, de plusieurs valeurs... Cette technique permet de donner plus de cohérence et de certitude à une personne quand elle s'interroge sur ce qui guide profondément ses comportements. Cédric peut dorénavant hiérarchiser par ses propres moyens une liste bien plus longue de valeurs, qu'il lui revient de constituer.*

▶ Les valeurs, surtout quand elles prennent sens par leur organisation, sont une force indispensable pour asseoir votre certitude intérieure. Il s'agit à présent de les garder bien compactes, afin qu'elles aient une influence déterminante sur les actes de votre vie courante.

Respect de soi, le rendre puissant

Vos valeurs de référence donnent une fondation à votre identité, en même temps qu'elles vous amènent à concevoir un monde idéal, où elles auraient droit de cité. À défaut de pouvoir vivre en permanence cet idéal de valeurs, vous faites en sorte, chaque jour, de tendre concrètement vers lui.

▶ Selon les situations et les événements qui se présentent dans votre vie, vous mesurez en permanence l'écart entre l'image idéale que vous souhaitez avoir de vous-même (« lorsque je me respecte »),

[1] ONG : organisations non gouvernementales comme : Médecins sans frontières, Médecins du monde ou Handicap International.

et l'image que vous vous renvoyez dans ces instants-là (par exemple: « si je ne me respecte pas »). C'est la conscience de cet écart qui mesure votre estime de soi. Il vous incombe donc, dans toute la mesure du possible, de veiller au respect de votre cohérence.

Ce respect de soi s'exprime à divers niveaux:
- Est-ce que vous avez à cœur de tenir votre place au nom de repères puissants, vos valeurs et vos vérités profondes?
- Est-ce que vous accordez une valeur forte à vos opinions et vos croyances?
- Est-ce que vous assumez complètement vos choix et vos décisions?
- Est-ce que vous reconnaissez les limites de vos connaissances et de vos capacités?
- Est-ce que vous restez solidement ancré dans vos relations et vos engagements?
- Est-ce que vous êtes à l'écoute réelle de vos émotions et de vos ressentis?

Toute la technique du coaching est fondée sur le fait que vous avez le droit d'abandonner d'anciennes positions afin d'opter pour de nouveaux choix, parce que vous connaissez mieux la situation et parce que vous avez changé de point de vue sur vous-même. Pour ce faire, le coaching reste attentif aux signes qu'envoie le corps pour nous indiquer ce qui va ou ne va pas.

◗ Le respect de soi vous installe dans l'action au meilleur de vous-même et de vos capacités du moment. Si, dans cette disposition d'esprit, des obstacles se présentent et si vous commettez des erreurs, vous pouvez garder votre place et profiter de ces circonstances comme des opportunités vers plus de certitude encore de votre valeur.

> *« Personne ne sait qui il est vraiment avant d'avoir été mis à l'épreuve. »*
> (Steven Spielberg, cinéaste américain)

FAIRE GRANDIR VOTRE ESTIME

Comme vous allez le voir, votre estime de soi obéit à une construction dont les plans vous échappent la plupart du temps. Ce qui importe pourtant, c'est que vous puissiez vous rendre compte de la manière dont vous avez construit votre édifice d'estime de soi, et si vous êtes capable de vous donner de « nouveaux permis de construire » pour la faire évoluer en fonction des circonstances de la vie.

◗ Comment installer du mouvement et de la fluidité dans votre personnalité, tout en restant fidèle à vos valeurs?

Vos croyances limitantes, vous en libérer

Les croyances[1] sont des généralisations, à partir de vos perceptions. Quand vous dites: « Il y a toujours une solution à un problème », vous énoncez là un **présupposé**, c'est-à-dire une manière très personnelle d'aborder la réalité. Vous avez des hypothèses sur vous-même, les autres, la vie et le monde, la nature des problèmes et la façon de les résoudre. Lorsqu'un présupposé, au lieu de rester une hypothèse à vérifier, devient un jugement de valeur, il prend rang de croyance, et vous l'admettez comme vrai. À partir de ce moment-là, la croyance agit comme un filtre de vos perceptions et vous décodez la réalité qui vous environne à travers ce biais mental.

- Certaines croyances s'expriment positivement, par estime favorable envers soi et les autres: « J'ai toujours eu de bons

[1] Voir chapitre 2 page 32 : la croyance dont nous parlons est le fruit d'un processus mental, à ne pas confondre avec un acte de foi religieux ou philosophique.

professeurs durant mes études! »; elles ont alors là une portée très constructive sur vos attitudes et vos actions. Elles sont intéressantes car elles permettent, en coaching, de mobiliser avec force et rapidité vos ressources.

- **D'autres croyances empruntent des tournures négatives et dévalorisantes.** Elles trouvent leur fondement dans des expériences d'échecs ou de déceptions. Une croyance limitante porte en elle des mécanismes très corrupteurs car, tel un engrenage interne, elle s'immisce dans vos registres profonds, où elle n'est plus forcément reconnue et identifiée comme telle. Elle fait alors souvent partie intégrante de votre personnalité. Sa fonction est d'être imperméable à toute remise en cause: elle cherche en outre à mettre en évidence tout ce qui, dans votre vie, est de nature à en renforcer le pouvoir dévastateur. C'est en ce sens qu'on dit qu'une croyance s'auto-entretient.

Certaines personnes se complaisent dans une dépréciation de leur image ou de leurs capacités. Vous savez à ce stade de votre connaissance qu'un tel comportement est toujours piloté par une partie qui, chez elles, a une intention positive légitime de le faire, à ce moment-là et dans ce contexte-là. Lorsqu'un enfant dit à qui veut l'entendre: « Je suis nul, je n'y arriverai pas... », vous pouvez conclure qu'en exagérant de la sorte, il y trouve des avantages, par exemple en s'évitant de prendre des risques, en se protégeant d'un nouvel échec ou en préservant l'image qu'il donne aux autres... Pour autant, en se dépréciant ainsi de la sorte, il se coupe de ses sources d'énergie, de motivation et de volonté. Quand une personne retourne la croyance dépréciative contre elle, elle devient dépressive, dépendante et complexée. Si, par ailleurs, elle oriente cette croyance vers son environnement, le climat autour d'elle risque de se détériorer. Si, pire encore, elle déprécie ouvertement les autres, elle peut engendrer des conflits plus ou moins lourds.

Extrait de séance de coaching:

Annabelle, 62 ans, retraitée, mariée avec Guillaume.

« Ça ne va plus... (mouvement de balayage horizontal avec la main droite qui sera répété à plusieurs reprises, en alternance avec un tapotement vertical du pouce sur le bureau). Quand je m'emmerde, je voudrais ne pas me sentir désespérée! Le matin, quand je me "rase", je fais des tas de projets que je ne vais pas réaliser! C'est ainsi depuis la retraite... Dès que je suis habillée, j'me r'trouve comme une conne... J'dois vous paraître idiote... Mais j'veux pas faire des trucs pour faire des trucs... Parfois j'trouve du sens à un p'tit truc... parfois j'fais pour faire et ça m'déprime... Excusez-moi, j'suis sur un ton pathéto-bavard aujourd'hui... J'avais envie d'pleurer, alors autant pleurer chez vous... J'suis jamais dans le présent, j'm'en empêche, je suis dans le passé où là j'sais pas c'que j'vais faire. J'ai acheté des lunettes hier sur un coup de foudre... j'm'en suis voulu immédiatement d'avoir trahi mon opticien... J'suis complètement conne. Mais ça a touché quelque chose de plus profond... J'me suis sentie coupable. J'arrive plus (presque des pleurs)... J'me dénigre sans arrêt, j'dénigre mes envies... J'me dis qu'elles n'en sont pas. Habituellement ça marche à peu près... mais quand j'suis moins bien ça marche plus. J'arrive pas à me faire plaisir... Dès que je suis peut-être bien, j'me dis "ça suffit"... Je peins... Mais j'arrive à me persuader que la toile c'est trop cher, que je vais la gâcher... J'suis pas une artiste, j'me promène simplement dans ce monde... J'ai culpabilisé de faire de la peine à Guillaume lorsqu'il m'a demandé "Ça ne va pas?"... Construisez-moi un soubassement...

Maintenant dès qu'il fait beau ça m'donne de l'angoisse… Je pense à ma mère… Pourtant elle aimait bien quand il faisait beau… Guillaume, il fait des trucs intéressants, moi, j'invente des trucs à faire… J'suis pas jalouse… et pourtant j'arrive à lui gâcher ses projets… J'suis vraiment conne… (pleurs importants, elle tourne alors le dos) Je vis en panne de projets mais j'suis pas jalouse de ses projets, j'suis jamais jalouse des autres… et surtout pas de lui… J'veux pas les choses des autres… J'm'en veux seulement d'être comme ça… »

Note importante: *le coach est ici confronté à un mal-être pathologique qui relève d'un suivi médical, proposé et accepté.*

Commentaires: *Annabelle nous donne largement accès à ce que nous pourrions appeler ses « anti-valeurs », c'est-à-dire ce qu'elle veut éviter dans la vie et ce qu'elle rejette… Dans ce dialogue, elle nous livre pêle-mêle: l'ennui, la trahison, le gâchis, la jalousie… Son récit manifeste un chevauchement de plusieurs registres, sensoriels, mentaux et émotionnels. Son propos nous révèle toutes les strates de sa dévalorisation (choix d'expressions parmi d'autres…):*

- *Au niveau de son identité: « j'me trouve comme une conne – paraître idiote – J'suis complètement conne – J'suis pas une artiste – J'suis une conne – j'suis pas jalouse – J'm'en veux d'être comme ça… ».*
- *Au niveau de ses croyances et de ses valeurs: « J'arrive pas à me faire plaisir – J'suis jamais dans le présent – Habituellement ça marche à peu près – quand j'suis moins bien ça marche pas – Je vis en panne de projets – j'suis jamais jalouse des autres – J'veux pas les choses des autres ».*
- *Au niveau de ses attitudes mentales: « autant pleurer chez vous – jamais dans le présent… dans le passé – sur un coup de foudre – un ton pathéto-bavard aujourd'hui ».*
- *Au niveau de ses capacités: « j'm'en empêche – Excusez-moi – là j'sais pas c'que j'vais faire – je vais la gâcher – moi, j'invente des trucs à faire – j'arrive à lui gâcher ses projets ».*
- *Au niveau de ses comportements et de ses ressentis: « je m'emmerde – je me "rase" – ça m'déprime – j'ai envie de pleurer – sentie coupable – j'me promène simplement dans ce monde – ça m'donne de l'angoisse – j'ai culpabilisé – gâché les projets ».*
- *Au niveau des contextes où elle évolue (où, quand et quoi?): « le matin (quand je me "rase") – depuis la retraite – un petit truc – des trucs à faire – Maintenant dès qu'il fait beau (ça m'donne de l'angoisse) – (pleurer) chez vous ».*
- *N'oublions pas la petite voix: « J'me dis qu'elles n'en sont pas – j'me dis "ça suffit" ».*

Relevons aussi un fil rouge de croyances et de mécanismes récurrents dans les propos d'Annabelle, à savoir: « J'me dénigre sans arrêt, j'dénigre mes envies… – Dès que je suis peut-être bien, j'me dis "ça suffit"… – J'suis jamais dans le présent, j'm'en empêche ».

Nous pourrions consacrer un chapitre, voire un ouvrage complet aux mécanismes de dénigrement et au fait de se complexer, se rabaisser, se sentir honteux ou coupable, se haïr presque… L'objet du coaching est d'inverser cette spirale de la dévalorisation. Vous devez retenir que vous êtes souvent le premier à dire du mal… de vous-même. Si une autre personne vous interpellait et vous harcelait (par le ton, le sarcasme, la brutalité, l'insistance…) comme le fait cette petite voix, vous auriez tôt fait de l'éliminer de vos relations. Et pourtant, vous acceptez cette promiscuité malfaisante.

Autres commentaires: *s'agissant d'Annabelle, il semble patent qu'elle virevolte, dans ses propos, entre passé, présent et futur, avec des difficultés à se fixer dans le temps présent. Nous pouvons qualifier les comportements d'Annabelle*

d'autosabotage. Il convient donc d'aller chercher les intentions positives qui pilotent ces attitudes et ces prises de position sur elle-même, ses actes, et ceux des autres. S'agissant de ses croyances exprimées, pour la plupart limitantes et dévalorisantes, elles font chorus et se confondent avec l'identité qu'elles enserrent à la manière d'un carcan, à l'aide d'une sorte de disque rayé: « J'me dénigre sans arrêt, j'dénigre mes envies... – Dès que je suis peut-être bien, j'me dis "ça suffit"... – J'suis jamais dans le présent, j'm'en empêche. »
Il s'agit là d'un écheveau de la vie intérieure que le coach doit aborder avec doigté pour le débrouiller progressivement... Nous pourrions conclure que, si nous avions dans notre entourage une telle Annabelle, nous lui rendrions un énorme service en la faisant parler de sa vie de façon dissociée, comme si elle nous décrivait un film dans lequel elle jouerait... Cette façon de faire désamorcerait ses ressentis et ses émotions, et lui permettrait déjà de jeter un regard nouveau sur son vécu. Cela donnerait en outre à son cerveau le signal qu'un changement simple et rapide est possible.

◗ **Pour changer une croyance limitante, et s'en libérer, il faut vous remettre en cause, clarifier votre objectif et les moyens que vous mettez en œuvre.** Souvent, un dialogue bien guidé peut déclencher cette réflexion et remettre en cause des habitudes enkystées.

Extrait de séance de coaching (suite):
Annabelle...
Co : « J'ai noté parmi tout ce que vous avez dit, plusieurs choses. Je vous cite: "Je me dénigre sans arrêt, je dénigre mes envies... Je me dis qu'elles n'en sont pas. Habituellement ça marche à peu près... mais quand je suis moins bien, ça ne marche pas." Vous vous rappelez ? »
Coé : « Oui, j'ai dû dire ça... Avec tout c'que j'vous ai balancé... »
Co : « Je me pose une question... Comment je pourrais faire, exactement, pour avoir une envie et la dénigrer aussitôt ? »
Coé : « Si vous vous posez la question, c'est qu'vous avez jamais essayé ! »
Co : « Donc, il faut essayer... Vous, vous avez essayé... Ça vous a réussi et qu'est-ce que cela vous a apporté ? »
Coé : « De m'arrêter à temps... Dès qu'j'm'emballe, on m'dit qu'j'en fais d'trop... j'deviens dingue... Comme quand j'étais môme... »
Co : « De vous arrêter à temps... En quoi c'est important de s'arrêter à temps ? »
Coé « Arrêter d'passer pour une folle ! »
Co : « OK... Et qu'est-ce que cela permet d'autre, de vous arrêter à temps ? »
Coé : « J'en sais rien, moi! D'rester à ma place, de n'pas faire chier l'monde... Guillaume, les autres... »
Co : « En quoi ne pas pouvoir s'arrêter à temps serait un problème ? »
Coé : (Silence) « ... J'suis paumée, là... (pleurs)... »
Co : (Le coach laisse le temps à Annabelle de reprendre ses esprits) « ... Je répète... En quoi ne pas pouvoir s'arrêter à temps pourrait être un problème ? »
Coé : « C'est horrible... C'est d'm'retrouver en hôpital psychiatrique... »
Co : « Et quelle est la chose importante qui est violée quand on se retrouve en hôpital psychiatrique ? »
Coé : « On est bafouée... On est moins qu'rien... (colère)... On vous bourre de cochonneries, pour que vous soyez sonnée... »
Co : « Et donc, qu'est-ce qui est profondément bafoué à ce moment-là ? »
Coé : « La vie, la féminité... j'en sais rien, moi !... (plusieurs balayages horizontaux de la main droite)... (regard fixe, agressivité)... »
Co : « La vie, la féminité... ? »

Coé : «… La joie de vivre… Vivre… en réalité… manger, faire l'amour, jouir… réellement, concrètement… Pas du masturbage intellectuel… Ouais… La réalité, vivre avec mes tripes mon plaisir dans mon corps… »
Co : « Très bien… Je vous propose de reprendre tout cela, et vous m'arrêtez si quelque chose vous vient à l'esprit… Voilà… J'essaye de comprendre avec vous : vous dénigrez vos envies, car cela vous permet de vous arrêter à temps… Arrêter à temps, c'est rester à sa place, c'est aussi éviter de passer pour une folle, et de se retrouver en hôpital psychiatrique, et quand on évite tout cela, on peut sauvegarder la vie, la féminité, la joie de vivre, bref, vivre… Est-ce que c'est ça ? »
Coé : « Pffhh !… (tête qui va de droite à gauche)… C'est dingue… C'est pour ça que j'm'empêche de vivre ?… Pour vivre ?… Alors là… (regard fixe… long silence)… (profonde inspiration et léger sourire)… C'est dingue ! »
Note : *quand le coach dit « Je me pose une question… Comment je pourrais faire… », il adopte une posture très particulière. Il ne laisse pas à Annabelle le soin d'expliquer comment elle ferait, elle, il lui demande de lui expliquer comment il pourrait faire, lui. Ce procédé a une fonction très importante : concentrer la réponse sur le processus et non sur le contenu de l'expérience. La réponse d'Annabelle est « essayer ». Et ce terme permet de relancer la suite du dialogue.*
Commentaires : *le coach a repéré, dans le propos d'Annabelle, plusieurs séquences du type « je fais et, immédiatement, j'arrête ou je m'empêche de faire ». Il décide de décoder la croyance « je dénigre sans arrêt mes envies ». Nous apprenons, dans cette séquence très instructive, qu'une croyance est une équivalence entre deux éléments, chacun situé aux deux extrêmes d'une chaîne plus ou moins longue de cause à effet.*
Nous découvrons également que derrière une croyance se trouve profondément ancrée une valeur qui, si elle est respectée, en fait une croyance positive et ouvrante mais qui, si elle n'est pas respectée, est très limitante. Qui pourrait penser, si nous rapprochons les deux extrêmes, que « je dénigre sans arrêt mes envies » trouve son fondement et sa puissance dans « je veux vivre réellement et concrètement ma vie ». Même Annabelle met du temps à digérer ce paradoxe. Se libérer d'une croyance limitante exige et nécessite une démarche particulièrement délicate.
Dans cette partie du travail avec Annabelle, le coach se contente d'ébranler la construction de la croyance en cause. Mettre en évidence que cette chaîne de cause à effet est surannée, lui pourrit la vie au lieu de précisément la lui faciliter, et a donc un impact important sur son équilibre général. Lors d'une étape ultérieure, il faudra ébranler un peu plus encore l'enracinement de cette croyance ancienne, pour qu'une nouvelle option, plus positive, plus libérante et surtout plus actuelle, puisse prendre le relais.

L'image de soi, la rendre fluide

L'image de soi est simplement une représentation que vous vous faites de vous-même, comme si vous pouviez vous voir, vous regarder de l'extérieur, tout en ressentant en vous ce que cette image provoque de sensations favorables, neutres ou désagréables. Des expressions telles que « je ne peux plus me regarder en face », ou « je ne me vois pas comme ça », ou bien encore « je les vois bien mariés ensemble », confirment le rôle puissant de l'image que vous avez de vous-même ou que les autres vous renvoient.

Les premières personnes dans la construction de votre image sont évidemment vos parents. La pierre angulaire de l'image qu'ils édifient est : « Tu es notre enfant », et ceci a un caractère absolu et inviolable. De cette première base, vous pouvez tirer la conclusion que vous êtes ce que vous êtes, sans avoir à prouver ou à justifier quoi que ce soit. À ce moment-là n'existe aucune dépendance et toutes les opportunités vous sont ouvertes. Ensuite, avec le temps, les relations, les événements, vous allez ajouter des briques à votre édifice d'images, qui devient une construction complexe : une photographie en plusieurs dimensions, qui englobe votre physique et votre morphologie, les personnes et les choses qui sont importantes pour vous ou qui vous marquent, les statuts (conjugal, parental, professionnel...), les rôles divers que vous jouez dans la société, les positions (d'autorité ou de dépendance, ou d'égalité) que vous occupez, les archétypes de votre culture, les images en vogue ou à la mode, l'attention portée au « qu'en-dira-t-on », etc.

À un moment donné, votre énergie dans la vie, votre volonté, votre motivation, votre détermination dépendent de la qualité de la construction de votre image de soi. Lorsque vous entretenez une image de vous-même claire, ordonnée et bien orientée, vous disposez d'une énorme puissance pour réaliser ce que votre conscience vous dicte de faire. En revanche, quand les éléments de votre image sont (em)brouillés, contradictoires, voire en conflit, vous perdez en énergie.

◗ Une personne séduisante est un être qui a une image de soi cohérente et juste, dont elle se sent responsable et qu'elle soutient avec authenticité : qu'elle soit belle ou laide n'a alors que peu d'importance. Juste, elle plaît et attire les autres. Une personne équilibrée a une image de soi propre, saine, à laquelle elle peut associer la présence d'un être cher (couple), d'enfants et de parents (famille), d'amis (relations) de collègues (profession), etc.

Petit conte à propos des croyances

Un paysan avec trois de ses ânes se rendait au marché pour vendre sa récolte. La ville était loin et il lui faudrait plusieurs jours pour l'atteindre. Le premier soir, il s'arrête pour bivouaquer non loin de la maison d'un vieil ermite. Au moment d'attacher son dernier âne, il s'aperçoit qu'il lui manque une corde. « Si je n'attache pas mon âne se dit-il demain, il se sera sauvé dans la montagne ! » Il monte sur son âne après avoir solidement attaché les deux autres et prend la direction de la maison du vieil ermite. Arrivé, il demande au vieil homme s'il n'aurait pas une corde à lui donner. Le vieillard avait depuis longtemps fait vœu de pauvreté et n'avait pas la moindre corde. Cependant, il s'adressa au paysan et lui dit : « Retourne à ton campement et, comme chaque jour, fais le geste de passer une corde autour du cou de ton âne et n'oublie pas de feindre de l'attacher à un arbre. » Perdu pour perdu, le paysan fit exactement ce que lui avait conseillé le vieil homme.

Le lendemain dès qu'il fut réveillé, le premier regard du paysan fut pour son âne. Il était toujours là ! Après avoir chargé les trois baudets, il décide de se mettre en route, mais là, il eut beau faire, tirer sur son âne, le pousser, rien n'y fit. L'âne refusait de bouger. Désespéré, il retourne voir l'ermite et lui raconte sa mauvaise aventure. « As-tu pensé à enlever la corde ? » lui demanda-t-il. « Il n'y a pas de corde » répondit le paysan. « Pour toi non mais pour l'âne... » Le paysan retourne au campement et d'un ample mouvement, il mime le geste de retirer la corde. L'âne sans aucune résistance le suit.

> *« Ne pas être belle fut pour moi une bénédiction. Cela m'a obligée à développer d'autres ressources intérieures. Une jolie fille a un handicap à surmonter. »*
> (Golda Meir, femme politique israélienne, ex-chef du gouvernement)

Vous comprenez aisément comment votre image peut varier au gré des expériences de la vie. Certaines circonstances vont consolider votre construction et amplifier votre image, d'autres vont la vider de sa substance (jugements défavorables, critiques...), à la manière de coups de ciseaux qui entaillent une photographie.

Une image de soi dégradée est la plupart du temps une image figée, fortement tenue en bride par des croyances limitantes. Celles-ci filtrent tout ce qui vient de l'extérieur, aggravent la portée des jugements externes, pilotent également vos actions envers vous-même et les autres, ce qui accroît généralement l'insuccès. Votre seule issue est alors de vivre par compartiments isolés les uns des autres.

À défaut par exemple d'avoir une bonne image de vous-même dans votre famille ou votre couple, vous allez vous en forger une, la plus splendide possible, au travail (digne de confiance, rigoureux, travailleur, dynamique...) ou ailleurs. Souvent alors cohabitent en vous des zones d'image de soi contradictoires, qui peuvent vous obliger à des contorsions de personnalité et à des jeux de rôles passablement compliqués. Cette image de soi compartimentée et figée est difficile à assumer et à vivre sur le long terme.

Une voie possible, souvent utilisée par le coaching, est d'établir un dialogue interne entre ces différentes images compartimentées. Fondamentalement, chacune d'elles répond à une ou plusieurs valeurs qui, pour l'instant, sont certainement bafouées, ignorées ou violées aux yeux de la personne. Il est tout à fait possible de rétablir la communication entre ces parties séparées, et trouver au nom de quelles raisons supérieures elles pourraient coopérer. C'est déjà une manière de rendre l'image plus fluide, plus mouvante. La démarche la plus classique de revalorisation de l'image de soi consiste à lui donner de la souplesse, lui ouvrir des horizons nouveaux.

Le coaching aide en fait la personne à sortir du système rigide où elle s'est enfermée.

Extrait de séance de coaching (suite): *Annabelle...*

Pré-commentaire : *Annabelle semble essayer en vain de recomposer une image de soi. Elle essaye de réaliser quelque chose, mais elle arrive à se contraindre finalement à l'échec. Elle se nuit presque, à essayer de faire quelque chose. Petit à petit, son image se lézarde et se fissure. Le coach s'emploie à dégager puis à canaliser la source d'énergie qu'il sent présente en elle.*

Co : « Je vais vous demander de vous rappeler un moment de votre vie où vous avez expérimenté cette sensation extraordinaire de vivre avec joie, de sentir cette réalité, avec plaisir, dans vos tripes... »

Coé : « Oh... ça remonte à quand j'étais môme... Oui, chez mes grands-parents... Eux m'comprenaient. »

Co : « Pouvez-vous me dire où cela se passe, et à quel moment ? »

Coé : « Oh, j'ai huit ans... C'est après la guerre... Ça sent bon la vie, là-bas... C'est dans le Loiret... au milieu des champs... »

Co : « Je vous engage à vivre totalement, maintenant, dans vos tripes, ce souvenir-là... Qu'est-ce qui se passe, exactement ? »

Coé : « J'suis heureuse, je gambade, j'ai l'impression qu'j'apporte de la joie aux deux qui m'regardent de façon attendrie… Je respire à pleins poumons… (profondes inspirations)… La vie est derrière moi, elle est devant moi, elle m'environne… C'est exaltant!… (rires)…»

Co : « Et vous allez garder en vous toutes ces sensations, toute cette exaltation qui s'exprime au plus profond de vous-même, actuellement… Avec toute cette énergie vitale en vous, qui êtes vous? »

Coé : «… Une fée, qui prend la vie et la redonne… »

Co : « OK… Et, en tant que fée, que croyez-vous, sur vous-même, les autres, la vie et le monde en général? »

Coé : « Que je suis sur terre pour faire le bonheur des autres. Que j'ai des dons artistiques… Que j'ai un grand pouvoir de séduction… Qu'y a des gens qui peuvent me comprendre et m'apprécier… Tout plein!… Voilà… C'est pas mal, non? »

Co : « Et avec cette énergie vitale en vous, en tant que fée qui êtes là pour apporter le bonheur aux autres, qui peut être comprise, qui a des talents artistiques et de séduction, qu'utilisez-vous comme capacités ou façons de faire? »

Coé : «… Oh, vous savez, j'fais, j'me pose pas de questions… C'est inné… J'ai ça dans les mains, dans la tête, en moi… J'ai beaucoup d'intuition… J'ai l'sens du beau… »

Co : « Et avec toute cette énergie, toutes ces croyances et ces capacités innées et ce que vous avez à faire, vous vous voyez faire quoi, concrètement, exactement? »

Coé : « Reprendre la peinture… Mettre de l'ordre… Décider d'mes relations… M'occuper de moi… ! »

Co : « Et quand vous voyez-vous faire cela? »

Coé : « Maintenant… Là… Tout l'temps! »

Co : « Et où vous voyez-vous faire tout cela? »

Coé : « Chez-moi… partout… Oui! »

Commentaires: *le coach a opéré une « descente des niveaux logiques d'expérimentation ». Il est parti d'une ressource puissamment nécessaire à Annabelle, et successivement, en la maintenant connectée à cette ressource qu'elle éprouve « dans ses tripes », il lui fait expérimenter successivement les niveaux d'identité, de croyances, d'attitudes mentales et de capacités, de comportements et d'environnement. Remarquons comment Annabelle a ouvert son champ des possibles, par ses réponses: « Tout le temps » et « partout ». Elle se voit faire des choses, reprendre goût à cette énergie de vivre en elle. Elle est à présent capable de bâtir avec le coach un premier plan de reconquête, dans la vie de tous les jours, de son image de soi.*

▶ Donner de la souplesse à l'image de soi, c'est la reconnecter à ce qui est essentiel en vous, à cette partie de vous-même qui n'a pas besoin, rappelons-nous, de prouver quoi que ce soit, à qui que ce soit, pour avoir de la valeur!

Les parents se demandent souvent comment faire pour restaurer chez leurs enfants, arrivés à l'adolescence, une image de soi souvent quelque peu détériorée. Une pratique simple consiste à permettre à leur image de mûrir, et de devenir adulte. L'exercice de « Coacher les autres » à la fin du présent chapitre propose un mode opératoire en ce sens.

> *« L'on n'estime guère dans les autres que les qualités que l'on croit posséder soi-même. »*
> (Félicité Robert de Lamennais, écrivain français)

CONCLUSION

Nous ne répéterons jamais assez que la valeur d'un être humain lui est conférée par le simple et superbe fait d'être vivant et d'exister. Elle est indépendante de ses actions, de ses succès, de ses revers, de son patrimoine.

Cette conscience de notre valeur, qui se résume en une intense émotion interne de droiture et de certitude, doit être en permanence défendue, renforcée ou réhabilitée si elle venait à être écornée.

Les pistes de solutions proposées dans ce chapitre relèvent toutes d'une même idée: **savoir changer... sa façon de penser**. Cela consiste d'abord à faire dépendre votre sentiment de plénitude et d'accomplissement de vos valeurs.

Quelles que soient les situations où vous vous trouvez engagé, vous devez rester connecté à vos valeurs essentielles... Quoi qu'il arrive alors, quel que soit le résultat obtenu, vous aurez donné le meilleur de vous-même.

Il importe, dans toute la mesure du possible, de ne jamais faire dépendre votre amour-propre du résultat de vos performances ou des jugements que d'autres portent, avec leurs critères et leurs valeurs propres, sur vos agissements. Vous devez inlassablement repérer en vous ce qui vous paraît juste et important.

Vous avez en vous toutes les capacités pour progresser, à condition de garder votre émotion d'estime de soi intacte. Quand votre pensée est centrée sur votre valeur personnelle, votre amour-propre n'est plus sujet aux aléas des événements. Vous restez fidèle à vous-même.

AUTOCOACHING : DÉGAGEZ VOTRE SYSTÈME DE VALEURS

Attention, cet exercice requiert des conditions favorables pour sa réalisation ; ses résultats n'en seront que plus instructifs et puissants.

Première partie : Mieux se connaître...

1. Vous prenez connaissance de chaque affirmation et vous vous donnez dans un premier temps une note de 0 à 10 (0 marque que vous ne vous sentez pas concerné par son contenu), 10 signifie que vous êtes impliqué fortement). Vous pouvez utiliser toutes les notations intermédiaires.

- Il m'est difficile de reconnaître et d'exprimer mes besoins.
- Je joue un rôle où je me réfugie derrière une façade pour être accepté des autres.
- J'ai le sentiment que je n'ai pas de raison d'être fier de moi.
- Je me sens souvent sans valeur et inutile.
- J'aimerais avoir plus de respect envers moi-même.
- J'ai du mal à prendre des décisions.
- Je ressens souvent de la honte ou de la culpabilité.
- Il m'arrive d'avoir l'impression de ne pas être très « correct ».
- Accepter mes émotions, y accéder ou les ressentir est pour moi difficile.
- J'ai l'impression de me comporter souvent en « victime ».
- Je trouve que j'ai très peu de contrôle sur ma vie.
- Si je me montre tel que je suis, j'ai le sentiment que je vais être rejeté.
- J'ai l'impression de décevoir les gens qui m'entourent.

- Face aux difficultés, j'ai souvent tendance à fuir.
- Je m'isole et j'ai peur des gens.
- Je me sens inférieur face aux figures d'autorité.

2. Pour les affirmations où la note est égale ou supérieure à cinq (5), vous reprenez l'affirmation et vous précisez exactement dans quelles circonstances, quels contextes, à quels moments, et surtout en présence de quelle(s) autre(s) personne(s) vous avez éprouvé ces sentiments et émotions...

Exemple: Je me sens inférieur aux figures d'autorité - Note 8 - Réponses: au lycée, face à mes professeurs sauf deux d'entre eux ; à la maison face à mon père qui me critique souvent ; dans le quartier face au chef de bande ; chez le médecin dont je me méfie ; face à l'assistante sociale qui veut me tirer les vers du nez...

3. À présent, vous pouvez compléter ce premier travail en répondant, de façon tout à fait libre et ouverte, et de façon honnête, aux questions suivantes:

- Qu'est-ce que j'aime chez moi? De quoi suis-je fier?
- Qu'est-ce que je n'aime pas chez moi? Qu'est-ce que je déteste en moi?
- Quelles sont mes qualités? Mes aptitudes? Quels sont mes points forts?
- Quels sont mes défauts? Mes lacunes? Mes manquements? Mes points faibles?
- Qu'est-ce que les autres disent de moi, quand ils parlent de moi? En bien? En mal? Qui dit quoi? À quel moment? Dans quelle circonstance?
- Y a-t-il d'autres choses qui font que je m'aime ou pas? Lesquelles précisément?

Deuxième partie: Les valeurs en jeu

4. Vous passez en revue la collecte conséquente d'informations sur vous-même que vous venez de réaliser. Vous relevez les points que vous ressentez les plus délicats et les plus douloureux et vous vous mettez en quête des valeurs profondes qui, dans ces moments et circonstances-là, sont bafouées, empêchées, ignorées ou violées.

Exemple: revenons au cas déjà étudié plus haut: « Au lycée, je me sens inférieur face à mes professeurs... Je veux faire preuve de bonne volonté, mais ça n'avance pas assez vite à leur yeux... »
Et quand ça se produit, qu'est-ce qui est bafoué en vous? - « Ma bonne volonté... » Supposons que votre bonne volonté soit reconnue, qu'est-ce que cela vous apporterait de plus important encore? - « Le respect. » - Et si ce respect vous était à présent complètement donné, qu'est-ce que cela vous apporterait de plus essentiel encore? - « La foi en moi. » Vous retiendrez là foi en soi et respect. Et vous passez à la figure d'autorité suivante... Etc.

5. À partir de toutes ces valeurs retrouvées, qui souvent, pour certaines d'elles, se recoupent ou se superposent, vous pouvez organiser votre hiérarchie propre (comme il est indiqué dans l'extrait de séance de coaching de Cédric - voir plus haut). Ainsi vous avez une conscience plus nette de vos valeurs profondes. Il vous reste à installer progressivement cette hiérarchie dans vos actions quotidiennes.

Évident...

« Si je sais ce que je veux, je sais ce que je vaux. »

COACHER LES AUTRES : RESTAURER L'ESTIME DE SOI DE JEUNES ET D'ADOLESCENTS

Voyons comment, en tant que parent, vous pouvez faire évoluer ou mûrir l'estime de soi de votre enfant.

1. **Allez à la pêche des valeurs qui structurent dès à présent leurs comportements.** Pour ce faire, soyez attentif à chaque moment où ils se dévalorisent, ou lorsqu'ils reviennent la tête basse et qu'ils ne sont pas fiers d'eux. Appliquez-leur, par un dialogue constructif, le questionnement évoqué dans l'exercice précédent, pour aller à la découverte des valeurs bafouées, empêchées, contrariées ou violées... Validez chez eux leurs valeurs ainsi découvertes. Demandez-leur de trouver d'autres moments de leur vie (ou en les aidant) où ces valeurs importantes font (ou ont fait) partie intégrante de leur façon de faire et de leurs comportements, puis suggérez-leur de tirer une petite leçon de cette (ou ces) expérience(s).

2. **Si vous êtes des parents attentifs, vous devez connaître les valeurs majeures qui animent vos enfants :** s'agit-il, entre autres, de perfection, rigueur, patience, amour, humilité, générosité, réussite, authenticité, sens du beau, égalité d'humeur, soif de connaissance, volonté de comprendre, loyauté, courage, joie, optimisme, sobriété, puissance, simplicité, force, acceptation, soutien, diligence, etc. ? Ou bien d'autres encore... Il suffit de s'interroger ou de les questionner.

3. Lorsque **vous avez repéré** la « structure de valeurs » qui anime votre enfant, voyez avec lui et **choisissez ensemble** la passion, le domaine, le job, le loisir, l'activité lui permettant de concrétiser toutes ou partie de ces valeurs...

4. Encouragez son investissement personnel dans l'activité de son choix : l'important étant qu'il soit rapidement confronté à la réalité.

> À François La Rochefoucauld qui déclare : *« J'ai besoin d'amour pour me renforcer dans mon amour-propre et mon narcissisme. Je veux qu'on m'aime pour avoir le pouvoir sur l'autre, pour me hausser un peu plus grâce à son regard dont je tire puissance et plénitude comme un enfant »*, Camille Laurens, prix Femina 2000, réplique par : *« J'ai besoin qu'on m'aime parce que je me hais. »*

Chapitre 3

L'AFFIRMATION DE SOI

La qualité de vos relations avec les autres

« L'affirmation de soi certes, mais dans le respect de l'autre… »
(Jacques Chirac, président de la République,
extrait d'une allocution devant le Crif, juillet 2003)

LES GRANDES LIGNES DU CHAPITRE

■ FAIRE VALOIR VOTRE POINT DE VUE
Être à l'unisson de vos valeurs
Être à l'écoute de vos différentes parties

■ ÊTRE DÉTERMINÉ DANS VOS RELATIONS AVEC LES AUTRES
S'affirmer, c'est négocier
S'affirmer avec l'objectif en tête

■ ÊTRE À L'AISE DANS LES SITUATIONS DÉLICATES
Faire face à l'affirmation déplacée
Installer une relation adaptée

■ AUTOCOACHING : SE RESPECTER POUR ÊTRE À L'AISE AVEC LES AUTRES

■ COACHER LES AUTRES : COMMENT ÊTRE ÉCOUTÉ ET COMPRIS

Avec l'affirmation de soi, nous abordons le vaste domaine de nos relations aux autres et à nous-même. L'affirmation de soi est une attitude qui nous permet d'agir au mieux de nos intérêts, défendre notre point de vue avec sérénité, exprimer avec sincérité et aisance nos sentiments, exercer nos droits sans ignorer le respect des autres.

Quand il s'agit de changer, vous quittez vos territoires connus pour aller vers des situations nouvelles, des modes de pensée et d'expression qui ne vous sont pas forcément familiers. Le changement vous fait découvrir de nouveaux partenaires potentiels, de nouveaux rapports de confiance ou de force, de nouvelles prises de risque, de nouvelles formes de pouvoir ou de collaboration. Ces rencontres, inhérentes au changement, qui se vivent au quotidien, doivent obéir à certains principes pour rendre votre relation avec les autres digne et juste. Sans force et sans énergie interne cohérentes, votre affirmation bat de l'aile.

◗ **L'affirmation de soi est, en ce sens, une priorité à faire valoir votre propre point de vue.**

Pour que le changement attendu s'opère dans votre environnement, il vous faut trouver des **accords acceptables par toutes les parties concernées: l'affirmation de soi est, en ce sens, l'art d'être déterminé dans vos relations avec les autres.**

Le changement, dans son processus, implique les autres (famille, amis, relations professionnelles...), nécessite une **intelligence relationnelle fine**, afin que vous puissiez gérer les relations, les coopérations et aussi les conflits. L'affirmation de soi est, en ce dernier sens, une façon d'être à l'aise dans les situations délicates.

FAIRE VALOIR VOTRE POINT DE VUE

L'affirmation de soi correspond à votre quête du droit d'être une personne unique et distincte des autres. Ce désir d'être vous-même s'organise autour de deux axes: vous vous donnez le droit d'avoir et d'éprouver vos propres désirs, besoins, opinions, émotions, sensations et ressentis; vous les exprimez de façon ouverte et authentique.

◗ **Il vous faut beaucoup de détermination pour que vous soyez totalement vous-même dans vos relations, sans tension interne ni conflit avec votre entourage. Être affirmé, c'est savoir, oser, savoir dire, mais le tout avec savoir-faire.**

Être à l'unisson de vos valeurs

Quand une personne est autonome, elle est déterminée « de l'intérieur ». Elle connaît ses besoins propres, qu'elle respecte, et refuse de se les laisser dicter par l'extérieur (médias, marketing, modes...) ou les autres (pressions, chantages, suppliques...). Elle maintient sa volonté propre, même quand l'entourage n'est pas d'accord avec cette affirmation. Votre autonomie vous confère une liberté intérieure. Mais celle-ci ne vous est pas octroyée par les autres, même s'ils participent à son élaboration. Elle dépend exclusivement des choix que vous jugez essentiels et de votre responsabilité d'en assumer les conséquences, particulièrement vis-à-vis des personnes qui comptent et sont importantes pour vous. C'est pour cette raison que la liberté intérieure est une ressource à développer.

◗ **L'affirmation de soi est donc votre capacité d'être dans l'expression de vos valeurs, vos opinions, vos attentes et vos émotions. Cette disposition à vous respecter vous-même s'acquiert et se développe grâce à une pratique quotidienne.**

Extrait de séance de coaching:

Wilfrid, 34 ans, célibataire, vit en concubinage…

Co : « Vous vous dites donc amer… sans grande énergie, sans motivation dans votre vie… ? »

Coé : « Oui, parce que je ne sais pas ce qui m'arrive… Je pense être bien affirmé dans la vie… Avec Béatrice, ma compagne, j'ai réussi à ne plus être affecté par ses coups de gueule… C'est son problème, et moi, je fais ce que je veux… J'ai commencé à prendre mes distances… Nous sommes toujours ensemble, mais j'ai pris un appartement pour moi… Comme ça, elle vit sa vie et moi la mienne… Et nous nous retrouvons pour les bons moments… Pour le reste, ça me permet d'avoir ma liberté… »

Co : « Vous m'avez tout indiqué, pour bien cerner votre situation actuelle ? »

Coé : « Oh, elle me fait des scènes de jalousie… Elle me navre… Je me sens plus équilibré qu'elle, et nous sommes en décalage… »

Co : « Vous êtes en décalage… Et donc ? »

Coé : « Je ne sais pas très bien… Je me demande si on ne va pas se quitter… J'ai fait un travail sur moi-même, la preuve, je viens vous voir pour continuer… alors qu'elle… elle me semble faire du sur-place… Et pourtant, je ne lui demande pas grand-chose, juste qu'elle m'accepte comme je suis… Et tout ira bien… »

Commentaires: *Wilfrid se dit bien affirmé dans la vie ; il indique « avoir sa liberté » et se trouver en « décalage avec sa compagne ». En apparence, Wilfrid semble avoir conquis, au moins partiellement, une forme de liberté intérieure à laquelle il semble tenir (il a « fait un travail sur lui-même »). Mais en fait, rien n'est plus artificiel : il n'a rien conquis, car il n'a pas décidé de chercher une solution avec sa compagne, qui compte pour lui, dit-il. Il s'est « blindé » pour ne plus se laisser atteindre par les émotions de Béatrice (« c'est son problème »), il s'est pris un autre appartement pour affirmer son indépendance. Où résident ses chances de gagner son autonomie réelle ? En espérant et en attendant que sa compagne l'accepte comme il est, il cherche en fait à éviter toute réaction qui pourrait le remettre en cause… Le coach va l'orienter dans une voie d'affirmation plus active.*

Si vous voulez être capable de vous affirmer vis-à-vis des autres, il vous faut déjà avoir réussi une première épreuve, celle de vous affirmer de façon ouverte et active tel que vous êtes, devant les personnes importantes pour vous. Au lieu de cela, pour éviter un face-à-face redouté, vous espérez simplement de l'autre qu'il vous accepte tel que vous êtes : c'est en fait une affirmation « couverte et passive », qui ne vous apporte rien en matière d'autonomie et de maturité psychique.

Et c'est précisément parce que ce rapport indispensable à vous-même est difficile que le coaching vous accompagne dans l'acquisition de cette ressource d'interaction.

Être à l'écoute de vos différentes parties

Nous savons que si nous ne nous respectons pas nous-même, l'objectif de nous affirmer en respectant l'autre devient passablement difficile. Tout commence donc par la place que vous vous octroyez dans votre espace interne. Tout ce qui se passe en vous est digne d'intérêt. Loin de vouloir étouffer les idées, les doutes, les émotions qui se manifestent, il vous revient de leur donner une place de choix, car ils font partie de vous, et vous ne devez pas vous considérer comme distinct d'eux. Si vous n'écoutez pas ce qui s'affirme en vous, vous vous rendez coupable d'« abandon de poste ». La solution est de vous connecter à ces parties[1] qui réclament l'écoute, le droit d'exister et de s'affirmer.

Nous rencontrons ce genre de situation dans des contextes très différents, de l'histoire sans conséquence (voir extrait de séminaire) aux choix déterminants de vie (séance de coaching de Muriel).

Étudions d'abord la rencontre au restaurant.

Échanges extraits d'un séminaire :

À la terrasse d'un restaurant, deux convives sont attablés, dans la bonne humeur. Ils ont choisi de manger la même chose, le plat du jour suggéré par le serveur. L'un des deux trouve que les assiettes de pâtes qu'on vient de leur servir sont insuffisamment cuites à son goût. Il se demande s'il va l'indiquer au serveur…

Échanges entre l'animateur (An) et le participant (Pa) :

An : « Quelle pensée s'est automatiquement présentée à vous, à ce moment-là ? »

Pa : « Est-ce que je vais créer un problème, alors que le repas se passe bien ? Et que va penser mon invité ? Ne va-t-il pas être gêné ?

An : « Comment vous sentez-vous, à ce moment-là, quand vous pensez ça ? »

Pa : « De la déception, je suis en retrait, je suis indécis… »

An : « Quel critère est en jeu, qu'il faudrait rétablir, selon vous, pour que les choses aillent bien ? Qu'est-ce qui est important pour vous, à ce moment-là, dans cette situation-là ? »

Pa : « Pas mon plaisir gustatif mais la convivialité, l'harmonie, le climat… »

An : « Qu'est-ce que vous avez eu envie de faire, spontanément, pour atteindre cela ? »

Pa : « Demander qu'on me change les pâtes, insuffisamment cuites… Mais compte tenu du fait que je souhaitais préserver un climat sympathique, je me suis contenté de solliciter d'abord l'avis de mon convive. Il m'a affirmé qu'il les aimait ainsi et qu'il les trouvait bonnes… »

An : « Et que ressentez-vous alors, dans ce contexte-là ? »

Pa : « De l'indécision… de la gêne… car elles n'étaient à mon sens pas assez cuites »

An : « Que vous aurait-il fallu pour aller mieux ? »

Pa : « Être sûr qu'il les aimait vraiment ainsi… Lui être agréable… je me fous un peu de la bouffe ! Mais j'aime bien que tout soit parfait et c'est moi qui avais choisi le restaurant… »

An : « Et qu'avez-vous eu envie de faire ? »

Pa : « J'ai décidé sciemment de taire ma plainte tout en expliquant à mon invité que je les mangeais habituellement plus cuites… Je lui ai redemandé son avis, il les aimait bien comme cela… Je les ai presque terminées… »

An : « Et alors ? »

Pa : « Dans un autre contexte, je les aurais probablement renvoyées, mais là ça n'avait pas d'importance, le plaisir était ailleurs… »

An : « Comment auriez-vous fait ? »

Pa : « J'aurais appelé le serveur pour lui expliquer que je les préférais plus cuites, beaucoup plus cuites… »

An : « Qu'est-ce qui vous a empêché de le faire, dès le départ ? »

Pa : « Pour ne pas rompre la bonne ambiance du repas… À partir du moment où je lui ai posé la question et qu'il m'a semblé être sincère dans sa réponse, le problème pour moi était complètement réglé… »

Commentaires : *deux « parties » au moins s'expriment, l'une regrette la cuisson approximative du plat et se trouve d'ailleurs sur le point de l'exprimer, alors que l'autre*

[1] La partie est une « sous-personnalité » qui s'exprime en vous, avec ses propres raisons d'exister et se comporter, de juger et ressentir la situation. Pour cette raison, il est important de lui donner la parole afin que les tensions en vous puissent s'atténuer et même se résorber, de manière à ce que vous ne parliez plus que d'une seule voix.

envisage l'impact de cette affirmation sur le climat du déjeuner. Dans le cas présent, leur intention positive commune est de sauvegarder avant tout la convivialité du repas. S'affirmer certes mais pas à tout prix et n'importe quand.

Retrouver votre unité interne, ou en d'autres termes s'affirmer en interne, c'est laisser toutes les parties actives en vous s'exprimer, notamment en accueillant vos jugements et vos émotions. Vous pouvez toujours agir lorsque votre cohérence interne est forte.

Voyons à présent la problématique plus complexe de Muriel.

Extrait d'une séance de coaching:

Muriel, 30 ans, mariée, 2 enfants, femme au foyer.

Coé : « Je lui en ai parlé à une certaine époque, et puis... Il a fait comme si le problème était réglé depuis belle lurette... »

Co : « Et pour vous, il est réglé? »

Coé : « Ah non! Je pense que j'ai besoin de retourner travailler, de sortir de la maison, me prouver que je sais faire autre chose que bien élever les enfants... Et chaque fois que je me dis que je vais lui en parler, j'ai peur de le faire, et en plus, je perds tous mes moyens... »

Co : « Si cette partie de vous, qui a peur de le faire, se sent maintenant écoutée, qu'est-ce qu'elle peut dire pour vous appuyer dans votre projet? »

Coé : « Qu'il faut que j'y aille avec doigté, car mon mari est susceptible... Il pense qu'il travaille tant et plus pour le ménage, et que cela suffit largement à vivre... Dès que j'ai envie de quelque chose, il se décarcasse pour me l'acheter... Il ne comprendra pas que ce n'est pas que pour l'argent que je veux retravailler... »

Co : « Qu'est-ce que cette partie de vous-même aurait à dire d'autre, pour qu'elle se sente totalement écoutée? »

Coé : « Une idée me traverse souvent la tête ces derniers temps... Je me sens enfermée, dépendante, et je sens qu'il faut que je réagisse... »

Co : « Et donc, que veut de positif cette partie de vous, en vous suggérant cette idée? »

Coé : « Il faut que je me bouge... Je n'en peux plus de pleurer seule à la maison, quand j'ai le cafard... »

Co : « Et la partie en vous qui perd tous ses moyens... à quoi souhaite-t-elle vous rendre attentive, elle? »

Coé : (Silence) « ... Que chaque jour qui passe, je perds un peu plus mes moyens... Il faut que j'arrête de reculer l'échéance... J'ai les moyens, mais je ne les respecte pas... J'ai les moyens de le lui dire... J'ai les moyens de faire les démarches... J'ai les moyens de me rendre utile vu ma spécialité... J'ai tous les moyens... »

Co : « Dites merci, à votre manière, à ces parties qui vous ont rappelé qu'elles veillaient sur vous et qu'elles tenaient à votre disposition tous les moyens nécessaires... À présent, vous ne formez plus qu'une avec elles, car elles se sentent respectées... Avez-vous besoin d'une autre ressource pour continuer ce que vous venez de commencer? »

Coé : « Non... Le respect, c'est une chose que mon mari peut comprendre... Il est à cheval sur ça... Je vais lui dire simplement que je ne me suis pas respectée, moi. Comme ça, je garde ma place et lui ne se sentira pas atteint ou responsable. Ce que je sais, c'est qu'il sera très attentif à mon mal-être... Il m'a déjà souvent demandé ce qui se passait... Il comprendra... C'est un type bien... En plus, là, je ne vais pas le dire en pleurnichant, je vais être très solide, car il y va de mon ménage et même de ma vie... »

Commentaires: *ce procédé est classique dans son déroulement. Le coach amène Muriel à accueillir les « parties » qui pilotent des*

comportements qu'elle juge, au départ, désagréables et inconvenants. Dès que ces parties ont pu lui livrer leur message, Muriel se voit restituer toute l'énergie nécessaire pour garder sa place et affirmer dignement son besoin.

Tout travail sur l'affirmation de soi implique que vous soyez d'abord d'accord en vous-même et avec vous-même. Avant de vouloir vous affirmer face aux autres, regardez le puzzle de votre personnalité. Si vous y découvrez des pièces manquantes, c'est que l'unité personnelle n'est pas réalisée. Il suffit de battre le rappel de toutes ces parties en demande d'« affirmation interne » pour que vous soyez à même de tenir votre place pour vous affirmer ensuite vers l'extérieur.

ÊTRE DÉTERMINÉ DANS VOS RELATIONS AVEC LES AUTRES

Dans la première partie de ce chapitre, nous venons de voir que l'affirmation de soi dépend avant tout d'une négociation réussie au fond de nous-mêmes. Lorsque nous parlons de nous affirmer face aux autres, nous évoquons en fait la négociation d'un changement: changement de nous-mêmes face aux autres et des autres face à nous-mêmes... et surtout de l'interaction entre eux et nous.

S'affirmer, c'est négocier

Très tôt dans la vie, en tant qu'enfant, vous avez pris conscience de votre pouvoir et des effets que vous pouviez produire sur votre entourage. Puis, peut-être à la crèche ou au jardin d'enfants, de toute manière à l'école maternelle et plus tard dans les classes supérieures, vous avez exercé vos capacités de base et des attitudes plus matures pour entrer efficacement en relation avec les autres. De réussites en échecs, vous avez construit et continuez de développer ainsi votre façon propre et unique de vous présenter aux autres, prendre votre place parmi les gens, progresser dans la vie.

Dès que vous entrez en interaction avec les autres, vos intérêts propres se trouvent confrontés à leurs attentes spécifiques. Pour atteindre votre objectif, vous êtes amené à devoir répondre à une question générale du genre: « Comment nous y prendre pour mieux... » et non pas « Comment je vais m'y prendre? ». **L'affirmation de soi s'organise autour du primat du « Nous », de l'action concertée.**

Extrait d'une séance de coaching:

Dirk, 49 ans, marié, directeur de filiale...

Co : « Et quand vous dites que votre frère a vraiment exagéré, vous faites référence à quoi? »

Coé : « Je n'admets pas sa manière de faire... J'aimerais garder notre maison de famille, mais il m'a fait comprendre que nous sommes en indivision et que je ne peux pas faire n'importe quoi! »

Co : « Et alors, comment analysez-vous exactement la situation? Là, actuellement? »

Coé : « Notre maison de famille a besoin d'être entretenue, car les dernières tempêtes l'ont passablement dégradée, et cela devient urgent... Mon frère ne veut pas participer au coût de ces travaux et, pour cette raison, il fait traîner les choses... Et j'ai besoin de son accord pour entreprendre les réparations... »

Co : « Où en êtes-vous alors? Quel est votre objectif? »

Coé : « Je pense être dans le vrai! Je veux sauvegarder ce bien familial, quitte à le prendre en charge moi-même... Mais il faut que je m'affirme face à mon frère aîné, qui a toujours voulu tout régenter... Jusqu'à présent, je n'ai rien dit, car je sais bien qu'il n'a pas les moyens de faire ces travaux... J'ai fait constater par des membres de la famille combien sa désinvolture nuisait au patrimoine de nos ancêtres... Ils sont tous révoltés... Ils savent maintenant que je suis le seul à pouvoir sauver ce bien. Mais maintenant, mon frère fait de l'obstruction et je pense que nous allons au clash ! »

Co : « Que vous apporterait de vous affirmer, comme vous l'entendez ? »

Coé : « De passer en force, pour le bien de notre patrimoine… Je ne vois pas où est le problème… »

Co : « Est-ce que cette manière de faire correspond à votre nature profonde ? »

Coé : (Silence) « … Je n'en sais trop rien… Je suis plutôt de nature pacifique, mais là, je ne supporte plus ce qui se passe… Alors, j'ai d'abord patienté, et maintenant, je contre-attaque… »

Co : « Avez-vous pensé à un possible terrain d'entente ou de négociation ? »

Coé : « Nous entendre sur quoi ? Négocier quoi ? Il ne manquerait plus que ça ! »

Commentaires : *Dirk vient chercher les moyens de s'affirmer pour… se confronter. Il reconnaît que ce n'est pas dans son habitude de s'opposer à autrui. En tout cas, nous constatons qu'il se refuse de négocier. Ce faisant, il se condamne ipso facto à obéir, se rebiffer, ou agir de façon couverte. Notons au passage qu'il passe par les trois points de vue. Il accepte, dans un premier temps, de rester passif, parce que cela le met dans une sorte de confort de patience et d'attente (« Jusqu'à présent, je n'ai rien dit, car je sais bien qu'il n'a pas les moyens de faire ces travaux… »). Puis, il se met en quête, de façon détournée, de jeter l'opprobre sur son frère (« J'ai fait constater par des membres de la famille combien sa désinvolture nuit au patrimoine de nos ancêtres… Ils sont tous révoltés… »). Enfin, là, il opte à présent pour la confrontation et la révolte (« Mais maintenant, mon frère fait de l'obstruction et je pense que nous allons au clash ! » – « … et maintenant, je contre-attaque… »). Il se prive d'une possibilité d'évolution et de changement confortable.*

La non-affirmation (passivité), la fausse affirmation (révolte, « coup de gueule »), l'affirmation détournée (manipulation) ne sont pas des ressources favorables au changement. Lorsque, par passivité, vous laissez perdurer les positions, ou lorsque, par révolte, vous bousculez et inversez les rapports de force, ou encore lorsque par couardise, vous installez des positions ambiguës, vous montrez, dans les trois cas, votre incapacité à établir une situation future équilibrée et viable.

▸ Les formes inadéquates d'affirmation manifestent simplement vos limites et vos lacunes à installer un changement réussi. Dès lors, pour que celui-ci puisse s'opérer de façon confortable pour tous, il a besoin, dans sa phase opérationnelle, d'être apparié avec le sens de la négociation. C'est à ce prix que votre affirmation devient sereine et ouverte, car elle inclut les autres dans votre démarche.

Pour que le sens de la négociation puisse s'exercer, certaines conditions doivent être réunies de part et d'autre :

- Il faut que les personnes concernées soient disposées et aient les capacités à pouvoir rechercher, dans des situations parfois difficiles ou bloquées, l'accès à une solution partagée.
- Ensuite, il importe que les deux personnes fassent preuve d'empathie, c'est-à-dire de volonté honnête d'aller se mettre respectivement dans la représentation de l'autre, pour la comprendre et la reconnaître (ce qui ne veut pas dire la partager aveuglément).
- Enfin, il faut que les deux personnes affichent une stratégie claire, fondée sur un échange ouvert de ce qui est légitime et important pour chacune d'elles, afin qu'il soit possible d'atteindre un nouvel équilibre partagé.

◗ Dans cette optique, la négociation est une sorte « d'art des possibles ».

Extrait d'une séance de coaching (suite) :

Dirk, 49 ans, marié, directeur de filiale…

Co : « Dites-moi, dans votre position, que voulez-vous exactement ? »

Coé : « Que mon frère me donne l'accord de faire les travaux d'entretien. En contrepartie, je ne lui demande rien à payer… On fera une péréquation de nos contributions respectives au moment du partage, un jour, c'est tout ! »

Co : « Qu'est-ce qui est important pour vous ? »

Coé : « Que ce bien ancestral soit sauvé ! Que cela se fasse vite, et que mon rôle dans cette restauration nécessaire soit reconnu. »

Co : « En quoi est-ce légitime ? »

Coé : « Je ne comprends pas… je ne vois pas la nuance… »

Co : « Nous allons dire que ce qui est légitime, c'est ce qui est fondé sur le bon sens, la raison, ou les règles en usage… Alors que ce qui est important correspond à vos valeurs personnelles, que vous voulez voir respectées… Vous voyez ? »

Coé : « Oui, ça va… C'est légitime pour moi parce qu'on n'a pas le droit de laisser se délabrer cette propriété, elle peut représenter des dangers pour autrui… De plus les assurances nous ont demandé de faire des travaux élémentaires de réfection des murs d'enceinte de la propriété par exemple… et une autre raison : le nom et le prestige de notre famille… Dans la région, là-bas, on se demande si nous ne sommes pas désargentés… »

Co : « Bien… J'ai compris cela… Dites-moi, à présent, j'aimerais que vous vous mettiez dans la position de votre frère aîné, et que vous essayiez de voir comment cette situation se présente pour lui… Est-ce que vous avez l'impression qu'il a envie d'aller au clash, lui ? »

Coé : « Non, je ne crois pas… Juste il est tellement occupé, il fait de la politique… et ses affaires ne lui laissent que peu de temps pour s'occuper de nos biens personnels… Non, ça l'embêterait plutôt… je pense. »

Co : « Toujours en vous mettant le plus possible à sa place, en essayant de réfléchir comme lui, de réagir comme lui, qu'est-ce qui est important, pour lui, dans cette situation ? »

Coé : « Que la propriété soit sauvée… Il tient comme moi à ce bien familial… Il s'y verrait bien pour sa retraite, je pense… Et la renommée, pour lui, c'est vital… Surtout pas qu'on dise du mal de lui, et du nom qu'il porte ! »

Co : « Et qu'est-ce qui, de son point de vue, est légitime dans la position qu'il prend ? »

Coé : « Il a une campagne électorale à financer… Il n'a pas beaucoup de sous à mettre ailleurs… Donc il résiste un maximum à engager des dépenses… Et puis, quelque part, c'est lui l'aîné, donc c'est lui qui aimerait décider, plutôt que moi qui fasse la suggestion et lui mette le couteau sur la gorge… C'est aussi quelqu'un d'orgueilleux… Je sais qu'il aimerait faire les choses bien… Donc il attend d'en avoir les moyens, et là il ne peut pas… Donc il remet à plus tard et il se défile… Normal ! »

Co : « Merci pour tous ces éclairages… Et si vous deveniez à présent un observateur de la relation qui lie Dirk à son frère… Vous voyez, vous êtes à présent quelqu'un qui voit les choses de l'extérieur, vous n'êtes pas là pour prendre parti pour l'un ou pour l'autre, ni pour les juger… Juste, vous vous intéressez à la relation qui les lie… Qu'en diriez-vous ? »

Coé : « Que ça manque de communication… Ils sont chacun dans leur monde… Mais ils seraient d'accord sur l'essentiel, ce sont les moyens qui clochent… »

Co : « Autre chose encore… à propos de cette relation ? »

Coé : « Ils se sentent en concurrence… Chacun veut avoir l'initiative… Ils se sentent chacun un peu dans leur bon droit, et ils font preuve d'orgueil tous les deux… C'est comme s'ils agissaient de temps en temps en miroir, l'un imitant l'autre et à d'autres moments de façon complémentaire, l'un étant le moteur ou à la remorque de l'autre… »

Co : « Bien… Maintenant que nous avons fait le tour de votre position, de celle de votre frère et de la relation que vous entretenez, qu'en pensez-vous ? »

Coé : « Il faut qu'on se rencontre et qu'on parle… S'il le faut, je peux lui prêter de l'argent qu'il consacrera aux réfections, évidemment… Au pire, on se mettra d'accord devant notaire… pour que les droits et les devoirs de chacun soient reconnus… Je sais qu'il est très procédurier… »

Co : « Que vous faudrait-il comme ressource pour susciter cette rencontre, pour que vous obteniez qu'elle ait lieu et pour vous affirmer correctement durant l'entretien ? »

Coé : « Oh, rien de bien important… J'ai l'idée de l'inviter dans cette maison pour mon cinquantième anniversaire, dans deux mois… Je le fêterai là-bas ! Il y sera forcément et cela se passera bien… »

Commentaires : *le coach a installé le sens de la négociation afin que les choses évoluent. L'état d'esprit de Dirk a changé parce qu'il a pris trois positions successives : il a défini son propre point de vue à travers ce qui est important et légitime pour lui, il a fait de même pour son frère, et enfin, il a jeté un regard extérieur sur la relation. Cette troisième étape lui a fait jouer un rôle d'observateur. Cette prise de recul a été salutaire pour qu'il puisse quasiment établir ce que d'aucuns appelleraient un cahier des charges de la prochaine rencontre avec son frère (qu'il appelle de ses vœux, alors qu'il y était hostile auparavant). Cette démarche, proposée par le coach, s'intitule : « S'affirmer avec l'objectif en tête » (elle s'oppose à une forme d'affirmation le plus souvent stérile, appelée « s'affirmer avec uniquement sa propre position en tête »).*

S'affirmer avec l'objectif en tête

D'abord, disons ce que l'affirmation de soi n'est pas. Ce n'est pas vous « blinder », ni vous « caparaçonner », ni vous équiper des meilleurs arguments pour faire valoir à tout prix et en toute circonstance votre point de vue exclusif.

S'affirmer avec l'objectif en tête, c'est utiliser une démarche où vous êtes ancré en vous-même (ce qui explique l'utilisation de la première personne du singulier « je ») en même temps que vous restez ouvert à l'autre.

Elle emprunte, pour l'essentiel, les étapes suivantes, qu'il s'agisse pour vous d'exprimer un **avis**, un **sentiment**, une **émotion**, ou que vous décidiez de formuler une **demande** ou d'apporter une **réponse**.

1. J'expose en quelques faits précis ce qui motive mon intervention et je formule volontairement et ostensiblement **MES ressentis et MES sensations, MES conclusions et MES interrogations**. C'est le seul moyen de marquer MON domaine d'expression, avec toute l'intensité que je souhaite transmettre, ni trop, ni trop peu. Ceci n'est pas destiné à impressionner l'autre ni à dramatiser la situation. Cela sert juste à marquer d'emblée l'enjeu de l'échange qui s'engage.

2. Je parle à la première personne et je n'engage exclusivement que ma personne dans l'affirmation. Le **« JE »** est destiné à garder mon ressenti (confortable ou inconfortable) pour moi-même, à prendre ma place et à la tenir, en toute responsabilité. Le langage

« tu » recèle un danger: celui de transmettre la charge du problème vers l'autre interlocuteur.

> **Le tu tue !**
> Jacques Salomé, écrivain et grand communicant, conseille d'éviter la « communication-klaxon » avec des TU-TU-TU...

3. Je suscite un retour par une question « de compréhension », pour ouvrir le dialogue et le centrer sur ce qui est important et légitime pour l'autre. J'associe cette ouverture à une position basse[1] dans l'échange.
Exemple:
Robert : *« Pascale, nous avions rendez-vous à 15 heures, et il est 15 heures 45... Je suis très froissé de ton arrivée tardive et aussi très contrarié par le retard que prend notre réunion... J'aimerais comprendre ce qui se passe? »*

4. Je reçois la réponse de l'autre en écoute totale (sa voix et aussi son paraverbal). Cette étape me permet d'accéder chez l'autre à SES ressentis, SES émotions, SES valeurs, SA légitimité. C'est pour moi prendre connaissance de la nature de SON propre domaine d'expression.
Pascale:
« Je te présente mes excuses... Une alerte à la bombe a provoqué des embouteillages monstres... Je t'ai d'ailleurs laissé un message sur ton portable... Je suis encore bien plus ennuyée que toi, parce que cela perturbe tout mon programme de la fin de journée... »

5. Je formule mes désirs et ce qui les appuie (critères d'importance et légitimité). Dans cette étape, j'imprime à mon affirmation ce qui la fonde et que je souhaite voir respecté par-dessus tout. Et je sollicite chez l'autre la même chose.
Robert:
« Désolé pour ce qui t'arrive... je comprends... Ce qui m'importe à présent, c'est que nous puissions faire en sorte que nous ayons rédigé le programme de la fête associative. Ce qui sera fait aujourd'hui ne sera plus à faire. Qu'en penses-tu? »

6. Je reçois la réponse et j'y recense ce qui est important et légitime pour l'autre.
Pascale:
« Je ne m'engage pas sur tout cela, car comme je te l'ai dit, j'ai absolument besoin de partir à l'heure prévue, à 17 heures, même si nous commençons en retard... Il s'agit de mes enfants... Tu sais combien je tiens à être ponctuelle vis-à-vis d'eux... Comment faisons-nous pour tenir nos objectifs? »

7. Je maintiens mon point de vue et je mets le sien à sa place. Si nous ne sommes pas d'accord, ce n'est pas grave, mais chacun aura exprimé ce qui était important pour lui. **Si une solution peut permettre de préserver ce qui est important et légitime pour les deux parties, je la propose...**
Robert:
« OK, je comprends tes impératifs... Reconnais que les miens, qui sont en fait les nôtres, sont importants aussi... Je pense à une formule... On discute du programme de la fête, de ses moments forts en priorité. Si nous avons encore du temps, on se met devant nos ordinateurs et nous rédigeons chacun les parties qui nous intéressent, au lieu de les rédiger ensemble... Cela nous fera gagner du temps... Si nous n'avons pas terminé au moment où tu dois partir, nous

[1] Position basse : voir chapitre 1 page 25.

nous partagerons le reste, terminerons chez nous, puis échangerons nos rédactions par mail... Tu es d'accord ? »

8. Je reçois la réponse et les formes d'accord ou de désaccord qui subsisteraient, pour adapter mon comportement.
Pascale :
« C'est d'accord... On s'y met tout de suite... Merci pour ta compréhension. »

Commentaires :
Tous les ingrédients sont réunis dans ce cas concret pour que l'échange dégénère. Fort heureusement, Robert qui aurait toutes les raisons de s'emporter sur le contenu des justifications de Pascale, reste avec son objectif en tête, ce qui oriente le dialogue vers l'apaisement, la solution et l'action, avant tout.

Cette forme élaborée d'affirmation se résume à trois idées essentielles
- J'affirme mon ressenti, mes critères et ma légitimité d'expression.
- Je suscite et je reçois les ressentis, les critères et la légitimité de l'autre.
- Je propose une solution qui vise l'atteinte de l'objectif et je l'adapte pour respecter la position de l'autre.

Elle s'exprime à la fois avec assurance en soi et ouverture sur l'autre.

ÊTRE À L'AISE DANS LES SITUATIONS DÉLICATES

Dans cette dernière partie, nous abordons une autre fonction intéressante de l'affirmation de soi : celle qui vous permet de canaliser vos tendances excessives ou inadaptées dans vos relations aux autres.

En d'autres termes, l'affirmation de soi bien comprise doit servir à :
- canaliser ceux qui osent trop s'affirmer, sont agressifs et occupent le terrain par force,
- encourager ceux qui n'osent pas assez s'affirmer, sont anxieux et ont peur,
- modérer ceux qui osent sans oser, tout en osant sans le montrer, et sont en fait manipulateurs,
- et plus généralement, à tous ceux qui, selon les contextes et les moments, n'arrivent pas à doser leur façon d'oser...

L'affirmation de soi prend alors le nom anglais d'« assertiveness », en français « assertivité ». Elle devient, dans ce contexte très précis, une technique très éprouvée, pour que nous sachions demander ou refuser sans émotion excessive, et aussi engager un dialogue, exprimer nos idées et nos sentiments, tout en gardant une bonne relation avec nos interlocuteurs.
Née il y a quarante ans aux États-Unis, cette démarche cherchait, à l'époque, à résoudre les situations de dominance-soumission, et a servi de base aux traitements des troubles anxieux, comme la timidité ou les états dépressifs, et aux programmes de réhabilitation sociale des schizophrènes et des exclus.
Les méthodes aujourd'hui regroupées sous le vocable d'**« assertivité »** permettent à la fois de développer la **communication à l'autre** et d'acquérir **aisance relationnelle** et

confiance en soi. Nous savons qu'un comportement inadapté est régulièrement source de conflits avec l'environnement et avec nous-même.

Quand nous disons que vous êtes en (grande) partie responsable de ce qui vous arrive, votre comportement même subliminal entraîne la réponse ou la riposte de l'autre un peu comme au tennis: une amortie appelle généralement une amortie, de longues balles liftées amènent une bataille de fond de court. Il est donc essentiel d'avoir conscience de votre propre type de comportement et des réactions qu'il est susceptible d'entraîner, afin de le moduler.

C'est ainsi que nous allons pouvoir, grâce aux apports de l'assertivité, distinguer le comportement d'affirmation correcte des types d'affirmation non souhaitables et surtout générateurs de relations déséquilibrées.

> *« Le dialogue paraît en lui-même constituer une renonciation à l'agressivité. »* (Jacques Lacan, médecin et psychanalyste français)

Faire face à l'affirmation déplacée

Les techniques d'assertivité désignent trois formes déplacées d'affirmation: l'agressivité, la manipulation et la fuite. Nous leur préférons trois autres expressions, qui reflètent mieux les mécanismes sous-jacents. Nous parlerons ainsi d'affirmation réactive (agressivité), masquée (manipulation) et d'attitude passive (fuite).

La manière, pour le coach, de les aborder, est différente et votre façon de vous déterminer en présence de tels comportements requiert également une large faculté d'adaptation et de souplesse. Il n'existe décidément pas de recette miracle pour vous en sortir en toute circonstance.

1. L'agressivité ou le comportement d'affirmation réactive

La personnalité belliqueuse affiche des comportements d'égocentrisme, d'irrespect ou de dédain pour ses relations, soit de manière généralisée ou alors de façon sélective. Elle fait subir aux autres de véritables pollutions physiques (excès, bruit, déprédations, abus...), et agit souvent de façon brusque, menaçante, violente, arrogante ou suffisante.

L'affirmation réactive de colère et d'agressivité fait fi des droits des autres. La communication devient domination. La collaboration proposée devient en fait un piège pour l'autre. L'aide prend la forme désastreuse de la mise sous dépendance.

Extrait d'une séance de coaching:

Claudine, 17 ans, étudiante.

Co : « Comment a commencé ce que vous appelez cette descente aux enfers? »

Coé : « Dès que ma belle-mère, environ trois mois après le mariage avec mon père, est venue s'installer chez nous, elle a commencé à se mettre en tête de me contrôler... m'éduquer, comme elle disait... »

Co : « Et que recouvre ce contrôle, cette éducation, quand vous commencez à les vivre? »

Coé : « Elle me harcelait en permanence... »

Co : « Pouvez-vous vous souvenir d'un moment précis et me le décrire en détails? »

Coé : « Un jour, j'ai fait une grosse bourde en ne rendant pas l'argent des achats... En fait, j'avais oublié... »

Co : « Quel était le montant en question? »

Coé : « 140 euros... »

Co : « En quoi est-ce une grosse bourde, selon vous? »

Coé : « Parce qu'il y a eu des conséquences incroyables... Elle a relevé cet oubli, m'a accusée d'avoir voulu détourner l'argent des courses... et a commencé à me menacer de me dénoncer à mon père... »

Co : « Comment avez-vous réagi, à ce moment-là ? Qu'avez-vous ressenti ? »
Coé : « J'avais peur des conséquences… Je m'suis écrasée… Et là, elle a continué, en insinuant que je détournais l'argent du ménage pour me constituer un pécule personnel… »
Co : « Et que s'est-il passé ensuite ? »
Coé : « J'ai décidé de me débrouiller toute seule… Je suis allée vider mon livret d'épargne… Elle a découvert une grosse somme d'argent dans ma chambre… Elle m'a accusé de vol… Et là, j'ai fait une fugue… »
Co : « Et votre père ? »
Coé : « Inexistant… Il était comme pétrifié devant cette violence… »
Co : « Et à présent, où en êtes-vous ? »
Coé : « Je me cloître dans ma chambre et j'évite de la croiser… J'aimerais aider mon père qui s'est fait avoir comme moi… »
Co : « Voyons déjà pour vous… Que diriez-vous de votre belle-mère si vous deviez simplement l'observer, la voir agir ? Quels sont ses comportements caractéristiques ? »
Coé : « Elle est charmante quand je suis anxieuse et pas sûre de moi… et curieusement, elle devient agressive et pesante quand je vais mieux. »
Co : « Que diriez-vous d'une personne qui est rassérénée quand son entourage est angoissé, et qui se sent mal à l'aise, jusqu'à se mettre en colère, quand les autres vont plutôt bien ? »
Coé : « Qu'elle évolue à l'envers… Ou alors, qu'elle a besoin, à tout prix, d'avoir des personnes soumises autour d'elle… »
Co : « Que se passerait-il si elle avait des gens puissants autour d'elle ? »
Coé : « C'est elle qui aurait peur ! Oui… En fait, je me rends compte qu'au fond d'elle-même, elle a peur… Elle me considère comme une ennemie ou une concurrente… Donc, elle fait tout pour me casser et casser mon père, par la même occasion… »
Co : « Avez-vous des comportements qui pourraient entraîner cette peur chez votre belle-mère ? »
Coé : « Elle craint la discussion avec moi… Elle se rend compte qu'elle ne peut pas avoir gain de cause, quand on discute pied à pied… C'est une question de moyens… Elle n'est pas très futée, je pense… »
Co : « Et donc ? »
Coé : « Elle se met à vociférer de trouille pour ne pas montrer son incapacité… Elle se sent démunie, complètement "à poil", excusez-moi de le dire comme ça… Elle a la trouille… oui ! Ça me rappelle quelque chose que j'ai étudié au Lycée… Ça s'appelle "Le roi est nu" En fait, elle est nue ! »

Commentaire : *le guidage du coach amène Claudine à se rendre compte que l'attitude agressive est généralement le lot de ceux qui n'arrivent pas à exprimer et verbaliser leurs propos de façon sereine. Le dialogue est donc vécu comme un danger, un risque pris, voire une menace pour leur amour-propre mal assumé. Du coup, la relation devient brutale, unilatérale, arbitraire et autoritaire. Nous devons comprendre que, dans ce cas, la personne agressive et belliqueuse manque de dignité à ses propres yeux… Son estime de soi est passablement effondrée et elle a peur d'être découverte dans ce qu'elle considère comme une vulnérabilité ou une faiblesse. Du coup, elle est mécaniquement ou compulsivement entraînée, dans ses relations avec les autres, à exprimer des insinuations, des querelles, des blâmes, des remontrances, des blessures qui évidemment entament la dignité d'autrui… Si l'autre se « laisse avoir », il est contaminé par la peur, le retrait, l'anxiété… et le transfert de peur est réalisé… Voici encore une autre forme de l'effet miroir de la communication mal maîtrisée. Le coach a invité Claudine à épouser le point de vue de sa belle-mère, ce qui lui a permis de prendre conscience des mécanismes sous-jacents de leur relation.*

S'affirmer sereinement face à une personne agressive est difficile. Il vous faut savoir que sa colère outrancière et non fondée, et ses attaques systématiques sont le reflet d'un mal-être profond dont elle rend les autres responsables, ce qui fonde ses comportements difficiles et disons-le inadmissibles pour les autres.

S'affirmer avec sérénité et authenticité consiste à:

- Constater le comportement agressif de l'autre et le considérer comme inadapté voire pathologique. Cette prise de conscience essentielle a l'énorme avantage de ne pas vous culpabiliser, quelle que soit la nature de l'attaque ou de la dévalorisation qui vous est envoyée. **Cette première étape est un processus interne.** Vous décidez de laisser à l'autre son « malaise ». Vous refusez fermement d'en endosser une quelconque responsabilité.

- Montrer ouvertement du doigt le comportement agressif et ses conséquences sur vous. Cette désignation ferme, basée sur des faits, doit marquer un coup d'arrêt au comportement de l'agresseur. Toute l'énergie nécessaire et toutes les ressources utiles à cette fin doivent être mobilisées lors de cette deuxième étape. **C'est alors un processus externe.**

Exemple: « Là, tu élèves la voix, tu uses de mots orduriers, tu ne me laisses pas la parole (on constate les faits et on exprime ses sentiments et ses ressentis), je trouve cela dégradant pour moi, je ne l'accepte pas! Tu arrêtes! Maintenant! »

Généralement, cette réaction permet de neutraliser, au moins pour un temps, l'agression. Si cela ne suffit pas, vous passez à l'étape suivante.

- Menacer la personne de ne pas en rester là si elle continue ses agissements. Cette étape doit être mise en place si l'agressivité que vous subissez reste lourde, se traduit par un retrait provisoire pour revenir et s'insinuer dans votre vie sous d'autres formes, (chantage, harcèlement, abus de pouvoir...). Il vous faut alors indiquer à l'agresseur qu'il sera dénoncé, ou poursuivi selon les règlements ou la loi en vigueur. Généralement, en présence de telles réactions, la personne agressive bat en retraite. Attention! Il faut toujours adapter l'énergie des moyens utilisés afin que la pression sur l'agresseur ne tombe pas. Et tenir parole. Ne menacez jamais un agresseur de faire appel à une figure d'autorité si vous n'êtes pas déterminé à le faire.

Vous devez retenir que l'efficacité de votre affirmation face à l'agression dépend totalement de votre volonté de vous respecter, de le faire savoir à l'autre et d'aller jusqu'au bout de cette démarche, tout en restant attentif aux conséquences de ce type de décision.

> *« La forme la plus déplaisante de la peur se traduit par l'agressivité. »*
> (Ferdinand Bac, dessinateur, humoriste, écrivain)

2. La manipulation ou le comportement d'affirmation masquée

Normalement, il n'y aucun inconvénient à ce que vous adaptiez vos comportements ou vos propos de façon souple et pertinente en fonction des situations et des contextes rencontrés. Ces attitudes prennent alors des formes diverses, comme le tact, la diplomatie, la politesse, la délicatesse, le savoir-vivre ou l'élégance...

Mais, pour un certain type de personnalité, ces pratiques d'adaptation prennent une forme dénaturée: le parler « politiquement correct », la « parole lisse », les pratiques aseptisées, les propos mielleux, l'opportunisme, la comédie, l'inauthenticité, l'hypocrisie, le double langage, la fausseté… Les comportements significatifs de ce type d'attitude relationnelle masquée s'organisent autour de l'illusion, l'artifice, voire le mensonge.

La manipulation met en scène une personnalité d'emprunt, sorte de substitut de l'identité réelle, qui s'affiche sous un artifice de pouvoir et de puissance, et qui emprunte les voies floues du secret, du non-dit, de l'apparence, de la ruse, de la tromperie, et plus généralement de la dénaturation de la réalité. Lorsque vous vous trouvez en face d'un comportement manipulateur, vous pouvez être très perturbé car vous avez alors affaire à une personne qui a toutes les caractéristiques apparentes de la normalité (bonhomie, pratique sociale conventionnelle…).

Sous cette couverture se camouflent des attitudes déviantes qui se manifestent de temps en temps sous formes de bizarreries, de contre-pieds et de formules qui privilégient l'apparence par rapport à la réalité. Si vous n'y prenez garde, vous avez tôt fait de classer ces comportements sous le vocable d'originalité ou d'excentricité, pour les excuser en quelque sorte.

Extrait d'une séance de coaching:

Josiane, 48 ans, mariée, profession libérale.

Co : « Et alors, comment vous êtes-vous alarmée ? »

Coé : « Tout simplement parce que mon mari s'est plaint de devoir mener plusieurs vies en même temps… Cette expression de "plusieurs" vies m'a interpellée… Alors, j'ai fait attention à son emploi du temps, juste pour essayer de lui venir en aide… Et j'ai découvert une vie incroyablement remplie et en même temps très structurée… J'appelle cela sa vie "déstructurée"… J'ai découvert qu'il travaillait avec quatre agendas… J'ai interrogé sa secrétaire, qui m'a avoué qu'elle ne savait pas grand-chose sur les activités de son patron et qu'il fallait qu'elle devine tout… Quand j'ai voulu comprendre ce qui se passait, car je me faisais du souci, il a mal supporté mon "intrusion incompréhensible", comme il l'a nommée… Et enfin, mais là, je ne me faisais aucune illusion, j'ai découvert qu'il avait une maîtresse, et même deux, en même temps ! »

Co : « Et aujourd'hui, comment vivez-vous cela ? »

Coé : « Mal… mais en même temps avec beaucoup de colère certains jours… et d'amertume certains autres… J'ai l'impression d'avoir été flouée… Et j'ai été bête de ne rien avoir vu ni compris… Je m'en veux, pour moi, pour ma naïveté… J'ai fait avec, j'ai tout gobé ! C'est ce qui me navre… »

Co : « Que ressentez-vous, au fond de vous-même, quand vous pensez à tout ceci ? »

Coé : « Du dégoût ! »

Co : « Quelles attitudes trouvez-vous particulièrement déplacées chez votre mari, dans toutes ces circonstances ? »

Coé : « Son silence… Son attitude de mensonge… Sa façon de faire comme si de rien n'était… Une attitude de détachement… Il feint de ne rien laisser paraître… Il a joué un rôle, même plusieurs rôles… »

Co : « Bien… À présent, je vous demande de vous regarder vous comporter par rapport à votre mari, dans toutes ces circonstances-là… Dites-moi, de votre point de vue d'observatrice, quelles sont les attitudes de Josiane dans cette situation-là… »

Coé : « Moi ? Comment je me comporte ? »

Co : « Je vous demande de me décrire les attitudes de Josiane… Vous, vous êtes à présent une observatrice neutre des attitudes de Josiane… Josiane exprime quelles attitudes ? Que voyez-vous ? »

Coé : « Eh bien Josiane… elle fait un peu l'autruche… elle se cache les yeux… elle ne veut pas voir ni regarder ce qu'elle pressent un peu… Elle s'abstient de réagir, elle se tait… En présence de son mari, elle joue l'épouse, et en l'absence de son mari, elle devient enquêtrice… Elle essaie de prendre du recul, elle garde ses distances, de peur de trouver des choses compromettantes… Elle se trompe elle-même… »

Co : « Bien… J'aimerais à présent que nous rapprochions les attitudes de Josiane de celles exprimées par son mari… Quel est le prénom du mari ? »

Coé : « Roger… Il s'appelle Roger… Mais pourquoi rapprocher nos attitudes ? »

Co : « Nous allons voir ensemble… Voyons les attitudes de Josiane… Elle se cache la réalité… elle joue plusieurs rôles, d'épouse, d'enquêtrice… elle se trompe elle-même… C'est bien ça ? »

Coé : « Oui… C'est vrai que j'ai adopté ces états d'esprit… »

Co : « Voyons maintenant les attitudes de son mari à son égard… il cache la réalité à Josiane, il ne laisse rien paraître… Il joue plusieurs rôles… il ment, il trompe Josiane… »

Coé : « C'est étonnant ça ! Il m'a amené à prendre quasiment les mêmes attitudes que lui ! »

Co : « Oui, c'est une façon de voir… Ou alors, je vous propose de voir la chose d'un point de vue un peu différent : il exprime envers vous le type d'attitude que vous avez déjà avec vous-même… »

Coé : « Attendez ! Cela voudrait dire qu'il n'a pu m'infliger ça que parce que je me le suis déjà infligé à moi-même ? »

Co : « Vous prenez effectivement conscience de l'effet miroir qui s'opère dans une relation… Peut-être que si vous aviez été plus stricte, plus affirmée, plus en respect de vous-même, vous auriez certainement été plus vigilante sur ce qui se passait dans votre couple et dans votre relation avec votre mari, et il aurait pu moins vous manipuler… Non ? »

Coé : « C'est extraordinaire ! Je sens combien il faut que je me reprenne… »

***Commentaire :** le coach a guidé Josiane vers une découverte essentielle dans les relations entre personnes… Les attitudes que nous subissons de la part d'un autre sont du type de celles que nous nous infligeons à nous-mêmes… Une personne ne peut nous manipuler que si nous nous manipulons déjà nous-mêmes… Personne n'arrivera à nous agresser si nous nous respectons avec force et détermination. Une nouvelle fois, nous devons comprendre que l'affirmation face aux autres commence par l'affirmation et le respect que nous nous accordons.*

Les personnes manipulatrices, et qui acceptent honnêtement de se remettre en cause pour évoluer, prennent conscience avec douleur qu'elles se respectent si peu, en leur for intérieur, qu'elles en arrivent à vivre avec une pseudo-personnalité qui, elle, donne le change et use d'artifices, de ruses et de mensonges répétés.

◗ S'affirmer vis-à-vis de telles personnalités requiert que vous soyez solidement ancré dans votre respect et votre autonomie interne.

> *« Est vraiment sage celui qui, sans présumer d'avance qu'on cherche à le tromper ou qu'on se méfie de lui, est capable de déjouer au moment voulu les ruses. »*
> (Confucius, homme d'État et philosophe chinois)

3. La fuite ou le comportement d'attitude passive

Le comportement inhibé ou de fuite se caractérise par une attitude passive et/ou d'évitement. Ces attitudes de fuite sont généralement associées à des mécanismes mentaux de rationalisation qui sous-tendent le refus de s'affirmer et suscitent des comportements d'impuissance.

Extrait d'une séance de coaching:

Philippe, 25 ans, célibataire, au chômage (en recherche d'emploi).

Co : « Et comment en êtes-vous arrivé à penser que pour vivre heureux, il faut vivre caché ? »

Coé : « C'était pour moi le meilleur moyen de me sentir bien ! Et d'un seul coup, cette femme a fait irruption dans ma vie : j'ai alors perçu un peu l'étroitesse de mon monde… »

Co : « Qu'est-ce que vous entendez par étroitesse de votre monde ? »

Coé : « Mais je vous l'ai déjà dit… Je me suis trouvé en échec dans mes trois registres de vie… Le travail… J'en cherche et j'en trouve pas depuis un an et demi… Les relations. J'ai quasiment pas de fréquentations. Et ma vie sentimentale et sexuelle… C'est le vide absolu ! »

Co : « Et cette femme qui a fait irruption dans votre vie, comme vous dites ? »

Coé : « Elle est malheureusement partie aussi vite qu'elle est arrivée… Elle m'a reproché mon manque total d'ambition, ma vie imaginaire, ma tendance au repli et à vivre petit… En quelques mots et en quelques jours, elle a fait le tour de ma vie… C'est vrai qu'il n'y avait pas grand-chose à trouver ! »

Co : « Quelle a été la durée de votre relation ? »

Coé : « Une semaine… En une semaine, elle a senti qu'il n'y avait chez moi aucune résistance… Elle me stimulait et c'est comme si je tombais dans du miel, pour m'y engluer. Vous savez, une guêpe qui entre dans un bocal de miel, se pose à la surface et s'en trouve prisonnière… Comme dans des sables mouvants, plus l'insecte se débat, et plus il s'englue… Cette image me caractérise… Je crois que j'ai décidé un jour de vouloir rester petit et incognito… Comme cela, je n'embête personne et personne ne me doit rien… »

Co : « Bien… Les choses qui vous environnent pourraient-elles vous engluer ? »

Coé : « Évidemment, tout… J'ai un peu peur de tout… »

Co : « Pourriez-vous simplement m'indiquer, là, dans l'espace que nous occupons, quelle chose pourrait ne pas vous engluer ? »

Coé : «… ?!?… (air dubitatif)… Eh bien, le cendrier, là… – Et quoi d'autre encore ? – Le lampadaire. je vois pas comment il ferait… – Et encore ? – Le barreau de chaise – Bien ! Encore ? – La fleur fanée, là, dans le vase, la feuille de papier, le fil du téléphone… non, pas le fil, il pourrait m'entortiller… »

Co : « Bien… Ces choses, qui pourraient ne pas vous engluer, qu'est-ce qu'elles pourraient, selon vous, avoir de commun ? »

Coé : « Elles sont dures, et d'une certaine manière hermétiques… »

Co : « Et ces matières hermétiques, dures, qu'est-ce qu'elles véhiculent comme message positif pour vous-même ? »

Coé : « Que ma sécurité est importante… »

Co : « Et si vous mettez de côté tout ce qui pourrait encore être dur et hermétique ici, et que vous gardiez le reste, comment cela vous apparaît-il alors ? »

Coé : « Comme capable de m'entraîner, me happer… me tirer en avant ! »

Co : « Et quel autre message positif ces choses capables de vous entraîner, vous happer, vous tirer en avant, ont-elles pour vous ? »

Coé : « Il y a des expressions comme "tenter ma chance", "me risquer", "grandir"…»

Co : « Donc vous voyez que vous êtes environné de choses qui veulent votre sécurité et votre croissance ? »

Coé : « Oui, c'est peut-être possible de faire les deux… Oui, croître en toute sécurité… »

Commentaires: *le coach utilise à dessein un guidage de type symbolique pour sortir Philippe d'une sorte de torpeur, de transe, où il le sent englué. Il utilise une première technique dite de différenciation. Philippe a caractérisé la totalité de l'environnement du qualificatif « englué ». En dirigeant son attention sur des objets ou des choses qui ne l'engluent pas, le coach obtient de Philippe* *une différenciation, là où existait une généralisation totale. Cette différenciation crée un espace, où le coaché peut se sentir plus à l'aise pour poursuivre le processus.*

Ensuite, le coach exploite cette différenciation pour interroger les deux parties créées par Philippe. Elles révèlent deux tendances profondes qui tiraillent le coaché: l'une qui s'accroche à la sécurité, tout à fait légitime, mais qui lui a fait prendre l'option du: « rester petit et incognito », et l'autre, qui lui entrouvre les portes de la réalisation de soi-même, de la croissance… Les jalons sont ainsi posés pour avancer, lors d'une prochaine séance, vers la définition d'un objectif dorénavant un peu plus libéré du carcan de l'autolimitation et de la peur de grandir.

Nous sommes là en présence d'un travail typique de déblayage, de débroussaillage. Il fait partie de ces étapes intermédiaires dans la démarche de coaching, où le savoir-faire du coach oriente le coaché vers plus de conscience et de hauteur de vue, afin que de nouveaux choix puissent être conçus comme possibles dans le futur. Sans cette ouverture sur un horizon plus flatteur, le cas du coaché peut souvent longtemps stagner, surtout lorsqu'il affiche des comportements plutôt passifs.

Une personne passive n'atteint pas toujours ses objectifs. Elle se sent coupable et probablement gênée par son comportement, se comporte de façon inhibée puisqu'elle laisse l'initiative à l'autre, s'efface dans une sorte de négation de soi (**elle ne se respecte pas**), perçoit l'autre comme quelqu'un de dominant. Son **interlocuteur** sort le plus souvent gagnant de cette relation et peut alors se sentir gêné de passer ainsi en force sans résistance. Il n'est pas totalement satisfait et nous sommes ainsi dans une situation **perdant-gagnant non satisfait**.

Comment vous comporter en présence d'une personnalité dont l'affirmation se trouve réduite à la portion congrue? Vous devez simplement partir du principe que la conquête vitale légitime de cette personne s'est certainement, au fil du temps, transformée en illusions, fantasmes, attentisme et dévalorisation. Cette personne possède pourtant, au-delà de ses dépréciations, limitations et abandons, les anticipations et les potentiels d'un envol encore possible.

Si nous avons spontanément envie de la « bouger », il est en fait plus judicieux de rester à son écoute et d'agir avec doigté et légèreté.

Sachez que l'attentisme correspond à un manque de connexion à la réalité. La personne en attitude passive vit la vie au ralenti, par procuration.

Elle n'est pas forcément en prise directe totale avec la vie, et surtout pas SA vie. Sa passivité la met à la merci des autres. Il convient que vous l'orientiez en douceur vers un avenir concevable et simplement possible; il sera bien temps, plus loin, d'en faire un avenir stimulant et attirant. Mais comprenez que la personne est « sonnée » et qu'un futur trop exigeant, quoique désirable, pourrait carrément l'effondrer.

Une dernière chose à vérifier: souvent, la passivité laisse s'installer, malheureusement à l'insu de la personne non affirmée, une sorte de pusillanimité et une forme d'oisiveté qui, à elles deux, arrivent à tuer dans l'œuf toute velléité de renaissance à la vie. Ce que vous risquez à trop vouloir interagir avec des personnes à affirmation fuyante ou inhibée, c'est de vous faire prendre au filet de leur faux rythme et d'y laisser des flux insoupçonnés d'énergie. Prenez garde. **Un coaching expert est particulièrement utile pour ces personnes.**

> *« Les inhibitions viennent de la peur du jugement des autres. »*
> (Gilbert Trigano, homme d'affaires, créateur du « Club Med »)

Installer une affirmation adaptée

L'affirmation adaptée est celle qui nous permet de marquer nos limites et manifester nos points d'accord et nos différences. Nous utilisons généralement deux manières de l'exprimer: l'acceptation (dire oui) ou le refus (dire non).

L'expérience montre que dire oui à une demande est souvent gratifiant (généreux) alors que dire non est plutôt jugé indélicat (égoïste). **Il vous faut donc apprendre à dire non avec confort.**

Par ailleurs, nous savons, là encore par expérience, qu'il vaut mieux proposer (nous sommes alors à notre avantage), que demander (nous affichons là une position de faiblesse). **Il vous faut également savoir demander en étant à l'aise.**

1. Présenter un refus, un désaccord ou une opposition de façon sereine et affirmée

Dire non, c'est manifester votre désaccord ou votre opposition en présence d'une situation ou d'un comportement donné. Plus spécifiquement, c'est exprimer votre refus face à une demande ou une proposition qui vous est adressée.

Sur quels principes repose un refus clairement affirmé ?

1er principe : Assurez votre quiétude personnelle. Vous hésitez souvent à dire non car vous redoutez que l'autre ne se sente atteint dans son amour-propre par ce refus. « Non » ne veut pourtant pas dire rupture totale et rejet de l'autre. C'est ce qui permet d'envisager le refus sous une forme plus confortable.

« Non » marque simplement un désaccord sur un plan donné. Rappelez-vous les « niveaux logiques d'expérience » (voir le chapitre « Noblesse du coaching »). Vous pouvez marquer votre refus, votre désaccord ou votre opposition sur le plan de l'**environnement**, des **comportements**, des **capacités**, des **attitudes mentales**, ou celui des **valeurs** et des **croyances** (rarement sur celui de l'identité). Dire non marque donc un refus sur un plan donné tout en maintenant au contraire un intérêt marqué pour la personne et ce qu'elle représente pour vous, à ce moment-là.

Exemples :

« Je ne souhaite pas vous accompagner au cinéma cet après-midi (environnement) mais je compte sur votre invitation (attitude mentale) pour une prochaine fois ! »

« Je m'oppose formellement à cette démarche et aux formes que vous lui donnez (comportements), même si l'idée que vous défendez me semble digne d'intérêt (valeurs). »

« Je ne veux pas te prêter de l'argent (comportement)… Cela risque d'envenimer nos relations que je souhaite garder sereines (critères). »

2e principe : Respectez votre propre intérêt. Vous n'avez pas besoin d'avoir honte de faire valoir vos intérêts et vos valeurs. Vous ne pouvez être utile et efficace pour les autres qu'à la seule condition d'avoir déjà veillé à votre propre sauvegarde. Vous avez un droit et même le devoir de faire prévaloir votre intérêt avant de décider d'aller vous consacrer ou vous dévouer aux autres.

Exemples :

« Je ne peux pas me joindre à cet achat groupé. J'ai des choix à faire dans mes dépenses et je dois me préserver actuellement. Ce sera avec grand plaisir une fois prochaine, si c'est dans mes moyens. »

« Je ne vous accompagne pas. J'ai besoin de me consacrer du temps, beaucoup de temps… De cette manière je serai plus disponible une autre fois. »
« Non merci. J'ai d'autres priorités actuellement. Mais je vous remercie de votre invitation qui m'a beaucoup touché. »

3e *principe : Dégagez-vous de l'urgence et de la pression.* Vous avez le devoir, envers vous-même, de donner une réponse simple et directe quand votre décision est prise. Quand vous avez besoin de plus d'information (uniquement dans ce cas-là et pas pour fuir la situation), vous indiquez à votre interlocuteur que vous désirez vous donner le temps de la réflexion. Il convient alors de fixer un délai de réponse précis, dans toute la mesure du possible.
Exemples :
« Je ne suis pas en mesure de te donner ma réponse maintenant. J'ai besoin de réfléchir. Je te l'indiquerai en début de semaine prochaine, lundi soir… »
« Ma décision dépend d'autres personnes que je veux consulter. Je te répondrai demain. »

4e *principe : Apportez une solution de substitution et évitez de vous justifier.* Les deux éléments font la paire. Souvent, vous éprouvez le besoin de vous justifier, pour évacuer une partie de votre gêne de refuser. Vous devez avoir le souci d'ouvrir le champ des possibles en proposant d'autres voies de résolution ou de réalisation. Pour ce faire, vous avez besoin de prendre quelques informations avant d'apporter des pistes de solutions… Cette disposition d'esprit vous épargne de vous justifier. Par ailleurs, n'oubliez pas que votre empressement à fournir vos raisons n'est souvent que l'expression de votre manque d'assurance dans cette situation. Vous risquez, au surplus, de fournir à votre interlocuteur une perche, pour qu'il continue à vous solliciter malgré tout. Vous devez être attentif au jeu des « pourquoi ? ». Il y a là un risque de vous disperser. La plupart du temps, vous pouvez alors utiliser la méthode du « disque rayé » en répétant avec fermeté et constance le même argument, jusqu'à ce que l'autre personne arrête de solliciter ou de vouloir convaincre.
Exemples :
« Je ne veux pas te prêter cette somme. Par contre, dis-moi comment cela se passe pour toi exactement et je vais t'aider à trouver d'autres pistes de financement… »
« Je ne souhaite pas approfondir notre relation. Comment envisagez-vous de trouver d'autres collaborateurs ? »
« Je ne signe pas cette pétition. En revanche, je suis prêt à donner mon témoignage pour votre dossier de défense. » – Pourquoi ? – « Je ne signe pas cette pétition… Je vais vous aider d'une autre manière, cela vous va ? » – Mais on a besoin de ta signature ! – « Je ne signe pas cette pétition mais je peux me rendre disponible à certaines heures seulement, on prend rendez-vous ? » – Et ta signature ? – « Non, merci ! Vraiment ! »

Le dernier et peut-être paradoxalement le premier principe à appliquer, pour savoir dire non et vous affirmer sereinement dans vos refus aux autres, est d'arrêter de vous dire non à vous-même.

OUI À NOUS-MÊME
=
ÉNERGIE DE DIRE NON AUX AUTRES.

Dans cette optique, **vous devez toujours être au clair, dans votre esprit, et surtout dans vos « tripes » sur ce qui est important, acceptable et aussi inacceptable pour vous.** Il s'agit de définir et de marquer ainsi vos limites. Si vous avez le moindre doute, interrogez vos sensations au niveau du plexus... Elles vous donnent une indication précise sur votre écologie interne par rapport au fait de dire oui ou non.
De la même façon, vous avez également le droit de changer d'avis. Si un oui vous a été soutiré sous la pression, par manipulation ou faute d'attention de votre part, vous devez reprendre les rênes de votre attelage. Exemple:
« J'ai repensé à ce que tu m'as demandé et, avec le recul, je constate que j'ai dit oui trop vite et avec insuffisamment d'informations... Je reviens sur ma décision. Je te présente mes excuses, mais je suis prêt à voir comment trouver avec toi d'autres pistes... »

Vous trouverez, dans la rubrique « Autocoaching », d'autres orientations pour mieux asseoir votre capacité à présenter un refus clair aux autres.

> *« Le fatigant supplice de dire non pendant une heure à un monsieur qui voudrait vous faire dire oui. »*
> (Jules Renard, écrivain français)

2. Obtenir un accord ou une acceptation de façon sereine et affirmée

Lorsque vous êtes attentif à obtenir ce que vous souhaitez, vous devez également agir selon certains principes.

1er principe : Trouvez le bon interlocuteur. Cette attention est pour vous déterminante. Identifier la bonne personne pour dialoguer garantit la rapidité de votre démarche et vous met en présence de l'interlocuteur jugé responsable et qualifié pour écouter votre proposition.

2e principe : Choisissez le bon environnement. La bonne personne... mais également le meilleur endroit, au bon moment, dans les conditions idéales. Ce souci attaché au contexte correspond à ce que nous appelons la « montée des niveaux d'expérience ». Vous verrez que la suite de cette démarche s'inspire de cette logique. Il y a un lieu et un moment propices pour chaque chose, tous deux généralement adaptés à l'enjeu en cause. Évitez les lieux de passage où une certaine discrétion n'est pas assurée, optez pour des horaires corrects et respectueux des contraintes d'autrui.

3e principe : Adoptez le bon comportement et mettez en œuvre les capacités requises. Vous savez l'importance que vous devez attacher à créer un climat favorable à la relation et à installer un cadre rassurant et structuré pour son déroulement. Chaleur, respect et délicatesse (sans obséquiosité) sont de mise. Vous devez être capable de faire référence aux émotions et aux ressentis appropriés, sans vous en priver et sans en interdire l'expression à votre interlocuteur.

4e principe : Respectez l'approche par les faits et l'orientation vers les résultats. Si des opinions ou des jugements sont intégrés dans l'échange, il vous revient de les détecter, afin d'en faire des objets de discussion et non des préalables à accepter ou rejeter d'emblée. L'attitude mentale doit être orientée vers un objectif clair, auquel vous souhaitez parvenir.

5e principe : Affichez vos valeurs, vos critères et vos principes. Il convient toujours, selon une approche déjà développée plus haut, que vous indiquiez ce qui est important et légitime pour vous, dans ce cas précis. Cette affirmation indique votre position, vos souhaits et vos limites. C'est à l'intérieur de ce cadre, qui évidemment ne doit pas être trop étriqué, que la recherche ouverte d'un accord peut se réaliser. Votre vis-à-vis sera d'autant plus disposé à vous donner son accord qu'il aura le sentiment d'avoir les coudées franches et qu'un ajustement des positions respectives est possible.

Ces principes s'appliquent à des demandes d'autorisation ou d'appui, à des requêtes, des sollicitations dont l'issue favorable dépend d'une autre personne. Ils peuvent également s'appliquer à des moments où vous avez besoin de remettre les choses en place, ou bien d'atteindre un objectif, et où vous attendez l'accord des autres pour y parvenir. Vous pouvez même utiliser cette démarche quand vous avez besoin de faire partager à quelqu'un une mauvaise nouvelle, ou quand vous devez formuler une réprimande. Prenez connaissance de la méthode SPACÉE qui s'inspire de ces principes dans la partie « Coachez les autres » ci-dessous.

Retenons qu'il vous revient de dire oui quand vous pensez oui, dire non quand c'est non, et dire peut-être quand c'est peut-être (mais le moins souvent possible !). Des réponses vagues et indécises encouragent les autres à la manipulation, aux flatteries, aux culpabilisations, aux pressions et même aux insultes... Vous êtes normalement paré pour faire face à ces formes détournées d'affirmation. Veillez à ne pas les susciter vous-même !

CONCLUSION

Prenez conscience du caractère circulaire de vos relations. Chaque fois que vous ne vous affirmez pas de façon correcte pour vous et les autres, ceux-ci le perçoivent, consciemment ou inconsciemment. S'ils le relèvent, ils s'affirment honnêtement. S'ils ne le font pas, c'est qu'ils ont de bonnes raisons de ne pas le faire, mais ils courent alors le risque d'une relation pervertie. Il en est de même pour la vigilance que vous portez aux autres, dans vos interactions permanentes.

Vous êtes à moitié responsable de ce qui se passe dans une relation, pas plus mais pas moins non plus. Vos chances d'obtenir les résultats que vous souhaitez dépendent de ces 50 % ; il est donc important de les utiliser pleinement.

Désaccord ne veut dorénavant plus dire conflit... et conflit ne doit pas être assimilé à rupture... Vous avez en vous les moyens de régler toutes ces situations délicates, à condition de vous assumer face aux autres.

Imaginez pour terminer que vous soyez entouré de personnes qui n'assument pas leur part de travail, de propositions, ou simplement de disponibilité, de présence, de franchise ou de clarté. Quel serait votre ressenti dans ces cas-là ? Probablement négatif. Du coup, avez-vous vraiment encore des prétextes à ménager les autres ? Il vous revient de rompre avec les formes dénaturées d'expression et de vous affirmer selon les règles que nous venons d'étudier dans ce chapitre.

AUTOCOACHING : SE RESPECTER POUR ÊTRE A L'AISE AVEC LES AUTRES

Exercice 1 : Comment prendre sa place, oser, exister, intervenir

Lorsque vous vous êtes trouvé en groupe, il vous est probablement déjà arrivé de vouloir prendre la parole et de vous interdire finalement de le faire. Le procédé suivant vous indique la façon d'opérer pour que cela ne se produise plus. Vous devez répondre aux quatre catégories de questions, nous vous fournissons simplement un exemple.

Face à la situation que je vis :

1. Quelle idée me vient à l'esprit automatiquement ? C'est le jugement réactif que je formule instantanément.
   « Je veux me manifester... Est-ce que c'est bien de réagir ? »

2. Qu'est-ce que je ressens quand je ne le fais pas ?
   « Je ressens de la frustration et de l'hésitation... »

3. Quel critère est en jeu dans ce contexte et à ce moment-là ? Qu'est-ce qui est empêché, contrarié ou bafoué ? Que faut-il à tout prix restaurer, qui est important pour moi à ce moment-là ?
   « Ce qui est bafoué, c'est mon droit à la parole... Je ne peux pas exprimer ma créativité... Je m'empêche d'être reconnu... »

4. Quelle idée d'action précise et concrète est à présent de nature à résoudre la situation : c'est généralement l'expression d'un avis, d'un sentiment ou d'une émotion, ou la formulation d'une demande ou d'une réponse.
   « J'aimerais donner mon avis... Je ne veux pas que la décision soit prise sans mon avis... Il me paraît important qu'elle soit collégiale... »

Commentaire : l'attitude de cette personne est constructive car elle souhaite participer au projet commun et non pas s'opposer au groupe. La simple prise de conscience de son ressenti et des valeurs bafouées par son silence constituent un moteur puissant pour se manifester la prochaine fois.

Exercice 2 : Comment dire non à des sollicitations non désirées ou vous affirmer face à des déclarations que vous ne partagez pas ?

Première étape : Prenez conscience de votre incapacité plus ou moins marquée à dire non

Faites la liste des situations où vous avez été dans la difficulté de refuser quelque chose, ou bien où vous n'avez pas manifesté votre désaccord devant des choses qui pourtant heurtaient vos principes ou vos valeurs. Reconnaissez déjà, dans ces cas précis, que la raison de votre inconfort est au moins pour 50 % sous votre responsabilité.

- **À quelles personnes avez-vous du mal à dire non ?** Passez en revue les divers plans de votre vie : famille, travail, amis et proches, relations...
- **Quel type de demande avez-vous du mal à refuser ?** Accepter une invitation, rendre un service, faire des heures supplémentaires, etc.
- **À quel niveau de pression êtes-vous capable de résister ?** Cette notion de degré est importante. Suffit-il de vous supplier ? Faut-il exercer un chantage affectif ? Donnez une note qui définit, selon vous, le moment où vous « craquez » ; la note

0, 1, 2 ou 3 veut dire que vous lâchez immédiatement, sans résister... Les notes situées vers 10 signifient que vous savez ou que vous osez résister.

Deuxième étape : Soyez à l'écoute des émotions, des sensations et des ressentis associés à ces difficultés à dire non

- **Quelles sont en fait les conséquences de vos démissions face aux autres ?** Simple frustration ou regret, violence interne rentrée, voire maladie, insomnies, migraines, prise ou perte de poids, mal-être, etc. ?
- **Quelles peurs sont en jeu ?** Être rejeté, ne plus recevoir de signes de reconnaisance, être déjugé(e), se retrouver seul(e), être incompris, etc. ?
- **Quelles formes de colère ?** Quelles autres émotions et ressentis ?

Troisième étape : Prenez conscience de votre dialogue interne, de votre petite voix et des pensées automatiques qui vous empêchent de dire non

Ces pensées sont généralement difficiles à identifier. Elles sont fugitives ou s'imposent à vous avec tellement d'évidence que vous les acceptez telles quelles, sans chercher à les remettre en cause. Elles sont, la plupart du temps, rigides et sans nuances. Il est important que vous en preniez conscience, car ce discours peut prendre une tournure autoritaire à votre insu et déterminer vos comportements. Ce qui rend évidemment difficile un changement quelconque.

Exemple : quête organisée pour le départ à la retraite d'un collègue... que vous n'aimez pas.

« Je ressens de l'irritation, une colère froide » mais je me dis « Si je refuse, qu'est-ce qu'ils vont penser de moi ? » « J'l'aime pas... mais je peux pas faire autrement... Je suis obligé de donner... »

Quatrième étape : Transformez votre dialogue intérieur pour changer votre point de vue sur les situations rencontrées

Une pensée automatique doit être changée et être formulée de manière à être moins exigeante, à relativiser son message tyrannique. Dès que vous aurez adouci le propos de votre dialogue intérieur, il est déjà moins verrouillé et, du coup, vos émotions sont moins puissantes et vos comportements s'en ressentent.

Exemple : « Si je refuse, que vont-ils penser de moi ? » pourrait devenir « Si ça se trouve, on est sûrement un certain nombre à être dans mon cas... »

Cinquième étape : Pensez à toutes les situations que vous risquez de rencontrer très prochainement et pour lesquelles vous prévoyez déjà d'avoir peut-être des difficultés à dire non ou à manifester votre désapprobation.

Faites-en la liste, classez-les dans l'ordre croissant d'inconfort ou de difficulté. Ensuite, prenez la situation la moins difficile, par exemple résister à des demandes inconsidérées d'achat de la part de vos enfants, et exercez-vous. Il n'y a que cet entraînement qui puisse installer en vous des chemins neuronaux nouveaux pour que cette attitude devienne naturelle et courante. Pratiquez de la sorte en traitant des situations de plus en plus inconfortables ou difficiles.

> *« Ce n'est pas parce que les choses sont difficiles que nous n'osons pas. C'est parce que nous n'osons pas qu'elles sont difficiles. »*
> (Sénèque, écrivain latin, né à Cordoue)

COACHER LES AUTRES : COMMENT ÊTRE ÉCOUTÉ ET COMPRIS (LA DÉMARCHE SPACÉE)

Cette démarche utilise six étapes, chacune désignée par une lettre.
Dans l'exemple ci-dessous, la démarche est utilisée pour faire accepter le bien-fondé d'une réprimande.

S = Source. Soyez certain de vous adresser à la bonne personne. Il ne sert à rien de vous adresser à un subalterne qui n'a pas de pouvoir décisionnel, ou d'aller voir les collègues pour résoudre une situation qui ne dépend pas d'eux. C'est à l'autre nommément désigné que vous devez vous adresser, c'est la seule façon d'être efficace.

P = Place et Moment. Il y a un lieu et un moment propices pour faire les choses. Pas dans un couloir ou en public, ou à chaud. Choisissez un endroit calme et un moment où l'autre est disponible.

A = Approche amicale. N'agressez pas l'autre… Mettez-le à l'aise. Appelez-le par son nom. Faites-le même si cela vous écorche un peu la bouche. « J'ai pris votre remarque comme une marque d'attention qui me permet d'avancer dans mon travail, mais je me suis senti… »

C = Comportement objectif. Décrivez les faits sans les interpréter : « Lorsque vous avez fait ou dit cela… je… »

É = Émotion. Parlez de vos propres émotions, de ce que vous ressentez et évitez de trop mettre l'accent sur votre colère par exemple (car elle est déjà dirigée vers l'autre) : « Quand vous avez dit… je me suis senti humilié… »

E = Espoir déçu. Indiquez les conséquences de la situation pour vous et manifestez par là votre volonté que cela ne se reproduise plus : « Pour fonctionner parfaitement, j'ai besoin de travailler en confiance, là je me suis sentie désavouée par vous… »

> *« Exister, c'est aussi s'opposer, ne pas toujours suivre l'opinion générale. »*
> (Christophe Malavoy, acteur français)

Chapitre 4

LA CONFIANCE EN SOI

La puissance de vos réalisations

« Ce qui distingue l'autodidacte de celui qui a fait des études, ce n'est pas l'ampleur des connaissances, mais des degrés différents de vitalité et de confiance en soi. »
(Milan Kundera, écrivain d'origine tchèque)

LES GRANDES LIGNES DU CHAPITRE

■ MOBILISER LA CONFIANCE PRÉSENTE EN VOUS
Alimenter votre capital-confiance
Tirer les leçons de vos erreurs
Rendre le capital-confiance accessible à tout instant

■ MODÉLISER LA CONFIANCE DISPONIBLE CHEZ LES AUTRES
Intégrer la posture de confiance
S'approprier une stratégie de confiance

■ AUTOCOACHING : ALIMENTER SA BANQUE D'ÉTATS MENTAUX DE PERFORMANCE

■ COACHER LES AUTRES : AIDER QUELQU'UN À CONSTITUER SA BASE DE RESSOURCES ET CONSOLIDER SON CAPITAL-CONFIANCE

Quelle est donc cette confiance en soi qui semble tellement faire défaut à de nombreux adultes et manquer aux jeunes à l'école, durant les études ou dans leurs relations aux autres? Nous avons pourtant besoin de cette ressource, dans de très nombreux compartiments de notre vie, pour nous sentir à l'aise et sûr de nous.

Il est des moments où vous faites preuve d'une certitude naturelle en vos moyens; il en est d'autres où vous doutez complètement d'y arriver. La confiance en soi est donc une prédiction[1] sur votre capacité à disposer ou non, à un moment donné, des ressources nécessaires pour faire face à un événement programmé ou imprévisible.

Exemple: « J'ai grande confiance pour cette audition », ou bien « Je me sens en confiance pour lui dire ce que je pense vraiment », ou bien encore « Je suis confiant dans la manière de m'y prendre ». Cette prédiction a pour caractéristique principale d'être toujours partielle et momentanée; elle ne se rapporte jamais au résultat à atteindre mais plutôt à la façon efficace et adaptée mise en œuvre pour tendre vers le succès escompté. La confiance se rapporte donc toujours au déroulement d'un processus, et non à sa finalité.

Que devez-vous faire alors, pour cultiver cette confiance en vous-même?

Reconnaissez qu'il y a eu des situations où vous avez été confiant, sans le savoir... Au moment par exemple où, tout petit, vous avez appris à marcher ou, plus tard, à nager, skier, circuler en roller ou en bicyclette, etc. Vous savez peut-être aussi établir avec facilité des relations simples et authentiques avec les autres dans la vie courante, et pourtant ne pas disposer de la même aisance dans le milieu professionnel. Ce que vous devez retenir, c'est que vous avez déjà emmagasiné, sans le savoir, des milliers d'expériences où la confiance était présente. **La ressource est donc en vous. Il suffit de la cultiver, la faire croître, pour la mobiliser à bon escient** (voir la séance d'ancrage de ressources de Céline un peu plus loin).

Mais même si votre gisement de ressources de confiance contient de superbes filons, qu'il vous revient de découvrir, il peut aussi vous arriver de prospecter en vain. Vous ne disposez malheureusement pas de toutes les formes de confiance adaptées à toutes les circonstances: certaines seraient pourtant utiles en prévision de moments cruciaux de votre vie. Dans ces cas-là, vous pouvez vous inspirer du savoir-faire de quelqu'un d'expérimenté en lui faisant un emprunt d'efficacité: ce que nous appelons la modélisation de ressources.

MOBILISER LA CONFIANCE PRÉSENTE EN VOUS

Chaque acte que vous effectuez avec aisance et confort est une expérience dont vous pouvez approvisionner votre « compte-confiance ». En revanche, chaque fois que vous manquez de détermination, vous reculez, vous vous dévalorisez, vous tirez un chèque sur votre compte, comme si vous deviez payer un tribut à votre conscience interne.

Tant que le solde reste positif, les choses ne sont pas trop graves. Mais qu'il vienne à trop diminuer, et votre potentiel de confiance devient de plus en plus fragile... Bref, vous devez vous constituer un « capital-confiance » constamment réactualisé, conforté, entretenu.

[1] Nous parlons de prédiction car nous ne sommes jamais certains d'en disposer : voyez l'exemple des sportifs qui arrivent gonflés à bloc de confiance et peuvent se désintégrer en quelques secondes.

Comment alimenter votre compte-confiance

La seule façon d'acquérir de la confiance est de se lancer. Il existe quatre sortes d'expériences : celles qui font partie de votre zone de confort, celles qui constituent la zone d'incursion, celles qui se situent dans votre zone de risque, celles qui figurent dans votre zone de danger.

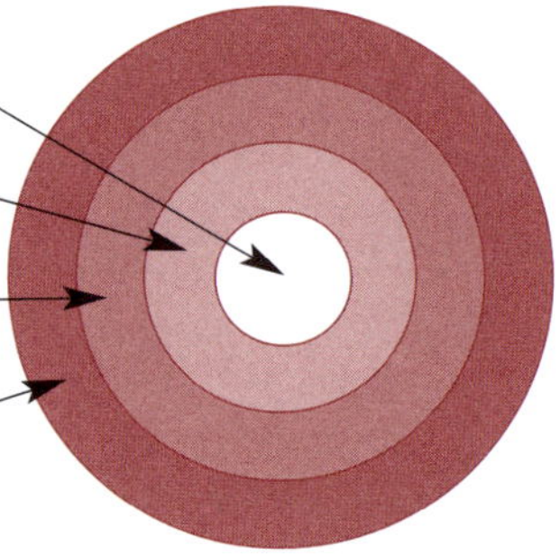

- La **zone de confort** est celle qui vous permet de traiter les situations courantes de votre vie, par habitude, par réflexes, ou alors avec une dose de conviction claire quant à vos capacités. Normalement, dans cette zone, votre degré de confiance est affirmé.
- Dans la **zone d'incursion**, très proche de la zone de confort, vous vous autorisez des sorties expérimentales, suivies d'un repli rapide. Ces courtes escapades, de plus en plus réussies, permettent d'augmenter le capital-confiance. Le coaching a d'ailleurs pour but d'agrandir la surface de confort.
- La **zone de risque** environne votre zone de confort et la jouxte. Vous êtes souvent amené à devoir y faire un tour. Mais vous la jugez beaucoup trop incertaine parce que vous n'êtes pas sûr d'y évoluer avec sécurité. Vous ne possédez pas les informations permettant de prévoir votre capacité à faire face. Du coup, votre pronostic de savoir-faire devient très aléatoire. Votre degré de confiance est faible et vous « marchez sur des œufs ».
- La **zone de danger**, la plus éloignée de votre centre de confiance, est celle des événements que vous avez le sentiment de ne pas pouvoir maîtriser, vous évitez d'ailleurs autant que possible de vous y engager.

Votre capital de confiance disponible permet d'aborder des situations de plus en plus risquées, jusqu'à ce que ces nouvelles expériences viennent en retour le conforter : elles favorisent ainsi une action en boucle.

Extrait de séance de coaching:

Céline, 43 ans, célibataire, en reconversion.

Co : « Vous avez donc déjà une idée de la direction que vous voulez donner à votre avenir professionnel... ? »

Coé : « En gros, oui... mais je ne suis pas sûre d'être à la hauteur... Vu mon passé d'ingénieur, on me propose un poste de formatrice pour animer des séminaires centrés sur la direction de projet. »

Co : « Et d'où vient votre doute de ne pas être tout à fait à la hauteur ? »

Coé : « Le sujet, je le maîtrise. Mais ce que je crains, c'est que les participants à ces séminaires n'en sachent autant que moi... J'ai peur des questions pièges... Et puis je suis une femme, alors que le public est essentiellement masculin... Vous voyez ? »

Co : « Pour que je comprenne mieux, en quoi pensez-vous que ce poste pourrait ne pas tout à fait vous convenir? »

Coé : « J'ai l'impression que je vais avoir un handicap... C'est déjà difficile de se présenter devant un auditoire composé d'hommes, qui en plus s'imaginent tout savoir... Vous voyez ? »

Co : « Dites-moi, vous avez envie de ce poste ? »

Coé : « Ah oui, totalement ! La proposition est même inespérée... C'est cela que je veux faire depuis près de cinq ans... Alors je trouve un peu saumâtre de devoir abandonner une si belle opportunité ! »

Co : « Bien ! Vous la voulez donc, cette belle opportunité ! Revenons alors à ce qui reste à faire pour que vous deveniez cette formatrice... Dites-moi, en quoi est-ce malgré tout intéressant pour vous de faire des séminaires pour des gens qui savent déjà tout ? »
Coé : « Euh... (longue réflexion)... Je le ferai certainement à ma manière, très spéciale... Vous savez, je suis très motivée quand je suis devant un auditoire... Je l'ai déjà fait dans mon ancien poste, avec mes collègues... Ils découvriraient toujours des choses qu'ils n'avaient pas encore vues... »
Co : « Et pour des participants nouveaux, qu'est-ce qu'ils ne sauraient pas que vous connaissez, vous, personnellement ? »
Coé : « Oh, c'est simple... Derrière chaque technique, il y a ce qui fait qu'elle fonctionne ou qu'elle trouve ses limites... Moi, je fais découvrir aux gens ce qui se passe derrière le rideau et les décors... Ça les rend intelligents ! Comme ça, ils peuvent utiliser la méthode, mais ils peuvent aussi en relativiser l'usage dans d'autres cas, quand elle ne convient pas forcément... »
Co : « Donc, il y a des choses que vous savez, vous, que les autres ne savent pas... et peut-être y a-t-il des choses que les autres connaissent et que vous ne connaissez pas, vous... C'est ça ? »
Coé : « Oui, c'est vrai... Mais ce sont des hommes, des ingénieurs la plupart du temps, qui ne se prennent pas pour n'importe qui... Ça leur monte parfois à la tête... »
Co : « Ah, bien ! Et dites-moi, ces ingénieurs, qui se respectent, connaissent leur valeur et dont le temps est précieux... Les voyez-vous venir pour perdre leur temps s'ils ne pensaient pas apprendre quelque chose de nouveau et d'important avec vous ? »
Coé : (Rire de libération) « ... OK! C'est clair... »

Commentaires: ce dialogue est très important car il réunit tous les ingrédients d'un coaching de confiance. L'objectif existe et Céline a envie de conquérir le poste. Elle présente rapidement ses trois zones : de confort : faire des séminaires originaux devant ses collègues ; de risque : refaire ce même type de séminaire devant un nouvel auditoire ; de danger : s'adresser à des hommes, ingénieurs et imbus d'eux-mêmes, selon elle. Les blocages majeurs résident donc dans ses considérations sur son nouvel auditoire supposé. Là se trouve incrusté son manque de confiance. Le coach décide de s'attaquer à cette zone de danger. Il procède par trois recadrages[1] successifs : « En quoi est-ce malgré tout intéressant pour vous de faire des séminaires pour des gens qui savent déjà tout ? » – « Qu'est-ce qu'ils ne sauraient pas que vous connaissez, vous, personnellement ? » – « Les voyez-vous venir pour perdre leur temps s'ils ne pensaient pas apprendre quelque chose de nouveau et d'important ? » Le dernier recadrage consiste à prendre Céline au mot : puisque cet auditoire est tellement pointu, exigeant et intelligent, il doit avoir de bonnes raisons (intelligentes, exigeantes et pointues)... de venir l'écouter... Du coup, cet auditoire, d'abord situé par Céline en zone de danger, où elle était incapable d'aller le confronter, revient en zone de risque et même encore dans sa zone d'incursion, où les manques de confiance qui restent à traiter sont nettement plus faciles à dompter.
Notons[2] le vocabulaire de Céline, qui privilégie les représentations visuelles : « Vu mon passé... », « Vous voyez ? », « qu'ils n'avaient pas vues », « derrière le rideau et le décor ». Ces expressions reçoivent, en écho de synchronisation verbale, la phrase du coach : « Les voyez-vous venir pour perdre leur temps... ? » Avec, en retour, le : « C'est clair » de Céline.

[1] Voir la technique du recadrage Chapitre « Tenir le cap » page 113.
[2] Voir registre du Vakov, chapitre 4, page 98.

Comment tirer les leçons de vos erreurs

Accumuler des expériences ne suffit pas, si vous ne savez pas en tirer les enseignements. Ce qui gonfle le solde de confiance en soi, ce sont les leçons tirées de l'expérience. Si vous vous contentez de reproduire les mêmes schémas et recettes, vous restez dans votre zone de confort et votre solde ne bouge pas. Si vous faites des erreurs sans en tirer profit, vous tirez des chèques sur le compte et le solde diminue.

Et, de façon paradoxale, c'est certainement de vos échecs que vous tirez les meilleures leçons de confiance en vous. Une erreur, un raté, une gaffe sont autant d'opportunités d'identifier ce qu'il ne faut plus faire la prochaine fois et donc apprendre à opérer mieux et autrement. Ceci s'applique également aux solutions que vous mettez en place « comme ça » et qui marchent... Il est vital que vous décodiez la raison de leur efficacité, afin de rendre le « n'importe quoi » opérationnel et systématique dorénavant.

▶ Retenez donc que votre capital confiance gagne en valeur et en densité grâce à l'analyse critique que vous faites en permanence de vos expériences. Vos échecs n'en sont plus s'ils vous livrent les clés d'une nouvelle optique sur la meilleure façon de faire mieux la prochaine fois. La confiance est à ce prix de réflexion approfondie.

Comment rendre le capital-confiance accessible à tout instant

Il existe une technique puissante, largement utilisée dans le monde sportif, qui vous permet de disposer à tout moment, en cas de besoin, de votre capital-confiance. Il s'agit de **l'ancrage de ressources**. C'est un procédé naturel par lequel vous allez mettre en relation un ressenti interne (sentiment, sensation, visualisation et petite voix de confiance) avec un signal externe (geste, son, objet, etc.). Une fois cette relation installée, il vous suffit de réactiver votre signal externe, pour qu'en vous-même se réinstalle la ressource correspondante.

(Voir exercice pratique en fin de chapitre.)

Extrait de séance de coaching (suite) :

Céline, 43 ans, célibataire, en reconversion.

Co : « Lorsque vous allez vous sentir bien calme et détendue, vous allez retrouver un moment particulièrement puissant pour vous, où vous avez ressenti un sentiment intense de confiance. Ce moment, ce souvenir qui n'appartient qu'à vous, je vais vous demander de vous en souvenir avec le maximum de détails possible... »

Coé : « C'est l'année dernière, lorsque j'ai donné ma dernière conférence, lors du symposium national. J'avais complètement confiance en moi... C'était le 28 mai exactement... »

Co : « Visualisez[1] à présent ce moment, et regardez bien cette scène de conférence, dans son ensemble comme dans ses détails, observez les formes, les couleurs, les mouvements... Entendez en plus les sons, leur intensité, leur rythme, repérez leur origine... Ressentez à présent la température de l'air, palpez en pensée les objets qui vous entourent, appréciez leur forme, leur texture et leur consistance. Si c'est possible, ressentez la stature de votre corps à ce moment-là, la tension exacte de votre musculature, ou toute caractéristique physique significative dans votre corps, à ce moment-là... Rappelez-vous l'odeur de l'air et respirez-le bien en pensée ; si vous pouvez vous souvenir d'odeurs plus spécifiques, identifiez-les... » (Le Co laisse le temps au Coé...)

[1] Toutes les consignes de ce paragraphe, formulées par le coach, respectent le rythme du coaché en utilisant la synchronisation posturale et de la calibration.

Coé : « Oui… je vois… je vis et je ressens tout ça… »
Co : « Bien… Laissez maintenant se développer et croître ce sentiment de confiance en vous… Identifiez précisément cette sensation et dites-moi où elle s'exprime dans votre corps… »
Coé : « Dans ma nuque, elle est fraîche, et j'ai une sorte de force irradiante dans la poitrine… »
Co : « Bien… Identifiez bien ce ressenti de confiance… Quand il est à son maximum, vous fermez votre poing droit en l'entourant de votre main gauche… Vous maintenez ce poing fermé cinq à dix secondes… » (Cette ancre a été décidée au préalable par Céline.)
Coé : « Oui… C'est fait. »
Co : « OK… Dites-moi, comment trouvez-vous la qualité de l'air dans cette salle de travail, là, maintenant ? » (Cette question est destinée à ramener l'attention de Céline, ici et maintenant, dans le présent de la séance de coaching.)
Coé : « C'est bien, c'est aéré… Ça me convient ! »
Co : « Parfait, je vais vous demander de fermer votre poing droit et de l'entourer de votre main gauche ; dites-moi si vous accédez spontanément au ressenti de confiance, sans avoir à le générer consciemment… »
Coé : « Oui… C'est drôle… Je le ressens à nouveau, totalement ! »
Co : « C'est ce que nous voulions obtenir… Je vais vous demander de refaire cet ancrage, avec le même luxe de détails, chaque jour, plusieurs fois si possible… C'est votre manière d'ancrer encore plus fortement cette ressource en vous, de lui donner plus de puissance au moment où vous la déclenchez. »
Coé : « Et ce sentiment de confiance reviendra systématiquement ? »
Co : « Oui, effectivement… À condition que vous entreteniez quotidiennement votre ancrage… Une ancre se désensibilise si on ne la réactive pas ou si on ne l'utilise pas… Dites-moi, imaginez-vous un prochain séminaire où vous voyez une armada d'ingénieurs, plus calés et célèbres les uns que les autres… Et quand vous êtes en imagination devant cet auditoire, vous serrez votre poing droit à votre manière, et dites-moi ce qui se passe… »
Coé : « J'ai à nouveau ce sentiment de feu dans la poitrine… (sourire), je suis totalement à l'aise (relâchement du corps). »
Co : « Et comment voyez-vous le public devant vous ? »
Coé : « Il attend que je commence… Très curieux, très amical… »
Commentaires : *nous disposons là d'une séquence complète d'installation d'une ancre de ressource de confiance. Sachez qu'elle sera d'autant plus puissante que le souvenir qui lui donne naissance est puissant, que la procédure d'installation est faite avec sérieux, et que l'ancre est entretenue et réactivée périodiquement.*

▶ Vous pouvez associer à cette ressource de confiance d'autres ressources comme la certitude, l'assurance, la détermination, la force, l'endurance, la souplesse, la rapidité, l'équilibre, etc. Cette combinaison peut être implantée en relation avec le même signal ou avec des signaux différents.

MODÉLISER LA CONFIANCE DISPONIBLE CHEZ LES AUTRES

Comment vous mettre en confiance autrement que par un ancrage de ressource, ou plutôt en complément d'un ancrage de ressource ? Votre posture peut vous y aider. Comment opérer si l'expérience qui se profile à l'horizon vous est inconnue ? Est-il possible d'imiter quelqu'un ou de prendre exemple sur lui ? De quelle façon faut-il alors procéder ? Voyons tout cela ensemble.

Comment intégrer la posture de confiance

Nous savons intuitivement que nos pensées influencent nos émotions, et que les deux réunies ont un impact sur nos comportements. Une personne qui broie du noir, se plaint d'être déprimée et triste, a souvent une posture de retrait, si elle n'est pas complètement prostrée. Un étudiant qui vient d'apprendre sa réussite à un concours manifeste sa joie, par des gestes amples, vigoureux, et rêve d'ambitions nouvelles...

◗ Vous devez comprendre que chacun des trois volets de votre conscience, à savoir vos pensées (internes), vos émotions et ressentis (internes) et vos comportements, actions, paroles, gestes (externes), interagissent en permanence les uns avec les autres.

Empruntons aux règles d'éducation une anecdote classique: l'enfant est avachi sur une chaise, le regard baissé, en train de faire la moue... Le parent arrive et lui demande de se redresser : « Tiens-toi droit, s'il te plaît. » Cette formule n'est pas une simple injonction de savoir-vivre... Elle s'appuie sur le fait qu'un changement de comportement, de posture corporelle, induit forcément une modification des processus internes de pensée et de ressenti de l'enfant... La remarque du père sert précisément à cela. Souvent, le changement d'état d'esprit est obtenu plus rapidement par le changement de posture que par l'accès aux émotions ou aux pensées.

Observons autour de nous les personnes qui manifestent de façon chronique une solide confiance en elles. Elles se tiennent généralement bien droites sans être rigides, solidement ancrées dans le sol sans lourdeur, elles prennent un port altier sans être hautaines et affichent généralement un visage ouvert et souriant, sans donner l'air d'être racoleuses ou narquoises. Elles osent nous regarder droit dans les yeux, si leur culture ne le désapprouve pas. D'elles se dégage une aura de sympathie. Elles nous inspirent confiance, nous permettent d'entrer en contact avec elles, tout en restant connectées très naturellement à leur environnement.

Il vous est tout à fait possible de modéliser ces types de posture. Vous vous mettez devant un miroir, vous vous redressez extérieurement et intérieurement, avec fierté et humilité. Vous placez votre corps avec assurance et souplesse, pour lui garantir un centre de gravité stable. Vous associez aux gestes et aux postures les pensées et émotions qui s'y rapportent. La respiration se ralentit. Vous prenez de profondes respirations. Vous commencez à vous sentir tout à la fois plus solide, plus en sécurité et plus calme. Votre visage se détend, vos épaules retombent, votre corps devient plus souple, en même temps que vous éprouvez plus d'ouverture, d'assurance, de détermination à l'action.

De cette manière, vos pensées, vos émotions et vos comportements s'unifient. Il ne vous reste qu'à ancrer votre ressource de confiance et de l'associer à cette nouvelle posture pour amplifier son action. Bien mieux, un élément précis de la posture (le corps qui se redresse par exemple) peut devenir le déclencheur de l'ancre de ressource et, partant, de tout votre potentiel de confiance.

Comment vous approprier une stratégie de confiance

Depuis votre plus jeune âge, par mimétisme, identification ou adaptation aux normes de votre milieu, vous n'avez cessé de prendre modèle sur des comportements d'autres personnes, en intégrant les facteurs essentiels pour les reproduire à votre tour... Vous

avez certainement imité vos parents, vos frères et sœurs aînés, vous vous êtes identifié à quelque professeur pour adopter son mode de pensée, vous avez reproduit certains gestes de vos héros…
Sur un plan plus général, en pratiquant ainsi, vous vous appropriez le meilleur geste, la meilleure stratégie, le meilleur comportement, auprès d'autres personnes, pour les adapter à votre conduite propre, en vue d'améliorer vos performances personnelles[1]. Comment faire, dès lors, pour disposer de ressources de confiance, pour les cas où elles vous sont nécessaires?

Extrait de séance de coaching:
Céline, 43 ans, célibataire, animatrice de formation en poste.
Co : « De quelle ressource pensez-vous avoir besoin, pour être à l'aise face à vos auditoires? »
Coé : « Ce serait de savoir comment me lancer… J'ai un petit moment, au début d'un séminaire, où je panique… Comment prononcer mon premier mot, la première phrase… Je manque de confiance en moi à ce moment-là, précisément! »
Co : « En quoi cette ressource est importante pour vous? Que vous apportera-t-elle vraiment? »
Coé : « Je pourrai être d'attaque… Ce serait comme être dans les starting-blocks, prête à foncer… »
Co : « Qu'est-ce qui se passe, mentalement, en vous, à ce moment précis où vous paniquez? »
Coé : « Je vois le public… Je me sens mal… Je me dis que je ne sais pas quoi faire… que c'est nul… et je panique… »
Co : « Connaissez-vous une personne qui pourrait être un modèle pour vous dans sa manière de lancer une réunion? »
Coé : « Oui, mon ancien patron… C'est un véritable "pro"! »
Commentaires: *à partir des propos de Céline, le coach a accès à sa stratégie d'échec. Rappelons qu'une stratégie est une séquence d'opérations élémentaires qui se déroulent dans notre cerveau pour guider nos comportements. S'agissant de Céline face au groupe, sa stratégie est ici la suivante: « Je vois le groupe -> je me sens mal -> petite voix: je ne sais pas quoi faire -> "c'est nul" -> panique ».*

Séance de coaching (suite):
Co : « Et vous, quand vous avez besoin d'attirer l'attention d'un groupe d'amis ou de collègues, comment faites-vous? Est-ce qu'il y a un souvenir où vous vous voyez bien démarrer une réunion? »
Coé : « Oui, dans mon groupe de créativité… Je dirige un groupe d'une vingtaine d'enfants qui se destinent à l'expression artistique… Avec les enfants, ça se passe bien… »
Co : « Bien, racontez-moi comment se passe le premier moment de contact avec ce groupe… »
Coé : « Il faut savoir que les enfants, c'est turbulent… Alors, j'arrive, pleine de sensibilité, je regarde le groupe… Je suis bien… Je fixe l'enfant le plus remuant, et ensuite le plus effacé… et je me dis que c'est entre ces deux extrêmes que ça va se passer… Ça me donne de l'assurance… Je suis des yeux le plus remuant et je commence à parler… de très bonne humeur. »
Commentaires: *la stratégie de succès de Céline est ici la suivante: J'arrive -> pleine de sensibilité -> je regarde le groupe -> je suis bien -> je fixe l'enfant le plus remuant -> je*

[1] C'est une pratique très en vogue dans le monde sportif où de nombreux athlètes visionnent des cassettes vidéo d'autres modèles de référence pour y détecter un geste ou un processus particulièrement pertinent ou performant, pour l'adapter à leur pratique propre.

fixe l'enfant le plus effacé -> petite voix (« c'est entre ces deux extrêmes... ») -> assurance -> je suis des yeux -> je parle -> bonne humeur. Le coach relève que Céline se connecte ici très vite à une émotion positive avant de comparer deux éléments du groupe. C'est sur ces deux particularités qu'il enchaîne sa séance.

Séance de coaching (suite):

Co : « Bien! Je vous propose, à présent, de vous imaginer arrivant devant le groupe, vous ajoutez à ce déplacement un ressenti positif... de sensibilité? »

Coé : « Plutôt de bonne humeur, d'optimisme... Oui, là, je me vois en train d'arriver, tout enjouée. »

Co : « Là, vous allez re-gar-der le groupe et vous allez associer à ce regard un ressenti positif de bien-être... Vous y êtes? Ensuite, vous allez repérer un participant ayant une caractéristique particulière... »

Coé : « Oui, ce peut être le plus grand et ensuite le plus petit... ou le plus disponible et le moins attentif... Oui, je préfère cela... »

Co : « Donc, vous cherchez le plus disponible, selon vous, et ensuite le moins attentif à ce moment-là... et une petite voix vous indique que c'est entre ces deux extrêmes que cela se passe... Et vous ajoutez à ce moment-là un ressenti d'assurance... »

Coé : « Oui, c'est très bien comme ça! »

Co : « Là, vous suivez des yeux le plus disponible... C'est bien cela?... Parfait, et vous commencez à parler, en ressentant de la bonne humeur... dans le prolongement de votre optimisme déjà installé... Comment vous sentez-vous, avec une séquence pareille? »

Coé : « C'est très bien... J'aimerais déjà être devant mon prochain groupe! »

Commentaires: *nous notons comment le coach, après avoir rassemblé toutes les informations des micro-étapes de la stratégie de Céline, lui demande de s'imaginer adopter cette séquence complète dans son nouveau contexte. Il faut noter que cette stratégie est intégrée quasiment automatiquement par Céline pour deux raisons: parce qu'elle interpelle le cerveau au plus près de ses automatismes de base et parce qu'elle lui procure une alternative nettement plus confortable que la précédente... Le cerveau est organisé pour choisir systématiquement, quand la possibilité lui est offerte, ce qui est le plus adapté et le plus favorable à son fonctionnement. Céline est obligée, via sa nouvelle stratégie, de se fixer sur le groupe, d'aller vers lui pour y détecter au moins deux participants, et donc forcément de passer en revue tout son auditoire... La voilà donc forcément familiarisée avec ce public, rassurée, et prête à commencer...*

Notons, au passage, l'accent mis par le coach sur « re-gar-der », en lieu et place de « je vois » de l'ancienne stratégie, et ceci toujours dans le canal visuel, le préféré de Céline. N'oubliez pas que le visuel qui fait un cadeau a besoin qu'on lui dise merci en le regardant, l'auditif a juste besoin d'entendre le merci, le sensitif souhaite la bise.

C'est ainsi que vous procédez lorsque, inconsciemment, vous modélisez l'action de quelqu'un. Vous êtes, à ce moment-là, capable de détecter chez l'autre personne ce qui est significatif dans son attitude, ses gestes et, à partir de cette identification, vous l'imitez en intégrant au mieux ses comportements, postures, paroles et gestes externes, afin de générer certains de ses états internes et de ses pensées...

La modélisation est une méthode très opérante, largement utilisée dans le monde sportif pour s'approprier une ressource manquante dont le coaché aurait bien besoin et que le modèle possède: c'est bien entendu le coach qui guide cette acquisition de ressources.

CONCLUSION

La confiance en soi s'alimente de l'intérieur et à l'extérieur de votre personne. Elle a besoin de vos expériences efficaces et performantes pour se construire et se raffermir. Ainsi, elle prend une dimension nouvelle : plus vous avez confiance en vous, plus les autres sont incités à vous accorder la leur. Et, juste retour des choses, nourri de cette nouvelle force de confiance qui vous est octroyée, vous pouvez, à votre tour, inspirer et donner confiance à d'autres.

La confiance est une ressource exceptionnelle : sa circulation en vous, de vous vers les autres, et des autres vers vous, lui permet en permanence de vous régénérer et d'irriguer vos relations. Il est donc de votre devoir d'entretenir cette source précieuse d'efficacité de vos actions.

AUTOCOACHING : ALIMENTER SA BANQUE D'ÉTATS MENTAUX DE PERFORMANCE

Exercice 1 : « Trousse de 1re urgence »

Il vous arrive parfois d'avoir à confronter des moments difficiles ou des situations dont le contenu a le don de vous déstabiliser. Dans ces cas-là, vous devez disposer d'un havre de sécurité, d'un « endroit en vous » où vous pouvez aller vous protéger (sécurité) et vous remplir de puissance et de force, pour prendre en main et gérer ce qui arrive. Nous appellerons cette partie de vous votre **« roc de sécurité »**, comme si vous l'aviez en permanence en point de mire et sous la main : il a l'altitude suffisante pour être toujours visible et facilement accessible.

Vous ancrez cette ressource « roc de sécurité » dans un moment de calme où vous pouvez vous consacrer à vous-même, sans être dérangé. Ce roc de sécurité doit être stimulé régulièrement dans les mêmes conditions : une ancre de ressource se réactive en effet régulièrement comme la charge périodique de votre téléphone portable !

1. Installez-vous confortablement dans un lieu calme et pas trop éclairé. Ressentez les zones de contact de votre corps avec le siège. Équilibrez bien votre poids. Fermez les yeux et centrez-vous sur votre respiration, jusqu'à ce qu'elle soit calme, régulière, ample... Prêtez surtout attention à votre respiration abdominale.

2. Retrouvez maintenant **une expérience où vous vous êtes senti(e) particulièrement puissant(e), fort(e) et serein(e)**. Revivez mentalement l'image ou le film de cette scène. Vous êtes acteur, c'est-à-dire que vous êtes dans la séquence, pas sur l'écran à vous regarder.
   Détaillez les contours de votre image. Celle-ci est-elle plane comme une photo ou en trois dimensions (en relief) ? A-t-elle un cadre ? Grande ou petite ? Près ou loin de vous ? Ou bien est-ce une image panoramique qui remplit tout l'espace autour de vous ? Les contours de l'image sont-ils flous ou, au contraire, bien nets ? Est-elle en noir et blanc ou en couleur ? Si elle est en couleur (ce qui est en général le cas pour des émotions pas trop lointaines et agréables), celles-ci sont-elles vives ou pastel ? Détaillez aussi les ombres et les lumières. L'éclairage vient-il du haut, de devant, de côté, de derrière ? Est-ce bien éclairé ou plutôt sombre ?

3. Entendez à présent tout ce que l'on pouvait entendre dans cette situation : les bruits ambiants, les paroles échangées, la musique, s'il y en avait. Prêtez bien l'oreille à tout cela. Notez les rythmes, le tempo, les sons graves ou plutôt aigus...

4. Et, tandis que vous revoyez en détail cette scène, que vous réentendez tous les sons, laissez-vous revivre la situation... Sentez monter en vous cette sensation caractéristique de puissance, de force. Concentrez-vous sur cette situation. Éprouvez pleinement son effet à certains endroits précis de votre corps (propres à chacun de nous) : tête, poitrine, plexus, ventre, membre, côté droit ou côté gauche, respiration plus calme ou ample, etc. Amplifiez-la en activant images et sons.

5. À présent que vous vivez dans chaque cellule de votre corps toutes les sensations et tous les ressentis reliés, quelle couleur pourriez-vous donner à cette scène de puissance et de force ? Imprégnez la scène de cette couleur caractéristique... Si cette sensation de puissance et de force était une respiration, comment serait-elle ? Ample, profonde, large, abdominale, bouche ouverte, par le nez ? Si cette sensation de puissance et de force était un paysage, quel serait-il ? Ajoutez ce paysage à votre représentation colorée de la scène et à votre respiration caractéristique.

6. Cette scène très puissante est à présent votre « roc de sécurité ». Quand vous accédez à ce moment et à cette scène, telle que vous la vivez là, vous êtes en sécurité. Sentez profondément la puissance et la force en vous, la sécurité et la confiance qu'elle vous confère.

7. Maintenant que vous vous laissez envahir par ces ressources de puissance et de force, de sécurité et de confiance, et qu'elles submergent quasiment votre corps, serrez très fort l'un de vos deux poings, et dites-vous ces mots, en votre for intérieur : « Puissance et sécurité ».

Vous pouvez répéter une ou deux fois le processus, du point 1 au point 7, pour renforcer l'ancrage.

8. Test de vérification de l'ancre : revenez dans le moment présent, ici et maintenant, et pensez à tout autre chose pendant quelques instants. Puis serrez à nouveau le poing et dites en votre for intérieur : « Puissance et sécurité ». Que se passe-t-il ? Pour la plupart des gens, ce geste et ce mot ramènent au « roc de ressource ». L'image vous revient-elle à l'esprit ? Entendez-vous les sons, retrouvez-vous votre couleur et votre paysage caractéristique ? Et ressentez-vous ce sentiment de puissance et de sécurité ?

Certains ont besoin d'un peu d'entraînement. Ne vous découragez pas. Soyez patient(e) avec vous-même : faites comme si... Et si vous n'êtes pas patient(e) avec vous-même, commencez par vous auto-ancrer une ressource de patience.

Exercice 2 dit du « cocktail mental de vitamines de performance »

Selon les situations que vous rencontrez, vous aurez besoin de calme et de sérénité, ou de vitalité et de dynamisme, ou encore de confiance et d'assurance. Ce sont trois catégories de ressources dont toutes les personnes performantes sont équipées. Pour disposer à volonté de chacun de ces cocktails, vous devez les installer en vous. Vous allez procéder par **empilage d'ancres**. Ceci consiste à accumuler, sous le même stimulus, plusieurs ressources complémentaires qui agissent en synergie, pour amplifier l'effet de leur activation combinée.
Vous ancrez d'abord une première ressource (« calme » par exemple) en utilisant un déclencheur physique particulier

(index et pouce joints)[1], puis vous en installez une deuxième (sérénité par exemple) avec le même ancrage (index et pouce), puis une troisième, etc. Vous utilisez cette technique pour construire trois cocktails différents, dont chacun aura évidemment son déclencheur spécifique.

1. Ressources majeures de calme et de sérénité

Un cocktail de calme peut être constitué à l'aide des ressources suivantes : calme (évidemment), sérénité, paix intérieure, tranquillité, confort, apaisement, quiétude, etc. Pour chaque ressource, vous allez trouver un souvenir particulièrement significatif de cette nuance de calme et vous agissez comme indiqué dans l'exercice précédent pour l'installer en vous. Si vous décidez d'associer une couleur à chaque ressource, laissez toutes les couleurs particulières se mélanger pour qu'à la fin de l'empilage d'ancres une couleur homogène vienne caractériser finalement votre cocktail de « calme et sérénité ».

Évitez d'ancrer des ressources de détente, de décontraction ou de relaxation. Il n'est pas utile de prendre le risque d'être trop calme, jusqu'à devenir distant, flegmatique ou complètement mou ou flasque.

2. Ressources majeures de vitalité et de dynamisme

Un cocktail de vitalité et de dynamisme peut être constitué à l'aide des ressources suivantes : énergie, détermination, ambition, force, envie de gagner, combativité, vivacité, rapidité, dynamisme (évidemment), vigueur, lucidité, etc.

Pour chaque ressource, vous allez trouver un souvenir particulièrement significatif de cette nuance précise de ressource et vous agissez comme indiqué dans l'expérience précédente. Si vous décidez d'associer une couleur à chaque ressource, laissez toutes les couleurs particulières se mélanger pour qu'à la fin de l'empilage d'ancres une couleur homogène vienne caractériser finalement votre cocktail de « vitalité et dynamisme ».

Évitez d'ancrer des ressources d'agressivité ou de domination. Votre cocktail doit rester écologique. Il n'est pas censé faire de vous un « tueur » (*killer*).

3. Ressources majeures de confiance et d'assurance

Un cocktail de confiance et d'assurance peut être constitué à l'aide des ressources suivantes : confiance (évidemment), assurance (évidemment), sûreté de soi, certitude, courage, etc. Pour chaque ressource, vous allez trouver un souvenir particulièrement significatif de cette nuance précise de ressource et vous agissez comme indiqué dans l'exercice précédent. Si vous décidez d'associer une couleur à chaque ressource, laissez toutes les couleurs particulières se mélanger pour qu'à la fin de l'empilage d'ancres une couleur homogène vienne caractériser finalement votre cocktail de « confiance et assurance ».

Évitez d'ancrer des ressources de témérité, de prise de risque ou de hardiesse. N'oubliez pas d'associer à votre déclencheur votre dialogue intérieur (petite voix) qui peut prononcer en même temps les deux mots clés : confiance et assurance.

▸ Ces trois cocktails sont à consommer (à activer) sans modération, mais avec pertinence, avant l'action.

[1] Vous pouvez choisir, à votre guise, un déclencheur physique, ou visuel, ou olfactif, ou auditif, ou les combiner. Souvent, les sportifs combinent un déclencheur physique et une injonction interne (petite voix).

COACHER LES AUTRES : AIDER QUELQU'UN À CONSTITUER SA BASE DE RESSOURCES ET CONSOLIDER SON CAPITAL-CONFIANCE

Exercice : à pratiquer chez une personne en panne de confiance

1. Demandez-lui de réfléchir à trois compétences professionnelles, personnelles ou sociales qui sont indiscutablement les siennes. En relation avec ces savoir-faire et ces compétences, faites-lui identifier les qualités qui ont permis à ces compétences de s'édifier et de s'exprimer. (Si elle a du mal à trouver, la faire réfléchir à des compétences que les autres lui reconnaissent ou lui attribuent, et à ce qu'ils aiment en elle.)

   Exemple :
   Compétence (« Que savez-vous bien faire ? ») : je suis compétente dans l'art de négocier les choses, marchander, obtenir au meilleur prix, convaincre, dire oui, ou non, clairement…
   Qualités et atouts (« Qu'est-ce que vous aimez en vous ? ») ; vos qualités principales pourraient être : l'écoute, le respect de moi-même et des autres, la clarté, la franchise, le doigté, l'humour, etc.

2. Lui demander de réfléchir à trois objectifs qu'elle a déjà atteints jusqu'ici. En relation avec chacun de ces objectifs, quelles sont les qualités dont elle a fait preuve pour les atteindre ?

3. Lui demander de rassembler toutes ses qualités (en liaison avec ses compétences et ses objectifs) et lui faire constituer sa base de ressources de confiance.

4. Lui faire trouver trois compétences qu'elle aimerait acquérir en modélisant peut-être, pour chacune d'entre elles, une personne qui la possède. Lui demander d'identifier ensuite les qualités dont cette personne est dotée pour exprimer cette compétence. Ces trois compétences sont en rapport avec les objectifs actuels qu'elle souhaite atteindre dans sa vie.

5. Pour chacune des qualités qu'elle a nommées, lui demander de vérifier qu'elle ne la possède pas déjà personnellement, même si elle n'en était pas jusque-là totalement consciente[1].

Si, vraiment, elle ne trouve pas trace en elle de cette qualité, lui faire procéder à un auto-ancrage comme suit :
- lui demander d'imaginer l'autre personne en train d'exprimer cette qualité ;
- lui demander quels seraient ses sensations, émotions, ressentis internes, pensées, comportements, agissements, postures, attitudes au moment où l'autre exprime précisément cette qualité/ressource ;
- si elle arrive à ressentir en elle-même, de façon associée, tous ces éléments, lui faire procéder à son auto-ancrage.

6. Vous lui demandez d'ajouter à sa base ces nouvelles ressources. Vous lui faites vérifier comment elle peut à présent mieux envisager ses objectifs.

[1] Si elle vous indique qu'une des qualités de cette personne est par exemple l'égalité d'humeur (l'équanimité), elle a déjà dû expérimenter, au moins une fois dans votre vie passée, cette ressource… sinon comment pourrait-elle la nommer de cette façon pour la désirer à ce point ? Dans ce cas, elle peut auto-ancrer cette ressource.

Conclusion

Vous connaissez à présent l'art de gérer la trajectoire qui vous mène à un projet abouti. Vous savez explorer le problème, définir l'objectif, identifier les obstacles, les résistances et les ressources, en tirer profit, progresser, à l'aide de bilans partiels, corriger le tir si nécessaire, tout en restant ouvert à d'autres opportunités.

Pour enrichir cette stratégie, vous pouvez emprunter à ceux qui réussissent, certains de leurs comportements: en prenant soin de vous-même, physiquement et mentalement, en restant connecté à vos valeurs ou en les côtoyant au plus près, en étant indépendant mais à l'écoute des autres, en tirant immédiatement la leçon d'un échec, en expérimentant avec intérêt de nouvelles capacités, en communiquant bien avec l'entourage, en provoquant et en assumant le changement... Tout revient en fait à être responsable de votre décision, ce qui renforce votre engagement et respecte votre fidélité à vous-même.

Dans la même logique, vous pouvez œuvrer pour élever votre niveau de conscience et vous remettre plus souvent en cause, de façon opportune et pertinente, comme choisir entre: camper sur vos positions ou envisager d'autres possibilités, rester dans votre zone de confort ou accepter de prendre des risques, défendre un ancien point de vue ou explorer de nouvelles pistes, vous interroger au moyen de la question « Pourquoi ça m'arrive? » ou chercher la leçon à retenir. Etc. Ainsi, changer ce que vous pensez et votre manière de penser vous confère une flexibilité accrue.

Mais le coaching individualisé ajoute encore du choix: à partir des impasses qui créent les problèmes, il vous invite à prendre des points de vues nouveaux et ouvre le champ des possibles grâce aux ressources présentes en vous. Sa devise est : « Une solution, c'est une impasse; deux solutions, un dilemme; à partir de trois solutions, le choix commence... » Dans cette optique d'ouverture vers de nouveaux possibles, le coaching bien compris vous apprend à intervenir avant que les difficultés ne se produisent.

Vous avez compris l'importance de l'engagement, la réceptivité, l'observation, l'écoute... pour vous ouvrir à la perception des choses et des gens. Vous êtes conscient des rôles respectifs et combinés de l'estime de soi, la confiance, l'affirmation... l'autonomie et la responsabilisation de l'autre dans la démarche du changement maîtrisé. Vous êtes à présent convaincu de l'intérêt de cette démarche simple, de cette autre façon de voir les gens, de les faire travailler, en bref de **réfléchir autrement**.

Le coaching individualisé vous invite, au final, à vivre avec passion, à être aussi souvent que possible au contact de vos valeurs. À ce prix, ce que vous croyez être et ce que vous croyez que vous allez devenir installe ce que vous allez devenir vraiment.

Si vous êtes déjà engagé dans une relation d'aide, cet ouvrage vous a probablement ouvert quelques pistes nouvelles d'approfondissement, au-delà de ce que vous saviez ou faisiez déjà... Si vous découvrez le coaching, vous êtes à présent équipé pour avancer mais vous devez appliquer vos compétences nouvelles sans tarder, sur vos proches ou collègues...

Donnez-vous le droit légitime d'avancer vers plus de réussite et de faire progresser les autres!

Index

Bibliographie

Connirae et Tamara Andreas, *Transformation essentielle*, La Tempérance.
Laurence Azerad-Shishido, *Ça marche, la réussite maintenant*, Les éditions des trois monts.
Elyse Brais, *L'instinct du stress*, Éditions du Roseau.
Alix Brijatoff, *L'espace du désir*, Les presses du management.
François Delivré, *Le métier de coach*, Éditions d'organisation.
Mony Elkaïm, *À quel psy se vouer?*, Le Seuil.
Christian Flèche, *Le Roy se crée*, Éditions Le Souffle d'Or.
Anne G. Guillemette, *L'anticipation créatrice*, Un Monde différent.
Chantal Higy-Lang, Charles Gellman, *Le coaching*, Éditions d'organisation.
Marielle Jimenez Destefanis, *Un mental en or*, J.-C. Lattès.
François Jullien, *Traité de l'efficacité*, Grasset.
Charles Melman, *L'homme sans gravité*, Denoël.
Giorgo Nardone et Paul Watzlawick, *L'art du changement*, L'esprit du Temps.
Pierre Pradervand, *Découvrir les vraies richesses*, Éditions Jouvence.
Florence Rollot, *Le grand méchant stress*, Éditions de l'Homme.
John Whitmore, *Le guide du coaching*, Maxima - Laurent du Mesnil - Éditeur.

Et la lecture régulière de la presse...

Quelques sites Internet :
www.mediat-coaching.com
www.sfcoaching.org
www.Appma.net

Édition : Françoise Colinet.

Imprimé en Italie par Rotolito Lombarda
dépôt légal: n°43020 - février 2004
ISBN: 2501040341
4039038/01